北京市教委“青年英才”人才资助项目
北京印刷学院校级课题“文化创意产业动漫产业链中法律保护探析”项目支持

我国文化创意产业法律保护案例分析

刘元华　著

知识产权出版社
全国百佳图书出版单位

图书在版编目（CIP）数据

我国文化创意产业法律保护案例分析/刘元华著．—北京：知识产权出版社，2018.4（2021.6重印）

ISBN 978-7-5130-5209-2

Ⅰ．①我…　Ⅱ．①刘…　Ⅲ．①文化产业—法律保护—案例—中国　Ⅳ．①D922.165

中国版本图书馆CIP数据核字（2017）第257214号

内容提要

本书拟在现有法律框架下灵活运用法律法规，穷尽法律保护之精神，对文化创意产业领域相关案例进行分析，最大限度地提出创意产业链条中权益保护之见地，促进文化产业繁荣与发展。

责任编辑：刘琳琳　　**责任校对**：潘凤越
封面设计：邵建文　　**责任出版**：孙婷婷

我国文化创意产业法律保护案例分析

刘元华　著

出版发行：	知识产权出版社有限责任公司	网　　址：	http://www.ipph.cn
社　　址：	北京市海淀区气象路50号院	邮　　编：	100081
责编电话：	010-82000860转8390	责编邮箱：	susan-lin886@163.com
发行电话：	010-82000860转8101/8102	发行传真：	010-82000893/82005070/82000270
印　　刷：	北京九州迅驰传媒文化有限公司	经　　销：	各大网上书店、新华书店及相关专业书店
开　　本：	720mm×960mm　1/16	印　　张：	17.75
版　　次：	2018年4月第1版	印　　次：	2021年6月第3次印刷
字　　数：	250千字	定　　价：	49.00元

ISBN 978-7-5130-5209-2

前　言

在此书写作之前我有幸被纳入北京市教委“青年英才”的人才资助项目规划中，我根据自己近年来所讲授相关课程的一些教学资料研究积累，选定了“文化创意产业的法律探析”作为自己的主攻方向，在此领域中进行了一些调研和分析。在本书动笔之前，内容具体是什么，以什么样的框架去概括和叙述，我还没有成熟的方案，直至我校文化产业安全研究院落成，在平时的教学科研中接触到许多出版违规、文化产业安全问题、动漫形象盗版、影视安全等案例，我忽然从头脑中勾勒出了一个大致的轮廓，于是开始收集并整理资料。

文化创意产业自身集纳的“文化”“创意”“产业”三维本质，决定了在21世纪的今天必将成为与其他产业联系紧密、发展活跃迅速、极具竞争力的一股新经济力量。它的兴起和发展是当代经济、文化、科技融合发展在产业层面的一个具体体现。由于形态演变独特、运行方式会与其他产业发生广泛而复杂的联系、深入各个产业的方方面面，因此，在文化创意产业的各个领域会出现诸多令我们比较棘手或者始料未及的法律问题。鉴于文化创意产业所具有的文化产品和创意源泉的特性，学术界已经基本达成了运用知识产权作为该产业问题基本解决途径的共识，当然，随着文化创意产业形式不断创新、内容逐渐深入，新问题、新矛盾也就不断出现，在运用知识产权保护的同时，必须紧密联系物权法、反不正当竞争法、反垄断法等其他法律法规的内容，构建起一个复合型法律保护框架，对文化创意产业实施全方位的保护，真正使文化创意产业的经济效益和社会效益最大化。

本书阐述的基本思路是：首先，分析我国目前提及的文化创意产业的基本内涵和外延，掌握它的基本特质；其次，在经济大潮中探寻符合这些特质的已经纳入文化创意产业体系中的各类行业和领域，分析其中的法律问题及其解决途径；最后，依据各个分支领域的法律问题及其解决方案总结既成解决思路和探析将来我们需要努力的方向。

在这里，我由衷地感谢知识产权出版社对拙作的厚爱，为拙作的出版和发行付出了很多心血，提出了很多宝贵意见，在此呈上不胜感激之情。祝好！

是为序。

刘元华

2017年6月于北京

目　录

第一章　文化创意产业与其相关概念

目前世界上对于“文化创意产业”并无完全统一的定义，各个国家对于基本类似的产业形态有着本国的特殊称谓，其实就我国而言，总结归纳文化创意产业这一独具特色的业态形式和内涵特点时，也在不同的场合和领域分别使用了不同的概念和称谓，诸如“文化产业”“创意产业”“版权产业”等，业界在归纳时所站立的角度和传统文化理念的渗透都对该业态的内涵和外延产生了重要的影响。现分别列举评析一下文化创意产业以及与之相近、相关的概念。

1.1　文化创意产业及其相关概念

1.1.1　文化创意产业

“文化创意产业”（Cultural and Creative Industries）由于将“文化”“创意”与“产业”相结合，从而加大了产业效益的内涵，成为近年来各个国家在经济发展中争相追捧的新概念。

目前，世界各国即对文化创意产业从不同角度进行了不同的定义，但国际上并没有一个关于文化创意产业的统一定义。美国主要以版权产业（Copyright Industries）为主，英国主推创意产业（Creative Industries），中国、日本、韩国等部分亚洲国家在“内容产业”（Content Industries）上侧重“文化型”。

大家所共识的是，文化创意产业是以创意、创造力为核心的新兴产业，其内涵可分解为文化、创意、产业三个层面，这表现了文化创意产业进程的三个阶段，它是一种强调主体文化或文化因素依靠个人或团队通过技术、创意和产业化的方式开发、营销知识产权的行业。文化创意产业属于知识密集型绿色朝阳产业，覆盖范围广，产业形态丰富，是无污染、低能耗的行业，具有高知识性、低风险性、高附加值、强融合性等特征，技术含量高，环境污染小，资源消耗少，根基于传统文化并使之得到传承和发扬，受到世界各国的青睐。

在世界范围内，最先使用“文化创意产业”这个提法的国家是英国。英国率先在20世纪90年代有系统地推广文化创意产业，澳大利亚和新西兰亦紧随其后加以发展。中国台湾地区在2002年提出的“挑战2008国家发展重点计划”中提到“文化创意产业发展计划”；在其2002年制定的《文化创意产业的发展规划和行动方案》中指出文化创意产业的定义：源自创意或文化积累，透过智慧财产的形式与运用，具有创造财富与就业机会潜力，并促进整体生活提升之行业。随后这一概念被中国香港地区沿用，通过政策扶持，香港地区大力发展文化创意产业，并使之成为经济发展的新增长点。

其实这个产业最核心的东西就是“创造力”，就在于人的创造力以及最大限度地发挥人的创造力。中国大陆地区最早使用文化创意产业概念是在北京市“十一五”规划中，文化创意产业被描述为：以创作、创造、创新为根本手段，以文化内容和创意成果为核心价值，以知识产权实现和消费为交易特征，为社会公众提供文化体验的具有内在联系的行业集群。2006年12月，在北京市统计局、国家统计局北京调查总队联合制定发布的《北京市文化创意产业分类标准》中也确认了这一概念。联合国教科文组织则认为：文化创意产业包含文化产品、文化服务与智能产权三项内容。所谓文化创意产业，就是要将抽象的文化直接转化为具有高度经济价值的“精致产业”。换言之，这个名词的提出就是要将知识的原创性与变化性融入具有丰富内涵的文化之中，使它与经济结合起来，发挥出产业的功能。下面笔者对文化产业、创意产业和版权产业三个称谓展开评析和比较。

1.1.2　文化产业

“文化产业”（Culture Industry）这一术语最初产生于20世纪初，由西方马克思主义法兰克福学派的阿多诺和霍克海默在《启蒙的辩证法》一书中首次提出，但由于当时作者使用的是工业（industry）单词的单数形式，所以中文翻译大多为“文化工业”，且我国学界在20世纪90年代之前也称之为“文化工业”。此概念一经提出便在世界范围内引起热议，各国从不同的角度来看待文化产业，使人们对这个特殊的文化形态和经济形态有了不同的理解。具体的各国对文化产业的界定和分类情况如下表：

表 1.1 不同国家的文化产业分类和内容❶

国家和地区	文化产业的内容和分类
英国	文化产业是指所有与文化相关的商业活动的通称，其文化产品用于满足人们的消费需求。文化产业分为广告、建筑、艺术和古董市场、手工艺、设计、时尚设计、电影、互动休闲软件、音乐、电视和广播、表演艺术、出版和软件 13 个部门
美国	文化产业分为文化艺术业（含表演艺术、艺术博物馆）、影视业、图书业、音乐唱片业 4 类
澳大利亚	①文化遗产和古迹，如博物馆、自然遗产和保护、图书和档案馆等；②艺术活动，如文学作品的创作、出版和印刷，表演艺术、音乐创作和出版，广播、电视和电影等；③体育和健身娱乐活动；④文化产品的制造和销售；⑤其他文化娱乐类等；共 5 类
加拿大	①信息和文化产业（出版业、电影和录音业、电视广播、因特网、电信业、信息服务业）；②艺术、娱乐和消遣（演艺、体育、古迹遗产机构、游乐、赌博和娱乐业）等；共 2 类
欧盟	制造、开发、包装和销售信息产品及其服务的产业，包括各种媒介上所传播的印刷品内容（报纸、杂志、书籍等），音像电子出版物内容（联机数据库、音像制品服务、电子游戏等），音像传播内容（电视、录像、广播和影视），以及用做消费的各种数字化软件等
韩国	与文化商品的生产、流通、消费有关的产业：影视、广播、音像、游戏、动画、卡通形象、演出、文物、美术、广告、出版印刷、创意性设计、传统工艺品、传统服装、传统食品、多媒体影像软件、网络及其相关的产业
日本	指电影、电视、影像、音响、书籍、音乐、艺术等

但总体来说，文化产品的精神性、娱乐性等基本特征不变，文化产业基本可以划分为三类：一是生产与销售以相对独立的物态形式呈现的文化产品的行业（如生产与销售图书、报刊、影视、音像制品等行业）；二是以劳务形式出现的文化服务行业（如戏剧舞蹈的演出、体育、娱乐、策划、经纪业等）；三是向其他商品和行业提供文化附加值的行业（如装潢、

❶ 李小牧，李嘉珊．国际文化贸易：关于概念的综述和辨析［J］．国际贸易，2007（2）．

装饰、形象设计、文化旅游等）。联合国教科文组织（UNESCO）关于文化产业的定义如下：文化产业就是按照工业标准，生产、再生产、储存以及分配文化产品和服务的一系列活动，其范围主要涉及印刷、出版和多媒体、试听、录音录影制作以及工艺与设计等领域。

我国官方首次提出“文化产业”概念是在 1992 年，而对文化产业概念的界定开始于2003 年9 月，中国文化部制定下发的《关于支持和促进文化产业发展的若干意见》中，将文化产业界定为：“从事文化产品生产和提供文化服务的经营性行业。文化产业是与文化事业相对应的概念，两者都是社会主义文化建设的重要组成部分。文化产业是社会生产力发展的必然产物，是随着中国社会主义市场经济的逐步完善和现代生产方式的不断进步而发展起来的新兴产业。”

2004 年，国家统计局在《文化与相关产业分类》中对“文化及相关产业”的界定是：为社会公众提供文化娱乐产品和服务的活动，以及与这些活动有关联的活动的集合。所以，中国对文化产业的界定是文化娱乐活动与服务的集合，并根据这个标准，把文化产业分为核心层、外围层和相关层。尽管迄今为止仍没有对文化产业的统一界定，但大家一致肯定的是文化产业有两个基本特征不变：第一，必须能够生产和销售，带来经济效益；第二，生产的是精神消费品，追求异质性与个性。所以，文化产业是生产、销售与人们精神消费商品相关的产业❶。

大卫·赫斯蒙德夫在《文化产业》一书中简要概括了文化产业的特征，主要表现为三个文化产业所面临的问题和五个常见的解决方案：（1）高风险产业；（2）高生产成本和低复制成本；（3）准公共物品；（4）生产大量作品以平衡失败作品与畅销作品；（5）集中、整合与知名度宣传；（6）人为制造稀缺；（7）格式化，如明星体制、类型化、系列作品；（8）对符号创作者进行从宽控制；对发行与市场营销从严控制❷。

1.1.3 创意产业

国内大部分学者认为创意产业（Creative Industries）最早的提出者是

---

❶ 王齐国，张凌云. 文化产业园区理论与实践［M］. 济南：山东大学出版社，2011.

❷ 大卫·赫斯蒙德夫. 文化产业［M］. 张菲娜，译. 北京：中国人民大学出版社，2007：20－24.

澳大利亚政府。1994 年 5 月，在《创意之国：澳大利亚文化政策》这份报告中，澳大利亚政府首次提出创意产业的概念，并且在报告中详细阐释了对电影、电视、广播、多媒体、创作者、过去及未来的遗产、文化产业、教育培训、国民信息等创意产业的保护❶。虽然澳大利亚首次提出了“创意之国”的说法，但真正产生广泛影响和流传到世界各国的却是英国对创意产业的界定。英国前首相布莱尔为调整产业结构，解决后工业时代的经济危机，于 1998 年出台的《英国创意产业路径文件》中正式提出了“创意产业”的概念，该文件明确提出：所谓“创意产业”就是那些从个人的创造力、技能和天分中获取发展动力的产业，以及那些通过对知识产权的开发可创造潜在财富和就业机会的活动。通常包括广告、建筑、艺术和文物交易、工艺品、设计、时装设计、电影、互动休闲软件、音乐、表演艺术、出版、软件、电视广播 13 个行业。英国首次对此概念的提出，引发了世界对创意产业的关注，许多国家和地区也纷纷提出相关概念，掀起了一股研究创意产业、创意经济的热潮。

英国文化经济学家，“创意产业之父”约翰·霍金斯在其《创意经济——人们如何从思想中创造金钱》一书中认为，创意产业的产品都在知识产权法保护的范围内，版权、专利、商标和设计这四个部门共同构建了创意产业和创意经济。约翰·霍金斯的观点进一步拓展了创意产业的内涵，把原本属于自然科学中的专利研发活动也纳入创意产业之中，有效地解决了创意活动中如何把科学与文化艺术相结合的问题。

澳大利亚学者斯图亚特·坎宁安在其论文《从文化产业到创意产业：理论、产业和政策的含义》中认为，创意产业是一个相当新的学术、政策和产业论述范畴。它可以捕捉到大量新经济企业的动态，这是诸如艺术、媒体和文化产业等词汇所无法做到的。哈佛大学文化经济学家理查德·凯夫斯从文化经济学的角度上将创意产业定义为：提供具有广义文化、艺术或仅仅是娱乐价值的产品和服务的产业。按照这种定义，创意产包括：书刊出版、视觉艺术、表演艺术（戏剧、歌剧、音乐会、舞蹈）、录音制品、

---

❶ Creative Nation：Commonwealth Cultural Policy，October1994［R/OL］.（2010－08－12）［2010－12－13］. http：//www. nla. gov. au/creative. nation/contents. html.

电影电视，以及时尚、玩具和游戏[1]。并且凯夫斯从经济学角度分析，将创意产业归纳为七个方面：（1）创意产品具有需求的不确定性；（2）创意产业的创意者十分关注自己的产品；（3）创意产品不是单一要素的产品，其完成需要多种技能；（4）创意产品特别关注自身的独特性和差异性；（5）创意产品注重纵向区分的技巧；（6）时间因素对于一个创意产品的传播与销售具有重大意义；（7）创意产品的存续具有持久性与营利的长期性。而对于创意产业的特点，凯夫斯在其《创意产业经济学》一书中认为：创意产业是那些提供与文化创意产业和文化产业的逻辑关系研究化的、艺术的、娱乐的附加价值相联系的商品与服务的产业[2]。凯夫斯的这些观点抓住了创意产业的重要特点，非常具有指导意义。

"创意产业"的概念发展的一个重要的里程碑是2004年的联合国贸易和发展会议（UNCTAD）第11届部长级会议。在这次会议上，创意产业的话题被引入国际经济和发展的平台，有助于全球各国对创意产业的共同探讨。UNCTAD对文化创意产业的定义是："创意的循环，针对产品与服务是将创意和智力资本作为初始投入，通过贸易和知识产权获利……"[3]

中国大陆最早关于创意产业的定义出现在《上海创意产业发展"十一五"规划》中，该规划明确提出创意产业是指以创新思想、技巧和先进技术等知识和智力密集型要素为核心，通过一系列创造活动，引起生产和消费环节的价值增值，为社会创造财富和提供广泛就业机会的产业。主要包括研发设计、建筑设计、文化艺术、咨询策划和时尚消费等几大类。随后，广州、深圳、重庆、西安等城市相继提出了自身城市的创意产业发展思路。关于创意产业，国内一些学者也从不同角度提出了自己的看法。如厉无畏在其《创意产业导论》一书中认为，凡是由创意推动的产业均属于创意产业，把以创意为核心增长要素的产业或缺少创意就无法生存的产业称为创意产业。胡晓鹏在其《国内外创意产业发展经验的解读和思考》一书中认为，创意产业是创新产业在客观上成为知识经济时代的一个标志性产业，创意产业的边界将涉及具有高科技含量、高文化附加值和富有创新

---

[1] Caves, R. Creative Industries: Contracts between Art and Commerce [M]. Harvard University Press, 2002.

[2] 凯夫斯. 创意产业经济学 [M]. 孙绯等，译. 北京：新华出版社，2004.

[3] UNCTAD, Creative Economy Report 2008 [R]. Geneva: UNCTAD, 2008.

度的任何产业。尹宏在其《现代城市创意经济发展研究》中认为创意产业是现代城市的一种新型产业形态，是生产创意产品的企业的集合。对于创意产业的诸多观点，我们可以概括地说，它是一种与文化产业有着密切关联的新兴产业，其内在的创意可以激发科技、经济、文化、社会的发展，是国家文化的竞争力。

1.1.4　版权产业

版权产业（Copyright Industries）这一名词最早是1978年由瑞典提出的，随后德国和奥地利等国也开始了对版权产业的研究。1990年，美国国际知识产权联盟开始系统研究美国版权产业的发展状况❶。而我国版权产业的界定在世界知识产权组织的界定下又有其特定的含义。它主要指版权（作品）生产；书报刊的印刷、发行；出版物资供销；电子出版物、音像制品的出版发行；软件版权贸易等行业。

版权产业是指生产经营具有版权属性的作品（产品），并依靠版权法和相关法律保护而生存发展的产业。具体地说，版权产业是指与复制、发行、传播文学、艺术和科学作品有关的行业和收集、储存与提供信息的产业，即利用版权资源进行生产和经营的产业❷。它不仅涉及文学、艺术和科学作品的创作、复制、发行和传播，也涵盖采集、储存、提供信息的信息产业。世界知识产权组织（WIPO）于2004年提出了版权产业分类的界定方法，将版权产业划分为核心版权产业、交叉产业、部分版权产业和边缘支撑产业四类：

（1）“核心版权产业”：指受版权保护的作品和其他物品的创造、生产与制造表演、宣传、传播的展示或分销和销售的产业，主要包括广播影视业、录音录像业、图书、报刊出版业、戏剧创作业、广告业、机软件和数据处理业等。其基本特征是创造有版权的作品，研制、生产和传播享有版权的作品或受版权保护的产品。

（2）“交叉版权产业”：指从事生产、制造和销售受版权保护产品的产

❶ 崔旭，张晓文，邵力军．美国版权制度与版权产业发展、特征、关系［J］．新世纪图书馆，2004（1）：74－77．

❷ 迈向新世纪——湖南青年社会科学工作者的思考［M］．湖南人民出版社，1998．

业，如电视机、收音机和电子游戏机等机器、设备的制造与批发零售等。其基本特征是以批发和零售方式向消费者传输和发行有版权的作品。

（3）“部分版权产业”：指部分产品为版权产品的产业。主要包括服装、纺织品、鞋类、玩具制造和家用物品以及建筑与工程和室内设计、博物馆等。其基本特征为产业内的部分物品享有版权保护。

（4）“边缘支撑产业”：主要涉及受版权保护的作品或对其他物品的宣传、传播、分销或销售，而没有被归入核心版权产业的部分，如发行版权产品的一般批发与零售、大众运输服务、电信与网络服务等。其基本特征为生产和发行的产品完全或主要与版权物品配合使用[1]。

1.1.5 文化产业、创意产业、版权产业和文化创意产业的关系

文化创意产业与文化产业、版权产业、创意产业几组名词既密切联系，又相互区别。在概念的定义上，“文化创意产业”是由“文化”和“创意”两个定语来共同修饰“产业”的，可以理解成“文化创意产业”是文化产业和创意产业的“交集”，是同时具备“文化产业”和“创意产业”特征的产业，文化创意产业的概念强调文化积累和科技创新的融合。文化创意产业与版权产业也有密切的联系，版权制度成为文化创意产业发展的源泉和动力，版权保护是文化创意产业赖以存在与发展的基础，版权产业的良好发展为文化创意产业提供保障。

我们来看一下文化产业、创意产业、版权产业和文化创意产业各自的侧重点，“文化产业”是在政府官方语境下的规范概念，主要用来区分于“文化事业”，强调的是与文化相关产品与服务的“经营性”特点。

而“创意产业”的概念是以“创新思想、技巧和先进技术”为核心，强调创意、创造力，重视象征意义，注重知识产权。创意产业提倡用创新的独特思维来打破传统产业界限、通过创意来提升产业的附加值，从而推动经济发展。

文化产业与创意产业看似最容易区分，结合《创意产业与文化产业的

---

[1] 刘牧雨．北京文化创意产业发展理论与实践探索［M］．北京：中国经济出版社，2007：293．

八大不同特点》[1] 一文所探讨的，笔者认为仍有以下几点不同：

其一，文化产业是现代的，创意产业是后现代的。因为有人把西方社会现代化分为两次，第一次是已经完成的以工业化、城市化为主要特征的第一次现代化；第二次是正在进行的以知识论、信息化为主要特征的第二次现代化。

其二，文化产业是工业经济，创意产业是知识经济。

其三，文化产业是全球标准化，创意产业是全球多样化（此点仍有学者争议）。

其四，文化产业尤其是传统文化产业是机械复制，创意产业是数码复制。

“版权产业”侧重对文化产品的法律保护。

“文化创意产业”概念是从“文化”与“创意”两个维度来界定产业的内涵与外延，由于“创意产业”强调内在的创新、创造能力，而在进行产业界限划分时，难以进行实际操作。“文化产业”强调文化及相关产品与服务的“经营性”，对其研究也只是把原本各自独立的广告业、传媒业、出版业、表演艺术等子行业归为一类合并冠名进行研究，并未形成一个整融合的系统行业类别。“文化创意产业”的概念既肯定了“创意”点石成金的经济价值，又强调了产业的“文化”本质，更能体现产业发展的特点和重点。

文化产业与文化创意产业，事实上，许多专家往往将两个概念作为可以互相替代的概念来使用，但并不能说文化创意产业等同于文化产业。从内涵来看，文化产业主要从所提供的产品及服务的精神文化性质着眼，只要是为人民大众“提供文化、娱乐产品和服务”、满足人们精神文化需求的产业都是文化产业。而文化创意产业，除了服务于个人的精神文化消费需求外，还必须提升所服务生产领域产品的附加值，提升其产业结构，突出强调“创意”高附加的经济特性在生产产品的和营销产品的过程中，运用人的创造力、科技来使知识转化为财富。另外与文化产业相比，文化创意产业并不涉及传统文化产业，反而还增加了包括软件、计算机服务、专业设计等传统文化产业以外的科技创新活动内容。“文化产业”是由工业

---

[1] 钟健夫．创意产业与文化产业的八大不同特点［J］．发展规划与结构调整，2006（3）：28－32.

化生产并符合系列化、标准化、生产过程分工精细化和消费的大众化这四个特征的产品及其相关服务，它更多地强调文化产品和服务的生产和提供，而“文化创意产业”则更为突出“个人创意”和“内容生产”，强调对文化资源的创造、创新开发等。

就创意产业与文化创意产业而言，其实文化创意产业是创意产业的子范畴，文化创意产业具备原创性质，能够形成知识产权，从而具有创意产业的一般属性，文化创意产业以创意为核心，向社会公众提供文化、精神、艺术、娱乐服务等，它赋予一般产品以差异化的精神体验，从而获得超出物质形态的体验附加值、审美附加值、知识附加值等文化附加值。文化创意产业与创意产业的区别在于：（1）文化创意产业强调文化价值、文化资源的开发与利用，而创意产业更强调个人创新；（2）非物质性，创意产业关注创意者本身的主观能动性，通过利用具有原创性和新颖性的创意，挖掘消费者的潜在需求，创造差异化的、其他产品不能提供的新体验，包括物质体验和精神体验。而文化创意产业带来的更多是差异化的精神体验，相比之下，后者所能创造的产品价值的增值空间要远远大于前者，因为一件产品的物质体验价值，即使用价值是有限的，而精神体验价值是无限的。所以有创意产业带来的科技创意物质体验是区分两者的方法之一。

文化创意产业与版权产业，我国版权产业的概念和界定完全脱胎于世界知识产权组织的分类标准。文化创意产业与版权产业虽然称谓不同，各有出发点与侧重点，但主体内容类似，文化创意产业在美国被称为“版权产业”。1990 年，美国国际知识产权联盟就已经利用“版权产业”的概念来计算其对美国整体经济的贡献。现今更是以与版权制度的关系将“版权产业”划分为“核心版权产业、交叉版权产业、部分版权产业和边缘支撑产业”四个部分，美国“版权产业”其所包含的行业部门和文化创意产业是相同的，这在一定程度上说明了版权保护是文化创意产业的核心与基础。其次，版权保护是文化创意产业赖以存在与发展的基础，版权制度成为文化创意产业发展的源泉和动力。英国著名的经济学家霍金斯在其《创意经济》一书中认为，知识产权法的每一形式都有庞大的工业与之相应，加在一起就组成了创造性产业和创造性经济。目前各国的创意产业绝大多数都有对应的版权制度，其文化创意核心产品和服务都受版权制度的保护，版权成为文化创意产业稳定发展的保障。

1.2　文化创意产业的内涵、特征与具体分类

1.2.1　文化创意产业的内涵

目前对于文化创意产业内涵的界定，比较有代表性的有以下四种：

（1）中国人民大学中文系教授、中国人民大学文化创意产业研究所所长金元浦先生认为，文化创意产业是全球化条件下以消费时代人们的精神文化娱乐需求为基础，以高科技手段为支撑，以网络等新传播方式为主，以文化艺术与经济的全面结合为自身特征的跨国、跨行业、跨部门、跨领域重组或创建的新型产业集群。它是以创意为核心，向大众提供文化、艺术、精神、心理、娱乐产品的新兴产业。

（2）昆士兰理工大学“澳大利亚创意产业与创新研究中心”研究员麦克金认为，文化创意产业实际上是由一系列的经济部门环环相扣而成，这些部门主要集中于对具有符号特征的文化产品及其衍生品的开发，比如艺术、电影、互动游戏，或者提供企业与企业之间的符号和信息服务，领域涉及建筑、广告与市场营销、设计、网络、多媒体、软件开发等。

（3）《北京市文化创意产业分类》关于文化创意产业的定义是：文化创意产业是指以创作、创造、创新为根本手段，以文化内容和创意成果为核心价值，以知识产权实现或消费为交易特征，为社会公众提供文化体验的具有内在联系的行业集群。

（4）广州市统计局创意产业课题组认为，文化创意产业是由“文化、创意、科技”三者深度结合形成的产业集群，它既联系于文化，是各行各业都可以用来提升行业价值、树立行业特色的元素，同时，它又区别于文化，强调更多的是创造、创新、创作，重要特点在于能够创造出更多的文化导向和对产品研发、推广的带动作用。首先，它通过创作、创造消费、改造技术；其次，它离不开科技支撑，同时需要接入巧妙的商业模式，使产品和服务的品牌价值无限放大、延伸、辐射，创造巨大的经济价值。

针对上述四种关于“文化创意产业”的界定，我们可以得出以下关于“文化创意产业”的基本认识：文化创意产业是以创意、创造为核心竞争力的产业，它与文化、科技相联系，由“文化、创意、科技”三者深度结合形成的

产业集群，且由生产、开发和提供文化产品及其衍生品的产业部门组成。

1.2.2 文化创意产业的特征

在当今经济全球化的时代，人们的精神文化消费需求迅速增长，文化创意产业也发展迅猛。文化创意产业是新兴产业，其相对于传统文化产业而言，主要具有以下特点❶。

（1）创新性

文化创意产品以文化、创意理念为核心，创新性是文化创意产业的本质特点。文化创意产业的创新性是指在生产产品和营销产品的过程中，运用人的创造、创新能力来使知识转化为财富的产业活动。在文化创意产业的产业结构和运作过程中，文化创意始终贯彻其中且具有不可替代性。

（2）科技性

在文化创意产业中，高知识性、高科技性扮演着重要的角色。文化创意产业处于技术创新和研发等产业价值链的尖端环节，与信息技术、传播技术和自动化技术等广泛应用密切结合，科技和文化的附加值比例也高于普通的产品和服务。高科技为文化创意产业提供了强大的技术支持和发展平台，扩展了创意产品的表现形式，而文化创意产业也为高科技的运用丰富了内容，提供了介质，如电影、电视等产品的创作是通过与光电技术、计算机仿真技术、传媒等相结合而完成的。

（3）强融合性

强融合性是文化创意产业的重要特点。作为一种新兴的产业，它是经济、文化、技术等相互融合的产物，具有高度的融合性、较强的渗透性和辐射力，同时，文化创意产业具有深厚的文化底蕴，能与其他产业在各个方面实现融合，为与其他新兴产业及其关联产业的发展提供了良好条件。文化创意产业凭借自身的强融合性，不仅打开自身销售渠道，也带动了相关产业的发展，进而推动区域经济发展❷。

（4）高风险性

文化创意产业具有较高的风险性。首先，因为文化需求具有多层次、

---

❶ 周显宝，郑峰. 文化创意产业的定义、分类与特点［J］. 神州，2012（12）.

❷ 王海英. 文化创意产业版权保护的困境及其法律选择［J］. 中共福建省委党校学报，2009（11）.

易变化和不确定的特点，使得文化创意市场也具有不确定性，进而引起文化创意产业的高风险性；其次，激烈的国际市场竞争也是引起文化创意产业高风险性的原因。现今经济全球化时代，发达国家不断地在文化上对欠发达国家实施入侵和占领，旨在赢得文化市场的胜利，文化创意产业更是各国争相发展的龙头产业，竞争激烈程度可想而知；最后，文化创意产业的高风险性来源于文化创意产品的空间局限性和短时性。由于文化创意产品的传播速度极快，而全球时空压缩性凸显，使得文化创意产业不得不承担新产品研发所必然面对的风险。

1.2.3　文化创意产业的分类

对于文化创意产业的门类划分，国内外目前还没有明确的统一规定。从全球来看，多数国家和地区采用的是英国关于创意产业门类的划分方法，即将文化创意产业划分为广告、建筑、艺术和文物交易、手工艺品、（工业）设计、时装设计、电影和录像、互动性软件、音乐、表演艺术、出版、电脑软件及电脑游戏、广播电视 13 个行业。美国将创意产业分为 6 类：文化艺术、音乐唱片、出版业、影视业、传媒业、网络服务业。新加坡将创意产业分为三大类 13 个行业。第一类艺术与文化：包含摄影、表演及视觉艺术、艺术品与古董买卖、手工艺品；第二类设计：包含软件设计、广告设计、建筑设计、室内设计、平面产品及服装设计；第三类媒体：包含出版、广播、数字媒体、电影。而我国台湾地区将文化创意产业分为三个小类（文化艺术产业、设计产业、其他相关产业），13 个行业，具体包括：视觉艺术业、音乐与表演艺术业、文化展演设施业、工艺业、电影业、广播电视业、出版业、广告业、设计业、数字休闲娱乐业、设计品牌时尚业、建筑设计业、创意生活业。我国国家层面对文化创意产业还未做出正式的分类，只将文化产业进行三个层次的分类：核心层包括新闻、书报刊、广播、电影电视、文化艺术服务等；外围层包括网络文化、文化休闲娱乐和其他文化服务；相关产业层包括文化用品、设备及相关文化产品的生产与销售。但广州市和北京市两个地区对于文化创意产业的类别进行了明确划分。

2006 年，首届中国创意产业大会组委会经过调研国内外对于创意产业的分类并广泛征求意见后，提出了供 2006 年 7 月中旬在北京召开的大会讨论的产业范畴分类意见，认为创意产业应包括数字软件、设计、广告公关与咨询策划、创意地产与建筑、品牌时尚、广播影视、新闻出版、文化艺术、工艺品及创意生活十大产业类型。

2006年10月，广州市统计局创意产业课题组在《发展广州创意产业研究》的报告中，遵循主营业务活动“以文化为依托，以创意为核心”的甄选标准，从统计学角度按照中华人民共和国国民经济行业分类标准对文化创意产业的范围进行了详细界定，认为应当包括文艺创作、表演、绘画、雕塑、艺术品和古董市场、造型艺术、传媒、唱片、电影、广播、电视、出版、广告、展览、咨询、设计和信息软件业等行业，共涉及44个小类行业，并归纳分类为研究设计、信息软件、咨询推广和文化传媒四大类。

2006年12月8日，北京市向社会发布了我国内地第一份文化创意产业分类标准文件，由北京市统计局、国家统计局北京调查总队制定《北京市文化创意产业分类》。该文件将《国民经济行业分类》（GB/T 4754—2002）中的82个行业小类和6个行业纳入文化创意产业范围，并建立了由三个层次组成的分类体系。

第一层根据文化创意活动的特点分为九大类：（1）文化艺术；（2）新闻出版；（3）广播、电视、电影；（4）软件、网络及计算机服务；（5）广告展会；（6）艺术品交易；（7）设计服务；（8）旅游、休闲娱乐；（9）其他辅助服务。第二层依照产业链和上下层分类的关系分为27个中类。第三层共有88个小类，为具体的国民经济行业。具体分类见下表：

表1.2　北京市文化创意产业分类表

类　别　名　称	国民经济行业代码
一、文化艺术	
1. 文艺创作、表演及演出场所	
文艺创作与表演	9010
—文艺创作服务	
—文艺表演服务	
—其他文艺服务	
艺术表演场馆	9020
2. 文化保护和文化设施服务	
文物及文化保护	9040
—文物保护服务	
—民族民俗文化遗产保护服务	
博物馆	9050
纪念馆	9060
图书馆	9031
档案馆	9032

续表

类　别　名　称	国民经济行业代码
3. 群众文化服务	9070
群众文化服务	
—群众文化场馆	
—其他群众文化活动	9090
其他文化艺术	
4. 文化研究与文化社团服务	7550
社会人文科学研究与试验发展	9621
专业性团体 *	
—文化社会团体	
5. 文化艺术代理服务	9080
文化艺术经纪代理	
二、新闻出版	8810
1. 新闻服务	
新闻业	
2. 书、报、刊出版发行	
（1）书、报、刊出版	
图书出版	8821
报纸出版	8822
期刊出版	8823
其他出版	8829
（2）书、报、刊制作	
书、报、刊印刷	2311
包装装潢及其他印刷 *	2319
（3）书、报、刊发行	
图书批发	6343
图书零售	6543
报刊批发	6344
报刊零售	6544
3. 音像及电子出版物出版发行	
（1）音像制品出版和制作	
音像制品出版	8824
音像制作	8940
（2）电子出版物出版和制作	
电子出版物出版	8825

续表

类　别　名　称	国民经济行业代码
—电子出版物出版	
—电子出版物制作	
（3）音像及电子出版物复制	
记录媒介的复制 *	2330
—音像制品复制	
—电子出版物复制	
（4）音像及电子出版物发行	
音像制品及电子出版物批发	6345
音像制品及电子出版物零售	6545
4. 图书及音像制品出租	
图书及音像制品出租	7321
三、广播、电视、电影	
1. 广播、电视服务	
广播	8910
—广播电台	
—其他广播服务	
电视	8920
—电视台	
—其他电视服务	
2. 广播、电视传输	
有线广播电视传输服务	6031
—有线广播、电视传输网络服务	
—有线广播、电视接收	
无线广播电视传输服务	6032
—无线广播、电视发射台、转播台	
—无线广播、电视接收	
卫星传输服务 *	6040
3. 电影服务	
电影制作与发行	8931
—电影制片厂服务	
—电影制作	
—电影院线发行	
—其他电影发行	

续表

类　别　名　称	国民经济行业代码
电影放映	8932
—电影院、影剧院	
—其他电影放映	
四、软件、网络及计算机服务	
1. 软件服务	
基础软件服务	6211
应用软件服务	6212
其他软件服务	6290
2. 网络服务	
其他电信服务	6019
互联网信息服务	6020
—互联网新闻服务	
—互联网出版服务	
—互联网电子公告服务	
—其他互联网信息服务	
3. 计算机服务	
计算机系统服务	6110
其他计算机服务	6190
五、广告展会	
1. 广告服务	
广告业	7440
2. 展会服务	
会议及展览服务	7491
六、艺术品交易	
1. 艺术品拍卖服务	
贸易经纪与代理 *	6380
—艺术品、收藏品拍卖服务	
2. 工艺品销售	
首饰、工艺品及收藏品批发	6346
工艺美术品及收藏品零售	6547
七、设计服务	
1. 建筑设计	
工程勘察设计 *	7672

续表

类别名称	国民经济行业代码
2. 城市规划	
规划管理	7673
3. 其他设计	
其他专业技术服务	7690
八、旅游、休闲娱乐	
1. 旅游服务	
旅行社	7480
风景名胜区管理	8131
公园管理	8132
其他游览景区管理	8139
城市绿化管理	8120
野生动植物保护 *	8012
—动物观赏服务	
—植物观赏服务	
2. 休闲娱乐服务	
摄影扩印服务	8280
室内娱乐活动	9210
游乐园	9220
休闲健身娱乐活动	9230
其他娱乐活动	9290
九、其他辅助服务	
1. 文化用品、设备及相关文化产品的生产	
（1）文化用品生产	
文化用品制造	241
乐器制造	243
玩具制造	2440
游艺器材及娱乐用品制造	245
机制纸及纸板制造 *	2221
手工纸制造 *	2222
信息化学品制造 *	2665
照相机及器材制造	4153

续表

类　别　名　称	国民经济行业代码
（2）文化设备生产	
印刷专用设备制造	3642
广播电视设备制造	403
电影机械制造	4151
家用视听设备制造	407
复印和胶印设备制造	4154
其他文化、办公用机械制造 *	4159
（3）相关文化产品生产	
工艺美术品制造	421
2. 文化用品、设备及相关文化产品的销售	
（1）文化用品销售	
文具用品批发	6341
文具用品零售	6541
其他文化用品批发	6349
其他文化用品零售	6549
（2）文化设备销售	
通信及广播电视设备批发 *	6376
照相器材零售	6548
家用电器批发 *	6374
家用电器零售 *	6571
3. 文化商务服务	
知识产权服务	7450
其他未列明的商务服务 *	7499
—模特服务	
—演员、艺术家经纪代理服务	
—文化活动组织、策划服务	

注：1. “*”表示该行业类别仅有部分活动属于文化创意产业。

2. 类别前加横线“—”表示行业小类的延伸层。

附：

含有部分文化创意活动的行业类别

包装装潢及其他印刷	**包括的文化创意活动：** 邮票、明信片及其他集邮品的印刷、广告宣传品印刷、扑克纸牌等文化产品的印刷 **不包括：** 商标印刷、票证印刷、其他与文化创意无关的印刷
记录媒介的复制	**包括的文化创意活动：** ①音像制品的复制：磁带的复制、录像带的复制、光盘的复制 ②电子出版物的复制：软盘的复制、光盘的复制 ③其他与文化有关的记录媒介复制 **不包括：** 数据的复制、与文化创意无直接关系的软件复制、与文化创意无直接关系的资料复制
卫星传输服务	**包括的文化创意活动：** ①卫星广播传播服务：卫星广播传输、直播、覆盖服务、卫星广播接收服务、卫星广播监测服务 ②卫星电视传播服务：卫星电视传输、直播、覆盖服务、卫星电视接收服务、卫星电视监测服务 **不包括：** 电信卫星传播服务
专业性社会团体	**包括的文化创意活动：** 文化社会团体服务：与作家有关的社会团体服务、与记者有关的社会团体服务、与艺术家有关的社会团体服务、与演员有关的社会团体服务、与出版有关的社会团体服务、与音像制品有关的社会团体服务、与历史、考古有关的社会团体服务和其他与文化有关的社会团体服务 **不包括：** 学术性社会团体服务、专业技术社会团体服务、卫生社会团体服务、体育社会团体服务、环境保护社会团体服务、其他与文化创意无直接关系的专业性社会团体服务

续表

野生动植物保护	**包括的文化创意活动：** 植物园保护管理活动、动物园管理活动、放养动物园管理活动、鸟类动物园管理活动、海洋馆、水族馆管理活动、其他动物观赏保护活动 **不包括：** 动物保护专业机构服务、野生植物保护服务、其他野生动植物保护服务
其他未列明的商务服务	**包括的文化创意活动：** （1）模特服务：各种服装模特公司的活动、各种影视广告模特活动、各种艺术模特活动、其他模特活动 （2）演员、艺术家经纪代理：演员挑选活动、推荐经纪人活动、艺术家、作家经纪人活动、演员、模特经纪人活动 （3）大型活动文化商务服务：文艺晚会策划、组织活动；运动会策划、组织活动；大型庆典策划、组织活动；艺术、模特大赛策划、组织活动；艺术节、电影节等策划、组织活动；展览、博览会策划、组织活动；民族、民俗活动策划、组织服务；其他大型活动文化商务服务 （4）票务服务：文艺演出票务服务，展览、博览会票务服务，其他票务服务 **不包括：** 企业中介代理服务、企业活动礼仪服务、企业形象宣传代理服务、代收代缴欠款服务、其他企业商务服务
贸易经纪与代理	**包括的文化创意活动：** 文物、古董拍卖活动、艺术品拍卖活动、其他文化物品拍卖活动 **不包括：** 大宗非文化产品的拍卖活动，行政、司法拍卖活动，其他非文化产品的拍卖活动
机制纸及纸板制造	**包括的文化创意活动：** 新闻纸制造、其他印刷和绘图纸制造、书写纸制造 **不包括：** 卫生纸制造、包装用纸制造、瓦楞纸及瓦楞纸板制造、其他非文化用纸和纸板制造

续表

手工纸制造	**包括的文化创意活动：** 各种文化纸制造、各种宣纸制造、各种国画纸制造 **不包括：** 其他非文化用手工纸制造
信息化学品制造	**包括的文化创意活动：** 电影胶片制造、摄影胶卷制造、感光纸制造、摄影用化学制剂制造、空白录音带制造、空白录像带制造、空白磁盘制造、空白光盘制造、空白唱片制造、其他各种与文化有关的信息化学品制造 **不包括：** 电子半导体材料制造、其他与文化创意无直接关系的信息化学品制造
其他文化、办公用机械制造	**包括的文化创意活动：** 纸张打孔机制造、削铅笔机制造、其他与文化有关的机械制造 **不包括：** 票券打孔机制造、其他与文化创意无关的机械制造
通信及广播电视设备批发	**包括的文化创意活动：** 广播设备批发、专用电视设备批发、电影设备批发、广播电视卫星传输设备批发 **不包括：** 通信设备批发
家用电器批发	**包括的文化创意活动：** 家用电视机批发；家用摄像、放像设备批发；家用录音、收音及音响设备批发 **不包括：** 与家用视听电器设备无关的家用电器的批发
家用电器零售	**包括的文化创意活动：** 各种家用影视设备零售、各种家用音响设备零售 **不包括：** 与家用视听电器设备无关的家用电器零售

续表

工程勘察设计	**包括的文化创意活动：** 室内装饰工程设计、住宅小区规划设计、风景园林工程设计 **不包括：** 水利及水电工程的勘察设计、铁路工程的勘察设计、矿山工程的勘察设计等其他与文化创意不相关的工程勘察设计

1.3　我国文化创意产业的发展现状和法律保护

21 世纪以来，国民的收入水平的逐步提高，人民群众对精神文化的需求也大幅度提高，文化消费市场潜力巨大，我国的文化创意产业也随之迅猛发展，特别是北京、上海、浙江、广东、云南、重庆、四川、河南、山西等诸多省、市提出建设文化大省、文化强省的目标，在规划中都提出文化产业要高于 GDP 的增长速度。文化创意产业消耗少、污染低、附加值高等优势进一步凸显，成为经济发展中的一股强劲势力，并逐渐发展成为国民经济的支柱产业之一。但是我国文化创意产业的发展还在起步阶段，各类文化创意产业的规模还很小，特色不够鲜明，因此，我们要继续大力发展文化创意产业，国家要制定相关政策法规支持，增加资金的扶持力度，用科学技术和创意来大力推动，使之有效地促进文化创意产业的发展。

我国文化创意产业近几年突飞猛进地发展，其高附加值的特点和我国丰富的文化资源吸引了众多投资者的目光，文化创意产业成为社会资本追逐的新热点。我国文化创意产业在 GDP 中所占的比例和绝对利润值都在逐年增长，文化创意产业企业和从业人数逐年增多，整个产业呈现出一片欣欣向荣的景象。文化创意产业的发展在一定程度上也带动了整个国民经济的发展，创造了更多的就业机会，对企业和从业者来说都有较大的发展空间。同时文化创意产业也得到国内各大城市的重视，特别是北京、上海、浙江、广东、云南、重庆、四川、河南、山西等诸多省、市提出建设文化大省、文化强省的目标，在规划中都提出文化产业要高于 GDP 的增长速度。随着社会资本的大量进入和各地政府划拨专项资金扶持文化创意产业的发展，许多文化创意产业园区相继建设和投入使用，正是由于政府和金融界的大力支持，加上巨大的市场空间，大大地推动了全国各大城市的文化创意产业飞速发展。同时全国各大城市都在根据自己的特点，纷纷提出了适合本地特色的文化创意产业发展目标，例如，上海市提出了“创意产业化，产业创意化”的理念，在发展路径上，形成与历史建筑保护相结合的发展模式，使有形的高科技技术发展和无形的人才创意力量的发挥相结合；深圳市也提出了建设“创意设计之都”的目标等。各个城市都根据自己的特点建立了各种创意产业的基地和园区，为文化创意产业的发展提供了良好的基础环境。在发展中，我国文化创意产业还不断走出国门，国际竞争力也明显增强。许多具有浓郁中国特色、展示我国悠久民族文化的创意产品，如千手观音、奥运“福娃”和“大梦敦煌”等文化产品都走出国门，进入国际文化市场，使我国文化的国际影响力不断提升。

随着我国文化创意产业的发展，文化创意产品的表现形式和传播方式也越来越多样化，在著作权方面出现了许多需要关注和亟待解决的实际问题，如法律政策缺失、知识产权保护力度不够、盗版侵权行为严重、企业和广大消费者产权意识淡薄、网络中的文化创意产品的数字版权问题和侵权人的界定问题等，这些都需要相关法律法规对其加以正确引导和有效规范。

文化创意产业不同于其他产业，它最核心的价值在其所包含的文化创意而非实物产品上，如果文化创意企业的知识产权得不到保护，经过大量的研发投入，最后得到的产品和服务却被其他竞争者无偿地使用，这会极大地挫伤创意者的积极性。

目前，我国文化创意产业的立法工作已经取得了一些成绩，法律保护层面主要有《商标法》《著作权法》《专利法》等知识产权相关法律法规，另外，还颁布了《电影管理条例》《广播电视管理条例》《出版管理条例》《音像制品管理条例》《印刷业管理条例》《营业性演出管理条例》《计算机软件保护条例》《营业性歌舞娱乐场所管理办法》等，不过比较遗憾的是，现有立法无论是从指导思想还是制度设计上，都远远不能满足实践需要。一是我国知识产权保护立法较晚，法律法规不健全，如立法模式存在争议、配套制度缺失、相关立法滞后等；二是投资、税收、文化市场管理体系不完善，在执法上也不严格，加上对知识产权保护法的宣传力度不足，导致大部分企业和广大消费者产权意识淡薄，现行的知识产权保护环境与发展文化创意产业所需的知识产权保护力度之间存在较大差距。大多数企业既不懂得要尊重他人的知识产权，也不懂得如何来保护自己的知识产权。政府要尽快完善知识产权保护的政策，加大保护力度。同时文化创意产业发展中侵权案例的大量出现引发社会关注，也需要我们对具体案例的研究来为相关立法和司法实践提供理论基础。

第二章　文化艺术类创意产业保护及其法律问题及对策分析

（从文化创意产业的各个分类谈起）

创意产业概念的最早提出是英国在1998年出台的《英国创意产业路径文件》中，该文件明确提出，所谓创意产业就是指“那些从个人创造力、技能和天分中获取发展动力的企业，以及那些通过对知识产权的开发可创造潜在财富和就业机会的活动”。

文化创意产业（Cultural and Creative Industries），正如前面章节所述，是一种在全球化背景下产生的以创造力为核心的新兴产业，强调一种主体文化或文化因素依靠个人（团队）通过技术、创意和产业化的方式开发、营销知识产权的行业。要想研究文化创意产业中产生的一系列法律问题，以及解决法律问题的方案，笔者认为，深入了解文化创意产业的分类是最为重要的工作，从各个不同的分类角度入手，层层剖析，由小及大更能够深入了解行业内出现的法律问题以及探索出解决这些法律层面的问题所需的方案。

北京市根据部门管理需要和文化创意产业活动的特点把文化创意产业分为九大类，这九大类分别是：①文化艺术；②新闻出版；③广播、电视、电影；④软件、网络及计算机服务；⑤广告展会；⑥艺术品交易；⑦设计服务；⑧旅游；⑨休闲娱乐，其他辅助服务。在这九大类下又根据产业链和上下层分类的关系分为27个小类，在27个小类中又根据文化创意产业的具体活动类别分为了88个小类。为了深入研究文化创意产业中出现的一系列法律问题，笔者从这九大类为出发点，糅合27个小类中的88个点，通过案例和法理分析系统地来谈文化创意产业中出现的法律问题以及解决途径。

2.1 文艺创作、表演及演出场所的保护问题

文艺创作、表演及演出场所的所涉及的文化创意产业的法律保护可以从四个方面的法律保护谈起：文艺创作服务的创意保护、文艺表演的创意保护、其他文艺服务的创意保护和艺术表演场馆的创意保护。

文化艺术部分的产业被侵权大多是著作权问题，著作权保护形式、作品的合理使用、法定许可制度等方面是解决此部分内容的主要方法和依据，即法律保护著作权人的权益，但是在特定的条件下，法律允许他人不必征得著作权人的同意，基于正当目的，无偿地或在特定场合使用著作权人的作品。此部分法律和相关制度设立的初衷，一方面是要保护著作权人精神财富创作的正当权益，另一方面又要考虑到文化、科学和艺术领域内精神财富的传播和推广。由于文艺创作服务的侵权成本低、侵权条件具有便利性，因而文艺创作服务所涉及的侵权现象最为广泛和多样，版权保护的成本高，出现的版权保护的法律问题最难解决。文艺创作服务的侵权中以文学作品、音乐作品和剧本作品的侵权现象最为严重。以下分类进行案例列举。

2.1.1 文艺创作、文艺表演的创意保护案例

文艺创作，是指文艺作品从无到有的生产过程。文艺作品是一种观念的形态，包括文学作品和艺术作品两种，它们都有一定的内容和形式。内容和形式相互依存、相互制约，不可分割；内容占主导、决定作用，形式有相对的独立性，对内容有一定的反作用。题材、主题、人物、情节、环境等都是文艺创作内容的要素。

文艺创作的创意保护涉及的著作权内容较为广泛，包括文学作品的版权保护、编剧剧本的版权保护、美术作品的版权保护、口述作品的版权保护、音乐作品的版权保护、戏曲作品的版权保护、曲艺作品的版权保护、舞蹈作品的版权保护、杂技艺术作品的版权保护、摄影作品的版权保护，以及电影作品的版权保护等。

案例一：《敖包相会》告《月亮之上》侵权案

2006年，在未经任何宣传的情况下，一首名为《月亮之上》的歌曲在大众的不断传唱中，迅速火遍了神州内外，这首《月亮之上》也为凤凰传奇这个组合带来了不小的名利。任何事物都具有双面性，在带来名利的同时也伴随着各种争议和纠纷。

“十五的月亮，升上了天空哟，为什么旁边没有云彩?”这首为人熟知的悠扬旋律是色日玛之父通福于1952年为电影《草原上的人们》创作的歌曲《敖包相会》。在《敖包相会》的创作过程中，通福参考了内蒙古民歌《韩秀英》的部分曲调，对《韩秀英》进行了改编。

2006年4月，色日玛发现CD《凤凰传奇·月亮之上》的主打歌《月亮之上》间奏中有六小节与《敖包相会》的前六节相同，但其使用未经许可，既没有为作者署名，也没有支付报酬。色日玛以侵犯著作权为由将CD的销售者华视伟业公司、制作者孔雀廊公司、出版者广东音像出版社，以及《月亮之上》词曲作者何沐阳诉至法院，要求四被告立即停止侵权并赔偿经济损失20万元❶。

2007年11月26日，北京市海淀区人民法院审结了原告玛拉沁夫、色日玛诉被告北京华视伟业文化发展有限公司、佛山市顺德区孔雀廊影音电器有限公司、何沐阳、广东音像出版社侵犯著作权纠纷一案。法院以证据不足为由，没有支持玛拉沁夫为《敖包相会》词作者的主张，并以《月亮之上》与《敖包相会》相同的六个小节曲段均源自内蒙古民歌为由，认定《月亮之上》的涉诉曲段不侵犯《敖包相会》曲作者的著作权。

《敖包相会》系1952年电影《草原上的人们》中的插曲。《敖包相会》的歌词首次出现在该电影的剧本中，剧本署名编剧为海默、玛拉沁夫、达木林，玛拉沁夫并未提交相反证据，证明海默和达木林并未参与《敖包相会》的歌词创作，或者证明《敖包相会》的歌词系玛拉沁夫单独创作，而且公开出版发行的图书中的《敖包相会》的词作者有的署名为玛拉沁夫，有的署名为海默。因此，法院认为玛拉沁夫主张其为《敖包相会》的词作者证据不足，对玛拉沁夫的诉讼请求不予支持。

---

❶ http：//www. lawtime. cn/info/zscq/ipanli/2011041270209. html.

法院认为《敖包相会》和《韩秀英》的前六个小节以及《月亮之上》间奏中涉诉的六个小节，从实际演奏效果上看，起音、落音、骨干音基本相同，节拍、主旋律、调性相同。因此，法院认定上述曲段均源自民歌《韩秀英》，《敖包相会》的改编者通福对此六个小节并不享有著作权。色日玛主张的《月亮之上》的间奏使用了《敖包相会》的六个小节曲段故而侵犯其父亲通福的著作权的主张，法院不予支持❶。

法院判决后，色日玛不服判决提起上诉，2008 年 12 月，北京市第一中级人民法院终审判决撤销了一审判决，改判北京华视伟业文化发展有限公司、佛山市顺德区孔雀廊影音电器有限公司、广东音像出版社、何沐阳立即停止侵权；并由被告方共同赔偿色日玛经济损失 2 万元。

二审法院认为，《敖包相会》的涉案六小节与《月亮之上》的对应六小节相比，二者所表示的曲调基本相同，被告方的行为已构成对于色日玛著作权的侵犯，应共同承担停止侵权、赔偿损失的民事责任。华视伟业公司作为涉案 CD 的销售者，因其对所销售的涉案 CD 具有合法来源，故其仅须承担停止侵权的民事责任。各被告在其再行录制、出版并发行《月亮之上》时，不得使用《敖包相会》中的涉案六小节。

【案例分析】

本案争议的焦点有两点，其一是《敖包相会》是否是独立作品，即是否涉嫌抄袭民歌《韩秀英》，其对涉诉的六小节是否有合法的著作权；其二是《月亮之上》间奏中的涉诉六小节与《敖包相会》的六小节是否相同，是否构成著作权法意义上的抄袭。

著作权案件中，法院一般会首先审查原告主张的权力基础是否存在，即原告是否享有其主张的被侵犯的权利，在本案中就是《敖包相会》是否与民歌《韩秀英》有近似之处，是否具有独立的著作权。本案在一审中认为《敖包相会》和《韩秀英》的前六小节从实际演奏效果上看，起音、落音、骨干音基本相同，节拍、主旋律、调性相同，但一审北京市海淀区法院认定上述曲段均源自民歌《韩秀英》，《敖包相会》的改编者通福对此六小节并不享有著作权。因此，对色日玛主张的《月亮之上》的间奏使用了

❶ http：//blog. sina. com. cn/s/blog_49057c6f01000cr1. html.

《敖包相会》的六个小节曲段，故而侵犯其父通福的著作权的主张不予支持。然而通过二审法院北京市第一中级人民法院的对比和认定，将1952年通福的歌曲手稿与1949年版民歌《韩秀英》曲谱进行对比，认为涉案六小节中，除第三小节完全相同外，其他各小节均有较为显著的差异，所对应的曲调亦有较为显著的不同。据此，法院认为《敖包相会》的涉案六小节并不来源于《韩秀英》，具备了著作权法意义上的独创性，因此色日玛所提出的其父通福对涉案六小节享有著作权的主张具有事实与法律依据。本案焦点问题之一被解决。

在认定通福享有《敖包相会》涉案六小节的著作权之后，又将《月亮之上》间奏的六小节与之相比对，《月亮之上》曲调与之基本相同，而其又不属于著作权法中规定的合理使用情形，应当认定其为侵权作品。不过，色日玛尽管赢得了诉讼，为其父争取了权益，然而《月亮之上》的曲调已经红遍了大街小巷，对原作权益的真实切实的保护何去何从仍值得人们思考。

（资料来源：http：//www. lawtime. cn/info/zscq/ipanli/2011041270209. html）

案例二：琼瑶诉于正的《宫锁连城》抄袭其作品《梅花烙》

2014年4月15日，琼瑶在微博上贴出了一封写给新闻出版广电总局领导的举报信，称于正编剧的《宫锁连城》涉嫌抄袭其经典作品《梅花烙》，并列举《宫锁连城》主角的背景、主线关系跟《梅花烙》完全一致，支线角色除了名字换了，关系也跟《梅花烙》一模一样，就连男主角洞房之夜跑出去与情人私会的细节都十分吻合。

2014年4月28日，琼瑶举报于正抄袭事件再度升级，她在《花非花雾非雾》的官方微博上发表声明称，将正式起诉于正侵权，用法律手段维护《梅花烙》的版权权益。

2014年12月5日上午，备受关注的琼瑶起诉于正及湖南经视文化传播有限公司、东阳欢娱影视文化有限公司、万达影视传媒有限公司、东阳星瑞影视文化传媒有限公司四家公司侵害著作权纠纷一案，在北京市第三中级人民法院开庭，琼瑶诉请于正赔礼道歉，并与五被告连带赔偿原告人民币2000万元。开庭当日双方当事人均未出庭，委托代理人围绕着著作权归属及权限、21处“雷同”桥段是否构成抄袭等问题展开辩论。双方未能达成和解，审判长宣布择日宣判。

琼瑶诉称，自己于1992年至1993年间完成了电视文学剧本及同名小说《梅花烙》，并自始完整、独立享有原作著作权。2012年至2013年间，被告一于正未经原告许可，擅自采用原作核心独创情节，改编创作电视剧本，并联合被告二、三、四、五共同摄制了电视连续剧《宫锁连城》，原作全部核心情节与故事脉络几乎被完整套用于该剧，严重侵犯了原告的著作权。

于正的代理律师在答辩中，认为琼瑶作为《梅花烙》剧本的著作权人身份存疑，称其作为诉讼主体不适格。因为《梅花烙》剧本是没有发表的，没有证据证明于正接触过剧本、小说等，并且琼瑶本来并不是《梅花烙》剧本版权拥有者（电视剧《梅花烙》编剧署名为林久愉，而琼瑶署名为编剧指导），因此不是《梅花烙》合法的、唯一的著作权人。于正方还指出，"原告剧本（指《梅花烙》）是在本案起诉后才经过认证提交的。被告有理由认为原告是在被告电视剧（指《宫锁连城》）播放后按照电视剧整理出来的剧本。"

琼瑶的代理律师对此反驳，并递交了编剧林久愉的声明等证明材料，发表了琼瑶本人的书面陈述。琼瑶指出，《梅花烙》的故事是自己"天马行空杜撰出来的"，并称自己的"剧本和小说不可分离"，自己是在剧本完成后才创作的小说，但小说却比剧本先出版，据此认为剧本的著作权在自己手里。

在下午的庭审中，双方围绕着21处所谓雷同桥段是否侵权展开了激烈的交锋。针对琼瑶方提出的"偷龙转凤""弃婴收养"等雷同桥段，于正等被告方提交了多部涉及类似因素的影视剧片段，指出"偷龙转凤""弃婴收养"在许多电视剧中都有使用，在《宫锁连城》和《梅花烙》中的具体表达也不同，这些题材属于公共题材，不能认为1993年以后不能再有人写"偷龙转凤"的题材了，这些题材不应该为某一作者所垄断。但琼瑶的代理律师认为，于正方展示的其他作品都是1993年以后上映的，晚于原告作品，不能据此否认《梅花烙》的独创性。

琼瑶在书面意见中则表示，"偷龙转凤"这四个字不是自己主张权利的内容，而是与此相关的故事情节的发展、人物关系布局，"被告举证的这些作品，没有一部作品像《宫锁连城》一样把原告作品中这21个点串联在一起，但《宫锁连城》却完全串联、照搬了上述桥段和情节，仅仅做了细节替换”。

于正代理律师认为，原告所谓的“21个情节”均属于不受《著作权法》保护的公共素材，或有限/唯一表达，或常见情节/语言/动作，或缺乏独创性，或不应由原告所专有，或来源早于《梅花烙》的第三方作品。琼瑶代理律师认为，被诉侵权剧《宫锁连城》中较大比例地体现了近似的人物设置、人物关系、近似情节以及基本一致且相对具体的故事发展安排，显然已经超出了有限表达或类似题材标准场景的可能性。

2014年12月25日下午，琼瑶起诉于正等侵害著作权案在北京市第三中级人民法院开庭宣判。最终经过法院审理认为，琼瑶是《梅花烙》的作者及著作权人；《宫锁连城》满足了侵害《梅花烙》著作权的条件；认为于正等五名被告侵犯了琼瑶创作的《梅花烙》剧本的改编权、摄制权。判令被告停止复制、发行、播放，赔礼道歉，赔偿损失500万元。这场持续8个多月的“维权之战”也告一段落。后被告向上级法院提出上诉，二审法院维持原判。

【案例分析】

这场诉讼在业内掀起很狂热的争议，国家对著作权保护在逐渐加强，本案的处理已经是业内一个重要的看点。笔者从以下三个方面谈谈本案争议焦点：一是琼瑶根据剧本改编的小说，琼瑶是否对本案《梅花烙》这部剧本享有著作权；二是《宫锁连城》与《梅花烙》故事情节多方面相同或实质性相似能否算作作者表达思想的相同，著作权只保护表现形式，不保护中心思想。二者的这种相同，能否构成著作权法意义上的“抄袭”；三是《宫锁连城》剧本是否侵害了《梅花烙》剧本及小说的改编权。

针对焦点一：

《梅花烙》是琼瑶于1992年至1993年间创作的小说作品，并多次出版发行，拥有广大的读者群与社会认知度和影响力。大多数人认为琼瑶对该作品无可厚非地享有著作权。琼瑶称自己的“剧本和小说不可分离”，自己是在剧本完成后才创作的小说，但小说却比剧本先出版，据此认为剧本的著作权在自己手里。

但是，有人将《梅花烙》改编成电视剧搬上荧屏，电视剧的编剧署名为林久愉，而且《梅花烙》版权是2014年林久愉才转让给琼瑶的；所以有人会认为琼瑶并非《梅花烙》编剧，所以琼瑶也就不享有涉案作品《梅花烙》的著作权，也就无权提起该诉讼。本案中于正一方就持有此观点，质疑琼瑶的诉讼主体资格。于正方还指出，“原告剧本（指《梅花烙》）是在本案起诉后才经过认证提交的。被告有理由认为原告是在被告电视剧（指《宫锁连城》）播放后按照电视剧整理出来的剧本”。显然，在对《梅花烙》这个剧本的著作权上，二者是有争议的。

在现实创作中剧本是电视剧拍摄的依据，是以文字形式呈现电视剧的拍摄内容。打印装订成册的剧本实物是剧本内容的物理载体，结合原告小说《梅花烙》“创作后记”中关于剧本创作完成在先的原始记载，原告提交剧本《梅花烙》内容的真实性，法院予以认可。电视剧《梅花烙》字幕虽有“编剧林久愉”的署名安排，但林久愉本人出具的《声明书》已明确表示其并不享有剧本《梅花烙》著作权的事实；电视剧《梅花烙》制片方出具的《电视剧〈梅花烙〉制播情况及电视文学剧本著作权确认书》也已明确表述剧本《梅花烙》的作者及著作权人均为本案原告❶。根据著作创作实际规律和相关当事人声明，可以由此证实琼瑶享有对《梅花烙》的著作权。

针对焦点二：

著作权法保护表达而不延及思想。文学作品中的情节，既可以被总结为相对抽象的情节概括，也可以从中梳理出相对具体的情节展现，因此，就情节本身而言仍然存在思想与表达的分界。区分思想与表达要看这些情节和情节整体仅属于概括的、一般性的叙事模式，还是具体到了一定程度足以产生感知特定作品来源的特有欣赏体验。如果具体到了这一程度，足以到达思想与表达的临界点之下，则可以作为表达。在本案中，原告就小说《梅花烙》及剧本《梅花烙》分别列举的若干雷同桥段，基本构成了有因果联系的连续性事件，因此，上述“桥段”应归类为具体的“情节”。

对于文字作品而言，单一情节本身即使不具有足够的独创性，但情节之间的前后衔接、逻辑顺序等却可以将全部情节紧密贯穿为完整的个性化

---

❶ 琼瑶诉于正判决书文档_百度文库：http：//wenku. baidu. com/link？ url = f1BAvpJh - ay5QYQ_VbJNoKnBkilvdxb6EpjlXI6hmnZhb58CWDa8ZtrrJOQzTzPSbwAMWWEDrP - xJ7IXscRFGAwFBSaxSD2d0E8j88RJfdm.

创作表达，并赋予作品整体的独创性。作品情节选择及结构上的巧妙安排和情节展开的推演设计，反映着作者的个性化的判断和取舍，体现出作者的独创性思维成果。基于相同的情节设计，配合不同的故事结构、情节排布、逻辑推演，则可能形成不同的作品❶。因此，足够具体的人物设计、情节结构、内在逻辑串联无疑是应受著作权法保护的重要元素。

特定场景、有限表达、公知素材的使用虽不受著作权法限制，但并不意味着以其为基础，经作者独立创编形成的作品内容也会自动归入特定场景、有限表达或公知素材。利用这些素材创作出一个完整的剧情，其中包含人物设置、人物之间的关系、场景、情节、基于故事发展逻辑及排布形成的情节整体等许多要素，当然可以受著作权法的保护。创作者不能阻止他人使用特定情境、有限表达或公知素材，但当然可以阻止他人使用基于其独创成果产生的作品。因此，在考虑使用特定情境、有限表达及公知素材为基础形成的作品及内容是否受著作权法保护时，应重点判断作者在使用相关素材时，是否加入具有独创智慧的表达而赋予了相关成果特定的独创意义❷。因此，本涉案作品《宫锁连城》剧本在构思、情节和剧情安排上与剧本《梅花烙》构成了实质上的相似或相同，类似于我们通常所说的“抄袭”。

针对焦点三：

在侵害改编权的案件中，认定是否侵权的基础前提是判断改编行为、改编来源关系是否存在。为查证这一基础事实，可以选用的方法通常是以前后两部作品进行内容比对，基于相似的表达性元素来判断两部作品是否存在著作权法意义上的关联性，这一关联性是指在作品表达层面，在先作品与在后作品之间是否存在着创作来源与再创作的关系。同时，就受众的欣赏体验而言，如果构成改编，则往往能够产生“两部作品近似或在后作品来源于在先作品”的感知。

思想上的借鉴并未涉及侵害原创作者的独创成果，通常不涉及侵害著作权的情形；而具体表达上的借鉴，则需考量借鉴内容所占的比例，这包括借鉴内容在原创作者作品中的所占比例，及借鉴部分内容在新作品中的

---

❶❷ 琼瑶诉于正判决书文档_百度文库：http：//wenku. baidu. com/link？ url = f1BAvpJh - ay5QYQ_VbJNoKnBkilvdxb6EpjlXI6hmnZhb58CWDa8ZtrrJOQzTzPSbwAMWWEDrP - xJ7IXscRFGAwFBSaxSD2d0E8j88RJfdm.

所占比例。而这个比例的衡量，不仅要进行量化考虑，也要从借鉴内容的重要性、表达独创性角度，即质的维度上考量。评判标准也需结合具体案件情况进行个案分析。

本案中，原被告作品的人物对应不仅体现为人物身份设置的对应以及人物之间交互关系的对应，更与作品的特定情节、故事发展存在不可分割的联系，而这种内在联系在被告提供的证据中是不存在的，可以认定为原告独创，并认定剧本《宫锁连城》在人物设置与人物关系设置上是以原告作品小说《梅花烙》、剧本《梅花烙》为基础进行的改编及再创作。

针对原告提出的剧本《梅花烙》21 个情节、小说《梅花烙》17 个情节，与此相对照后认为被告的剧本《宫锁连城》中的对应情节安排与原告作品在大部分构成实质性相似关联的内容（具体内容可查阅相关的法院判决书）。总之，在本案中，原告作为剧本及小说《梅花烙》的作者、著作权人，依法享有上述作品的改编权，受法律保护。被告接触了原告剧本及小说《梅花烙》的内容，并实质性使用了原告剧本及小说《梅花烙》的人物设置、人物关系、具有较强独创性的情节，以及故事情节的串联对故事整体进行了改编，形成新作品《宫锁连城》剧本，上述行为超越了合理借鉴的边界，构成对原告作品的改编，侵害了原告基于剧本《梅花烙》及小说《梅花烙》享有的改编权，依法应当承担相应的侵权责任。

【相关知识拓展】

（1）擅自使用和抄袭问题

“擅自使用”他人作品常常是指没有征得作者和其他著作权人的同意，擅自使用作者或著作权人的作品，没有向其支付报酬，并且也不符合著作权法意义上的合理使用和法定许可的情形。著作权内容包括人身权和财产权两部分，“擅自使用”常常会侵犯改编权和保护作品完整权的内容，这种侵权行为既可能是对他人著作的人身权造成了损害，也可能对他人著作的财产权造成损害，还可能同时损害他人著作的人身权和财产权。如非法复制他人作品可能只侵害了他人的著作财产权，而假冒他人作品，则往往同时侵害了他人著作的人身权和财产权。故而《中华人民共和国著作权法》在第五章中明确规定了“剽窃他人作品”需承担法律责任的情形。

我们在经济流通和文化信息传播的社会，使用和创作作品时不可避免地会出现使用他人作品内容的情形，为了在更广阔的范围内传播作品，促进全社会文化发展，著作权法规定了“合理使用”的情形。“合理使用”是指在法律规定或作者无保留相关权利的条件下，直接无偿使用已发表的享有著作权的作品，而无须经著作权人许可也无须向著作权人支付报酬的一项著作财产权限制制度。如果案例一中《月亮之上》参照《敖包相会》和案例二中《宫锁连城》参照《梅花烙》均符合合理使用情形，则不会涉及侵权问题。我国著作权法第二十二条规定了12种合理使用的方式：

① 为个人学习、研究或欣赏，使用他人已经发表的作品；

② 为介绍、评论某一作品或者说明某一问题，在作品中适当引用他人已经发表的作品；

③ 为报道时事新闻，在报纸、期刊、广播、电视节目或者新闻纪录片中引用已经发表的作品；

④ 报纸、期刊、广播电台、电视台刊登或者播放其他报纸、期刊、广播电台、电视台已经发表的社论、评论员文章；

⑤ 报纸、期刊、广播电台、电视台刊登或者播放在公众集会上发表的讲话，但作者声明不许刊登、播放的除外；

⑥ 为学校课堂教学或者科学研究，翻译或者少量复制已经发表的作品，供教学或者科研人员使用，但不得出版发行；

⑦ 国家机关为执行公务使用已经发表的作品；

⑧ 图书馆、档案馆、纪念馆、博物馆、美术馆等为陈列或者保存版本的需要，复制本馆收藏的作品；

⑨ 免费表演已经发表的作品；

⑩ 对设置或者陈列在室外公共场所的艺术作品进行临摹、绘画、摄影、录像；

⑪ 将已经发表的汉族文字翻译成少数民族文字在国内出版发行；

⑫ 将已经发表的作品改成盲文出版。

上述案例一与案例二中如果涉案作品属于合理使用情形，也就无须谈及侵权的问题了。

当然巧合是有可能发生的，比如两个人想法相同，都独立创作出了相同的作品。但是这个概率非常低。在知识产权法律实践中，判断是否构成侵权，主要适用“实质相同+接触”的原则。如果经过判断，两个作品存在实质相同之处，那么就要考虑后一作品的作者是否存在接触前一作品的可能性。如果前一作者的作品从来没有出版过，自然接触的可能性就非常小。

（2）合理借鉴和抄袭之不同

在案例一中，《月亮之上》被认定为涉案的六小节是抄袭《敖包相会》相关内容。在案例二中，从争议的主要过程来看，抄袭问题是焦点之一。

无论是在文学创作还是在影视剧本创作中，合理借鉴是业界常态，一般来说有借鉴人物形象、人物关系、剧情、桥段等，这些部分单独的、个别的近似性是业界所能接受的，比如剧情类似，但主人公的设置不同，是可以理解的。例如，影视剧《敢死队》的作战任务与很多影片类似，但人物形象和人物形象组合有其自身特点；再如，有的影视作品中人物形象近似，都描写了一个粗心大意的女护士，但是具体人物关系和戏剧任务完全不同，这也是可以接受的。业界不能接受的是从故事核—人物关系—剧情—桥段同时具有高度近似性，这就有抄袭嫌疑。剧本的抄袭与文字作品抄袭不同，未必要完全一样，主要抄袭的也不是具体台词而是戏剧设计。有些戏剧功能一致，不管具体形式如何改变，实质是一样的。比如胎儿身上烫一个梅花烙和长一块胎记，都为以后长大了辨识埋下伏笔，在戏剧功能上，梅花烙和胎记是一样的。有些功能性人物，比如倒脏者（行业术语），他（她）承担的是与主人公对话，把主人公的内心活动和想说的话说给观众听，帮助主人公下决心，这样一来，无论这个倒脏者是人物的姐姐还是贴身的嬷嬷，其戏剧功能是一样的，本质是一样的。

即便是借鉴别人的桥段，也是需要动脑子改一改的，好的编剧甚至可以改得超越原著者。但如果“借鉴”的是形成因果联系的桥段组合，也就是一系列有因果联系的事件，那么就是行业大忌[1]。

（3）著作权法保护“表达”而不保护“思想”的问题

学术界普遍认为，著作权法意义上的保护只是保护“表达”而不保护“思想”本身。著作权法之所以不保护思想，原因在于，当今社会是民主社会，思想是自由的，不能为任何人垄断；再者，著作权法赋予作者一定限度的垄断权，是为了鼓励创作，产生更多更好的作品，如果禁锢人们的

---

[1] 网易新闻中心：http：//news. 163. com/14/1209/10/AD12ORFO00014SEH. html.

思想，将会限制创作，这显然与著作权法的立法宗旨是相违背的。假如将著述权的保护范围从作品思维的表达扩大到思维自身，那么，就会极大地阻碍和减弱后续创作作品的动力和热情。

从著作权意义上讲，思维与表达的分野，也就是作品能否取得著作权保护的标准。个别而论，思维能够由不同的表达来加以表现，因而，不同作者完全能够分别取得独立的著作权。著作权法意义上的作品，是具备首创性的思维或情感的表达，是就某种思维的特定表达所拥有的特定权利。思维的表达历程就是作者将思维观念、逻辑架构、审美情味、作风特性融入作品的历程。这一历程所造成的整个轨迹，便构成了表达的客观基本。"思维与表达二分法"可被用来诠释：哪里是能够自在驰骋的思维旷野；哪里是必须尊敬的私权领地。著作权法的制度支配就是要勉励创作者就同一思维进行多元化的表达，从而为丰硕文学、艺术和科学发明供给能源和保证。

目前的研究表明，最早明确确定"思想与表达二分法"并将之对应于著作权保护范围的是 1894 年的一个英国判例，在该案例中，法庭直截了当地指出，"版权不延及思想、方案、原则、方法，它只限于表达，如果没有复制表达，就没有侵害版权"[1]。之后，美国著名的大法官霍姆斯和汉德都在相应的案件中阐述过这一原理，而且汉德法官还提出了著名的"抽象检验法"。

当然，有时候，作品的思想与作品的表达不容易区分，因为思想总要通过一定的形式表达。例如，甲写一本小说 A，乙用同义词替换的方式将 A 小说重新撰写形成 B。严格意义上讲，B 的表达形式肯定不同于 A，但是并不能因此就得出 B 是新作品，乙不侵权。一般来说，任何小说都有一个主题，为了表达该主题，作者会构建一系列人物、主要事件、人物出场顺序、人物性格、场景、情节、故事结构等具体细节要点，将这些细节要点通过文字具体表达出来的时候，就形成该小说的具体表达。抄袭该具体的文字表达肯定是侵犯了该小说的表达形式，是侵权；但如果抄袭该小说的主要人物、主要事件、人物性格、场景、情节、结构等具体细节要点，

---

[1] Philip. P. Wiener (ed.), Dictionary of the History of Ideas: Studies of Pivotal of Ideas (2), New York, 1973, p. 542.

形成一部与原小说类似的小说，各种细节表达都一样，其差别仅仅在于文字的具体组合，该做法也侵犯了前一作品的基本表达。

有些学者因此认为，所谓的“表达形式”和“思想”的问题，与其说理解为形式上字面的含义，不如说其实质是“形式与内容”的哲学问题。黑格尔在他的《小逻辑》中陈述了内容与形式的相互关系：“内容并不是没有形式的，反之，内容既具有形式于自身内，同时形式又是一种外在于内容的东西。”“内容非他，即形式之转化为内容；形式非他，即内容之转化为形式。”“这种相互转化是思想最重要的规定之一。”这些观点有些是可以参照的。国际上其他国家的做法和国际条约，也有助于我们适时调整国内法律，但也不应盲目崇拜。

（4）独创性本质

作品受著作权法保护的基本要素是具有独创性和可以有形形式复制性。琼瑶诉于正案中，关于著作权保护形式又一次在学术界展开大讨论，针对《宫锁连城》和《梅花烙》故事情节的相似性程度，基于我国著作权法保护形式而不保护思想的出发点，学术界有人认为虽然二剧的思想和表达形式基本相似，但是不排除后剧是受前剧内容之启发而创作的。任何创作都不可能不利用世界中既存的各种要素，作者往往不自觉地借鉴他人的思想观点、学习他人的艺术风格、参考他人作品中的论证逻辑，续编作品、改编作品还直接利用了他人作品中的各种艺术形象。学术界通常认为独创性不同于新颖性，独创性实际就是要求作者在作品中形成新的符号组合、新观点、新形象、新结构、新情节、新信息、新思想、新风格。但是如果一部作品从符号组合到符号信息没有任何新颖性，缺少增量要素，那么也就只是对旧作的复制，没有任何独创性可言。

传说慈禧太后曾请一位书法家为她的扇子题唐朝王之涣的《凉州词》，由于疏忽，书法家忘了写“间”字，慈禧大怒，要杀他，那位书法家急中生智连忙解释道：“老佛爷息怒，这是照王之涣的诗意填的一首词。”随即读给慈禧听：“黄河远上，白云一片，孤城万仞山。羌笛何须怨？杨柳春风，不度玉门关。”从著作权法的角度上看，后面更改的词虽然没有新的思想，但具有新颖的符号组合方式、韵律、体裁，这些同样使得新作品具有独创性，是原作的演绎作品。

其实所谓的独创性解释理论在某种角度上与前一个关于“思想与表

达”的问题有些理论是相通的，在此不作赘述。

（5）侵害改编权的相似性判断标准

改编并不否认改编作品融入了改编者的独创性智慧成果而形成新的独创特征并成为著作权法意义上的新作品。在台词不同而情节却存在显著相似性、关联性的情况下，仅根据台词表达来否定作品之间的相似性，从而做出否定侵权的结论，对原作者而言是不公平的。从作品类型的角度看，虚构作品不同于真实历史题材作品，作者的创作空间相对比较大，可以对时间、地点、人物、事件等要素自由地创设，对公知素材进行个性化选择、编排，并按照作者的想法自由创作，因此，即便针对同类情节，不同作者创作的差异也通常较大，不同作者创作的作品内容相同或高度近似的可能性较小。

（6）网络空间版权问题

我国现行法律承认作者对其文字、艺术作品享有信息网络传播权，1996 年缔结的《世界知识产权组织版权公约》和《世界知识产权组织表演和录音制品公约》都规定了作者在计算机网络上的权利。我国虽然没有加入这两项公约，但从保护著作权人合法权益和维护社会经济秩序以及改善国内投资环境角度出发，我国正在努力使自身与国际接轨。修订的《著作权法》中已经明确作者享有“信息网络传播权”，我国《信息网络传播权保护条例》中也明确规定了网络侵权的要件和解决途径。当然，作为提供搜索引擎的网络服务商，法律也为其提供了最大限度的保护制度——避风港原则。

作为一个信息存储平台，百度文库一直以“避风港原则”作为自己免责的理由。也就是说，百度作为经营这个信息存储空间的网络服务提供者，一般不负有对网络用户上传的作品进行事先审查、监控的义务。但“避风港原则”并不是包打天下的，在国外，与“避风港原则”相对应还有一个“红旗原则”[1]。也就是说，如果侵犯信息网络传播权的事实是显而易见的，就像是红旗一样飘扬，网络服务商就不能装作看不见，或以不知道其侵权的理由来推脱责任，如果在这样的情况下，不移除链接的话，就

[1] 王峰．百度文库败诉：避风港原则之辩［N］．21 世纪经济报道，2012（09）．

算权利人没有发出过通知，法律也会认定这个设链者知道第三方是侵权的[1]，因而负有连带责任。即传播者明知或者应知该行为侵犯他人著作权，就应定性为“主观有过错”。

根据《信息网络传播权保护条例》和有关行政立法的规定，网络服务提供者在面对权利人“删除请求权”和服务对象的“恢复请求权”时具备以下几种情形的，应当承担侵权责任：(1) 未经权利人许可而自主选择和上传有关侵权作品及信息资料；(2) 擅自改变服务对象上传的有关作品、信息资料，损害作品完整性的；(3) 将制定服务对象所控制的作品及信息公开化，导致制定的服务对象以外的人可以获得有关侵权作品及信息；(4) 在涉及侵权指控时，拒绝向权利人公开网络服务提供者的名称、联系人、网络地址；(5) 明知或者应知服务对象所提供的作品、信息资料涉及侵权的；(6) 直接从服务对象所提供作品、信息资料中获得经济效益的；(7) 在接到权利人符合法定条件的权益要求的书面通知书后，拒绝履行删除涉嫌侵权的作品及信息资料，拒绝实施断开有关服务链接等初步保护义务的救济措施；(8) 其他应当承担侵权责任的情形。

案例三：汪峰和“旭日阳刚”关于《春天里》的表演权之争

农民工组合“旭日阳刚”翻唱了汪峰的《春天里》走红网络，并作为兔年央视春晚舞台的草根力量，摇身变成受追捧的草根歌手。汪峰方面后来通知“旭日阳刚”，“今后不能以任何形式演唱《春天里》”。“旭日阳刚”方面表示“尊重他们的意见”，但同时希望事件能有所转机。从艺术欣赏而言，音乐无国界；但是从知识产权保护方面来看，音乐版权应该如何保护呢？

【案例分析】

本案例映射出的焦点在于文艺创作者和表演者都有著作权，著作权的行使具有排他性，如果他人想要表演作者的作品，需要征得作者同意。

著作权的一项权能就是表演权，即许可他人表演其作品的权利。《中华人民共和国著作权法》第十条第九项规定，所谓表演权就是公开表演作

[1] 360 百科：http：//baike. so. com/doc/5989472. html.

品，以及用各种手段公开播送作品的表演的权利。汪峰作为《春天里》的词曲作者，就享有了《春天里》作品著作权的所有权利，当然包括表演权在内，无论汪峰是否自己演唱了《春天里》。《春天里》的表演权属于汪峰，是源于他是该作者，而不是说汪峰因为演唱了《春天里》才享有表演权，别人就不能演唱。也就是说，即使汪峰没有演唱《春天里》，但作为著作权人，他同样享有表演权，他人要演唱《春天里》，需要得到汪峰的同意。一个作品发表或者被演唱之后，作者还有获取和分享著作报酬的权利。他的作品一旦发表，已经进行了演唱，就无权禁止他人演唱，但是可以主张获得署名权和报酬权。本实例中“旭日阳刚”把汪峰演唱的歌曲作为商业性演出用途，应当征得作为著作权人汪峰的同意并向其支付相应的报酬。

但是，汪峰不能要求“旭日阳刚”在任何情形下都为演唱该歌曲支付费用。《中华人民共和国著作权法》第二十二条规定，在法律规定的 12 种情形下，使用作品可不经著作权人许可，不向其支付报酬。其中第九条情形就是“免费表演已经发表的作品，该表演未向公众收取费用，也未向表演者支付报酬”。“旭日阳刚”以这种方式表演《春天里》是没有问题的。

【相关知识拓展】

与“表演权”相近似的一项权利是“表演者权”，表演者权，顾名思义是表演者的权利，即表演者许可或禁止他人使用自己表演活动的权力，是各国保护著作权的一项重要权利，被认为是“早期邻接权的唯一内容，现代连接权的首要内容”[1]。《中华人民共和国著作权法》第三十六条规定，使用他人作品演出，表演者（演员、演出单位）应当取得著作权人许可，并支付报酬。演出组织者组织演出，由该组织者取得著作权人许可，并支付报酬。

但在某些作品上，特别是音乐作品上，存在着“再演绎”和“翻唱”的行为，这些行为在著作权法中并没有明确的规定，由此引出的侵权事件也不少，如李春波控诉由文章执导的电视剧《小爸爸》中的插曲《呼儿嘿哟》未经过他的授权，以及方大同的新歌《小方》涉嫌抄袭他的作品《小

---

[1] 郑强. 表演者权法律问题研究［D］. 北京：北京工商大学，2008：24.

芳》。2012 年，《中国好声音》的舞台上一位学员李代沫凭借一曲《我的歌声里》一夜爆红，然而两个月后，李代沫却因为表演者权问题，导致原唱曲婉婷所属的环球音乐给他发了律师函。对于环球音乐的质疑，李代沫坚持认为自己的翻唱行为并没有侵犯版权。其实作为歌曲的原唱者曲婉婷是该歌曲最初的表演者，对该歌曲享有表演者权，《我的歌声里》的版权应归曲婉婷及其唱片公司所有，他人若要使用须经权利人的同意并支付报酬。笔者认为仅仅用于参加比赛，李代沫的行为则不构成侵权，因为经查在录制《中国好声音》节目之前，每个选手都会将参赛歌曲报给节目组，由节目组向每首歌曲的权利人支付版权费用，因此在比赛中的“翻唱”行为是经表演者许可的，不涉及侵犯表演者权。但若是李代沫除了比赛，将《我的歌声里》用于商业用途，比如，将此歌曲录制专辑销售或者用于商业演出，就侵犯了曲婉婷及环球音乐的版权。因此，李代沫将自己演唱的视频传到网上供公众浏览的行为已经构成了侵权。

当然，是不是一个人演唱了歌曲以后，其他人都不能直接再演唱了呢？问题也不是绝对的，在对表演者的各项权利给予保护的同时，法律又基于权利人与公共利益的协调以及它本应当属于公共财产的争议，又对其进行一定的限制。因此我国著作权法对表演者的权利进行了限制，除了对表演者权 50 年期限的限制外，还规定了 12 种“合理使用”的情形以及法定许可和强制许可使用的情形，常见的有以下两种情形：

（1）为个人学习、研究或者学校进行教学的目的，对他人的表演活动进行录音录像但并未进行传播、出版发行。比如上海戏剧学院为了使同学们更好地理解某一表演的动作要领，将已上映某电影进行录制、剪辑，只要不将录制、剪辑的内容传播、出版，则属于合理使用的范围，就不构成侵权。

（2）免费表演已经发表的作品。比如文艺团为了某社会团体而进行的免费表演，使用他人的作品就可以归入“合理使用”的范围。目前社会上经常有一些“义演”活动，如为“希望工程”捐款的演出等，但其均不是“免费表演”，这种表演使用的作品不属于合理使用。众所周知，学生社团是大学中的一项特色，话剧社也不计其数。然而在好多情况下，要靠学生自己创作出一场大型话剧是不现实的，于是好多社团选择从网上下载已表演过的话剧而进行模仿表演，很显然，若是学生仅为自己学习、研究的目的而进行的免费表演当然属于“合理使用”，但若是进行营利性表演或者以此参加比赛的话，若没有得到版权所有人的许可就构成了侵权。

2.1.2 艺术表演场馆的法律保护

艺术表演场馆一般是指表演者表演其舞蹈、音乐、文学、话剧、小品、相声等艺术作品的场地。艺术表演场馆的建设和发展，一般依赖公共财政与社会资金的扶助，对于场馆接待高雅艺术剧目演出，更需要政府的政策扶持，并按场次给予适当的财政补贴。艺术表演场馆主要分为两大类，一是文化部门修建的艺术表演场馆，二是非文化部门开办的会堂或体育馆。文化部门修建的艺术表演场馆设施优良，是艺术演出的主要阵地，非文化部门开办的设施完善的会堂或体育馆，也是满足当地艺术演出需求的重要补充。❶

艺术表演场馆涉及的创意保护内容比较多元，但是形式比较单一。艺术表演场馆的创意主要体现在灯光、舞美、展台设计、舞台设计、看台设计、入口以及出口设计等一系列与场馆相关的设计上，艺术表演场馆的创意保护，归根结底，就是对这一系列的设计的保护，防止被他人抄袭和利用。虽然艺术表演场馆的保护内容较多，但是这些内容的保护都集中在其形式上。

对艺术表演场馆的法律保护，主要通过《著作权法》对外观设计、建筑外观享有著作权以及《专利法》对其外观设计赋予专利权来进行联合保护。

2.2 文化保护和文化设施服务

文化保护和文化设施服务也属于文化创意产业的一个类别，这个类别之中也涉及很多的法律保护问题。文化保护和文化设施服务的内容主要可以分为文物保护服务、民族民俗文化遗产保护服务和对博物馆、纪念馆、图书馆、档案馆的保护服务。其涉及的法律问题也主要从这三大类来分别说明。

---

❶ 艾涛．江苏省艺术表演场馆探寻行业管理新模式［N］．今日信息报，2009，(09)．

2.2.1 文物保护服务和博物馆、纪念馆、图书馆、档案馆的保护服务

在文化创意产业中，创意化和商品化往往被整合在一起从而创造出新的价值，古文物作为文化创意产业的一个重要类型，也有将其创意化和商品化进行合理结合的意义。创意化是建立在古文物的本真形态基础上，通过创意元素的赋予或者科技手段的展现，发挥、宣扬其内在的文化精髓，以保持其本源的纯正和稳定；商品化则立足于对创意之后的古文物进行规模化的复制和生产，以期让传统文化资源在现代市场经济条件下能继续发挥其经济、文化和社会价值。❶ 立足于古文物而发展起来的创意产业，也涉及了众多的法律问题，如古文物的保护与合理利用，古文物的仿制、古文物的开发等。

要明确博物馆、纪念馆、图书馆、档案馆的保护服务，以及其与文化创意产业的关系，首先我们得明确博物馆、纪念馆、图书馆和档案馆的一系列概念和定义。

博物馆是征集、典藏、陈列和研究代表自然和人类文化遗产实物的场所，并对那些有科学性、历史性或者艺术价值的物品进行分类，为公众提供知识、教育和欣赏文化教育的机构、建筑物、地点或者社会公共机构。博物馆是非营利的永久性机构，对公众开放，为社会发展提供服务，以学习、教育和娱乐为目的❷。

纪念馆是为纪念有卓越贡献的人或重大历史事件而建立的纪念地，用声、光、电、图、实物等多方面表现事件的精神❸。

图书馆是收集、整理、收藏图书资料供认阅读、参考的机构，图书馆有保存人类文化遗产、开发信息资源、参与社会教育等职能。据《在辞典中出现的“图书馆”》一文说，“图书馆”一词最初在日本的文献中出现是1877年的事，而在我国文献中，最早是在1894年《教育世界》第62期

---

❶ 刘娜．文化创意或文化商品化——对古文物创意产业发展的一些思考［J］．东南传媒，2010（05）．

❷ 搜狗百科：http：//baike. sogou. com/v64670938. htm.

❸ 百度百科：http：//baike. baidu. com/view/984478. htm.

所刊出的一篇《拟设简便图书馆说》出现的。❶

档案馆是收集、保管档案的机构，负责接收、征集、管理档案和开展档案利用等。例如，中国周代的天府、汉代的石渠阁、唐代的甲库、宋元的架阁库、明清的皇史等，都是历代保管档案的机构。新中国成立后，从中央到地方都成立了档案馆。❷

一般来说，无论是博物馆、纪念馆、档案馆还是图书馆，很大程度上都依赖于一些类似于门票、国家的资金支持和其他费用才能够勉强维持生存，但随着社会的发展以及商业化进程的不断推进，这种生存方式与时代的发展显得格格不入。因而立足于"馆"本身，发展文化创意产业，取得更多更好的经济收入就成了不二之选。

文化创意都随着时代的发展而不断变化的，无论是博物馆还是纪念馆、档案馆、图书馆，在创意性文化产品的开发上都务必立足本馆特色，融入时代的特征，从而塑造出有特色、有灵魂又与众不同的商品，如博物馆文物的仿制、艺术纪念品，以及其他与典藏文化相关的创意产品的生产制作、图书馆开展的珍藏版本书籍的展览、档案馆组织的专题展览、数字档案馆的建设并实行有偿对外开放，以及依托纪念馆发展起来的纪念品生产制作。但文物的仿制、纪念品的制作技术相对简单，因而市场上也充斥着众多的假冒伪劣商品，由于法律上惩处力度不够，假冒伪劣商品追责困难，很多依托于博物馆、图书馆、纪念馆、档案馆发展起来的文化创意产业也遭受很大的经济损失。

关于文物保护的法律法规中，涉及文化创意产业的并不多，《全国博物馆评估办法》（1997 年）、《民间博物馆暂行条例》和《文物保护法实施条例》（2010 年）中有相应的条款规定。但我国目前并没有一部完整的、专门的法律来保护依托于博物馆、图书馆、纪念馆、档案馆发展起来的文化创意产业，产生法律纠纷之后，我国大多根据《著作权法》《商标法》《反不正当竞争法》的相关条款来综合保护相关权益。

案例一：埃及针对金字塔向全球征收版权费

作为最著名、最古老的埃及建筑，金字塔受到了世界人民的瞩目，但

❶ 搜狗百科：http：//baike. sogou. com/v16687. htm.

❷ 百度百科：http：//baike. baidu. com/view/677637. htm.

并不是每个人都可以一睹金字塔的风采，因而世界上各式各样的关于金字塔的仿制品层出不穷。

北京工人体育馆曾出现过一座高达四十七米的金字塔模型，当时是为了大型景观歌剧《阿凡达》搭建舞台而建；而深圳的“世界之窗”也曾精心策划推出过“埃及文化艺术节”的主题活动，将神秘古埃及的历史、信仰、文化、文明如诗如画地展现在游客面前；最为著名的还是拉斯维加斯的卢克索酒店，这座自称是“世界上唯一的金字塔形状”的建筑，不仅其酒店名称以埃及城市卢克索命名，而且门口竖立着一个巨型的狮身人面像金字塔建筑。

不仅如此，一座按照1∶1比例仿造的“埃及狮身人面像金字塔”亮相河北省石家庄市，引发公众围观。而据埃及Ahram在线新闻网站报道，这一高仿建筑引起埃及文物部门高度关注，它们已向联合国教科文组织投诉。仿造文物是否构成侵权？埃及政府的投诉是否于法有据？

面对这些埃及传统的标志性墓藏建筑在全球范围内被“盗版”的侵袭，以及世界各地都可以买到的或精巧或拙劣的仿制品，2007年，埃及政府准备出台一项法案，向这些侵权的“赝品”收取版权费，并表示金字塔等一些文物古迹唯一版权拥有者是埃及，收取版权费可以在经济方面更好地帮助保护和维护这些古迹。但这项法案也规定，只要不是对历史遗迹照搬全抄，就不会受到法律的制约。艺术家们以历史遗迹为题材创作的画作或其他艺术品都不会受到新法律的影响。

【案例分析】

在埃及针对金字塔向全球征收版权费这一事件中，大家关注的焦点在于文化遗产能否享有著作权？仿造文物是否构成侵权？埃及政府的投诉是否于法有据？

建筑物是受《著作权法》保护的对象，对于建筑物作品包括建筑物本身和建筑设计图、模型两部分，受保护的要素是除了具备独创性之外还要具有审美意义。要确定建筑版权，首先要看保护期限，目前版权保护的国际条约，如《世界知识产权组织版权条约》《保护文学和艺术作品伯尔尼公约》均规定对于建筑的版权保护期限为作者终生及其死后50年；对于不具名作品和具笔名作品，保护期为自其合法向公众发表之日起50年。不论金字塔的创作者是谁，它们距今都有4600多年的历史，早已过了公约对建筑版权的保护期限。金字塔早已被联合国教科文组织列为物质类文化遗产，埃及政府目前对金字塔拥有的只是作为文物的所有权。埃及文物部门既然并不享有对金字塔的版权，因此也不享有版权的下属权利——复制权。

针对埃及文物部门所称，按照1972年联合国教科文组织制定的《保护世界文化和自然遗产公约》，中国高仿的狮身人面像已经触犯了这一国际条约的说法也有失偏颇。

《保护世界文化和自然遗产公约》中只是明确各缔约国应遵守公约规定，有责任对文物进行保护，并同意不故意采取任何可能直接或间接损害其他缔约国领土内的文化遗产和自然遗产的措施。其中并未对仿制行为有明确的法律规制。而目前仿造的埃及狮身人面像并未对埃及本土的金字塔造成任何损害。埃及金字塔具有不可替代性，游客不会因为参观了“山寨埃及狮身人面像”就信以为真，以为自己到过埃及并参观了具有历史感的金字塔。

金字塔作为物质文化遗产，从《保护世界文化和自然遗产公约》规定的保护方式看，主要强调的是静态保护，强调其原真性、不可复制性，即独一无二，与复制、仿制不是同一角度的概念，重点是对被保护遗产的修复、维护和展示。

那么，物质文化遗产能否被仿制？在博物馆，文物仿制是合法的。仿制是在没有实物或因残损、老化等其他原因不能在原件上进行翻制模具或与原件材质不同或只能依据图片等方法来完成的作品。而仿制世界著名的建筑或文物，也是普遍的现象，如美国拉斯维加斯的金字塔酒店，外形就是埃及的金字塔，但因内部构造与古埃及金字塔完全不同，并不是彻底的复制品，埃及官员认为不是侵权；而埃及文物保护部门对待石家庄仿造埃及狮身人面像的态度，则截然相反。

（资料来源：http：//www.17u.com/news/shownews_15705_0_c.html）

案例二：万尊阿育王仿制侵权事件

2012年6月，中国工艺美术大师、国家级非物质文化遗产金银细作工艺传承人王殿祥收到了一份来自南京市博物馆的公函，指出他有严重侵权行为。原来，2012年4月底，全球唯一一枚佛顶骨舍利赴港澳供奉，王殿祥参照南京市博物馆收藏的宋代七宝阿育王塔进行仿制，包括一尊高 1.38 米的现代版阿育王塔和 9999 尊缩小版阿育王塔。南京市博物馆认为，王殿祥发行缩小版七宝阿育王塔一事，他们并不知情，在市场上经营销售是一种侵权行为。

王殿祥表示，2012 年 1 月 4 日，南京市政府、南京市民族宗教事务局参与，由栖霞古寺和王殿祥艺术品设计制作有限公司签订了一份加工承揽合同，委托他加工阿育王塔。合同上标明，数量为一件，高 1.38 米，内坯采用印度小叶紫檀，表面包铜镀金。

王殿祥介绍说，2012 年 1 月 30 日，南京市民族宗教事务局、栖霞古寺又和他签订了一份“关于共同做好‘迎请小仿型阿育王金塔’工作的协议”。“这种小的一共造了 9999 尊，已销售出 200 尊了。”

2012 年 5 月 25 日，王殿祥收到了由南京市博物馆发来的《关于出售阿育王塔仿品事宜的函》。函中称：“北宋长干寺地宫出土七宝阿育王塔，是南京博物馆重要馆藏品，为国家一级文物。2012 年 4 月，为确保佛顶骨舍利赴港澳供奉活动的圆满成功，根据南京市政府和市宗教局函，由南京博物馆无偿提供七宝阿育王塔细部照片等文物信息，供你工作室制作仿制阿育王塔，安奉顶骨舍利，鉴于你方未经我馆及上级主管部门同意，利用我馆提供的资料开展阿育王塔的仿复制及仿制品的销售并赢利，属于严重侵权行为，为此，我馆要求必须立即停止经营销售，并和我馆就此事协商解决。否则，我馆将通过法律途径维护权益。”

南京钓鱼台王殿祥艺术品店面门口，放着一张海报，上面写着“七宝阿育王塔缩小版莅港澳供奉”。海报上的“小塔”，就是南京市博物馆公函中提到的侵权物品。小塔高 36 厘米，重约 5 公斤，是铜镀金材质，上面嵌有水晶、玛瑙、琉璃、青金石、松石、珊瑚、珍珠等。店面内，“小塔”排成一排，看上去金光灿灿，很抢眼。“小塔”市场价为 9999 元，其实是现代版七宝阿育王塔的微缩版。

南京市博物馆馆长白宁说，给王殿祥大师发去公函，是表明他们保留起诉的权利，他们觉得王殿祥这么做不妥当。白宁表示，当时王殿祥造“大塔”，是为了佛顶骨舍利赴港澳供奉，这是一项公益行为，而且当时有关方面也给博物馆发了函，要求协助王殿祥仿制一尊，因此他们就提供了“塔王”非常详细的照片和数据。至于缩小版的，他们并不知情，也没有征得南京市博物馆的同意。

"当时造大塔的时候，王殿祥没有提出要造小塔，他最起码应该和我们说一声，问我们是不是同意。"白宁表示，王殿祥要发行缩小版的七宝阿育王塔，应该和南京市博物馆协商，征得他们的同意，最起码，要开发文化产品应该大家坐下来好好商谈才行。

南京市博物馆另一位负责人则表示，公函发出去已经一个多星期，至今没有收到回函。"王殿祥没有和我们签订协议，我们才是宋代七宝阿育王塔的收藏单位。"这位负责人说，"样版"七宝阿育王塔是他们馆的馆藏文物，王殿祥应该和他们沟通才是，这也是对收藏单位的尊重。

王殿祥认为："我没有侵权，我这不是对文物进行复制，我只是局部仿而已，融入自己的设计理念。"缩小版七宝阿育王塔被指侵权，让王殿祥觉得冤。

王殿祥手里拿着一本宋代阿育王塔的画册《圣塔佛光》，这本画册由南京市博物馆发行，也是他制作现代版阿育王塔的参考资料。王殿祥说，尽管手中有资料，但自己还是重新进行了设计。

南京市博物馆珍藏的宋代七宝阿育王塔身高1.1米，去年被定为国家一级藏品，内用木胎外用银镏金，上面镶嵌满了宝石，比杭州雷峰塔地宫出土的阿育王塔高出3倍多，当时被称作"塔王"。"塔王"由火焰珠、塔刹、山花蕉叶、塔身、塔座等组成，塔身合围封闭，塔身上的大鹏金翅鸟脑袋在外面。同时，塔身四面分别有萨埵太子舍身饲虎、尸毗王割肉饲鹰救鸽、快目王舍眼和光明王施首这四个故事的浮雕。"塔王"有宝珠452颗，分为七类，是谓"佛教七宝"。经检测，这批宝珠包括金、银、琉璃、砗磲、玛瑙、珍珠、玻璃。

王殿祥的现代版阿育王塔"大塔"高1.38米，也由火焰珠、塔刹、山花蕉叶、塔身、塔座等组成，山花蕉叶、塔身部位也有浮雕，边缘衔接处是大鹏金翅鸟等，也镶嵌了七宝。乍看之下，现代版和古代版的阿育王塔长得挺像，但王殿祥说，宋代阿育王塔塔身和塔刹是紧紧相连，不能分开的，但现代版的可以把塔刹挪开。塔身部位，古代版四面封闭，现代版为方便供奉，其中一面为敞开式。塔座部分，古代版直直向下，现代版则有一定的弧度。"都是嵌宝石，我的用了珍珠、宝石数量有474颗，但古代版的没有珍珠，宝石数量也少。"

【案例分析】

本案例焦点同前案例，即文物是否拥有著作权？文物复制是否构成侵权？文物复制是否应当征得博物馆的许可？

如前一案例分析，建筑的版权保护期限为作者终生及其死后50年；对于不具名作品和具笔名作品，保护期为自其合法向公众发表之日起50年。本案例中的文物当然不存在保护期内的著作权，不过在《中华人民共和国文物保护法》中也有“不得擅自复制”这个规定，“复制，就是我们平常说的‘拷贝’，但现在王殿祥的作品进行了创新和变化，就不能说是复制，只能说仿制”。孟兰凯表示，现在还找不到法律规制这种行为，这是一个值得探讨的话题。

就我国法律而言，目前关于复制权的规定，只是规定了以印刷、复制、拓印、录音、录像、翻录、翻拍等方式将作品制作一份或者多份的权利。这是一种平面到平面的权利，但并未规定从平面到立体、从立体到立体的复制应如何认定。这个领域还需多研究，并借鉴他国法律予以完善。相关领域的法律专家和学者已经对此进行了深入分析和探讨，不断探索著作权领域新的问题，促进文化事业更快速、更安全地前行。

（资料来源：http：//news. cang. com/infos/201206/204891. html）

【相关知识拓展】

（1）文物复制是否构成侵权

文物包括人类的遗物和遗迹，一般具有历史价值、艺术价值和科技价值，即所谓的三大价值。藏品是收藏者的收藏对象，无论是个人收藏还是博物馆收藏，藏品的构成是很不一样的，此处的藏品在彼处可能不会形成藏品，例如，秦始皇兵马俑不会构成延安革命纪念馆（博物馆）的藏品，中国地质博物馆的钻石藏品也不会入藏碑林博物馆。形成“藏品”的条件与收藏者的兴趣、研究对象、保藏的范围有关，收藏品的范围非常广，很多并不属于文物的范畴。文物的总量那么多，不是所有文物都能够成为藏品。文物存世量或出土量的不足，使得文物的复制与仿制应运而生，以满足收藏爱好者的愿望；又有些文物如铁器、铜器、漆器、纸张、油画、书画等，原件已无法继续保存，赶紧复制，保存真迹，在这些基础上的文物的复制与仿制工作完全无可厚非，并且可以形成专门的传统技艺。随着文物特殊的商品价值被从事文物的复制与仿制的人们还有商贾所认识，认为可以从中牟利，甚至获得暴利，于是文物作假逐渐横行，赝品搅乱了当今文物市场和收藏界。

就中国而言，并没有出台相关的法律，来针对文物古迹的复制征收版权费，只有关于文物赝品交易的司法处理，另外，还出台了《中华人民共和国文物保护法》以及《中华人民共和国文物保护法实施条例》来对古文物进行保护。关于依赖古文物发展起来的创意产业，我国并没有一部专门的法律，来解决在产业发展中所产生的法律纠纷，一般是套用其他的成文法律来解决，这也使这类的创意产业在发展中有很多的法律监管漏洞。

（2）收藏单位是否拥有相关知识产权

《中华人民共和国文物保护法》第三十二条明确规定：修复、复制、拓印馆藏二级文物和馆藏三级文物的，应当报省、自治区、直辖市人民政府文物行政主管部门批准；修复、复制、拓印馆藏一级文物的，应当经省、自治区、直辖市人民政府文物行政主管部门审核后报国务院文物行政主管部门批准。

现代版阿育王塔显然不适用文物法，因为王殿祥的行为并不是简单复制。江苏省文物局博物馆处一位负责人表示，现在不论《中华人民共和国文物保护法》还是《博物馆藏品管理办法》，都没有涉及文物仿制，这是目前博物馆知识产权保护方面的一个缺失。

这位专家说，在国际上，有一个不成文的规定：文化衍生产品的开发，其原型的收藏单位拥有藏品形象等各方面的知识产权，因此在某一藏品上必须受收藏单位的委托，否则就是侵权。

2.2.2 民族民俗文化遗产保护服务

我国是一个多民族的国家，56 个民族组成了中华民族的大家庭，由于社会发展的不平衡性，以及客观环境的差异性，各民族之间在语言文字、风俗习惯以及宗教信仰上都呈现出了巨大的差异性，因此依托于民族民俗文化发展起来的文化创意产业都具有鲜明的特色。

民族民俗文化大致可以分为物质民俗、社会民俗、口承语言民俗，以及精神民俗。物质民俗包括民间建筑、服饰民俗、饮食民俗、生产民俗、交通民俗，以及工艺民俗等；社会民俗包括家族、亲族、村落、各种社会职业集团、人生礼仪（诞生、成年、婚姻、丧葬）；口承语言民俗包括神话、传说、故事、歌谣、叙事诗、谚语、谜语、民间艺术等；精神民俗包括巫术、宗教、信仰、禁忌、道德、礼仪、民间游艺等❶。

依托于民族民俗文化发展起来的创意产业，也面临着众多的法律困境，我国对于民族民俗文化没有清晰的界定，对于民族民俗的版权归属也没有做出明确的规定。民族民俗往往是通过一代一代传承下来的，民族民俗文化作品的作者很难界定，有可能是团体，也有可能是匿名人。加上我国缺乏专门的民族民俗文化保护法，因此把民族民俗文化融入创意产业，也存在着诸多有意或无意的难以界定的侵权行为。

民族和民俗文化是在特定的民族、时代、地域等生活文化背景下逐渐形成的生活和艺术形式，是一个地方生活方式、价值取向、审美情趣等的重要标志。民族民俗文化中的饮食民俗、服饰民俗、宅居民俗、娱乐民俗千姿百态，极具地方特色，蕴含了巨大的经济效益和社会效益，通过科学合理的开发整合，使之发展成为适宜的文化创意产业是很有必要的。❷ 然而由于民族和民俗文化的版权归属难以确定，就为产业的发展带来了阻碍，出现了很多的纠纷，比如，由剪纸文化发展起来的剪纸创意，可能企业在最初取得了部分版权人的同意，但是由于版权人不能准确界定的因素，容易引起侵权的争端，给文化企业的发展壮大和深度发展都带来了重要障碍。

2.3　群众文化服务

依托于群众文化服务发展起来的创意产业也是文化创意产业的一个重要组成部分。这一类的文化创意产业主要有群众文化场馆和其他群众文化艺术活动。

---

❶ 中国民族民俗文化：http：//wenku. baidu. com/view/28a5ed1655270722192ef7a7. html？from = rec&pos = 1.

❷ 钱丹青．民俗文化资源开发与文化创意产业发展研究［J］．经济视角，2012（05）.

2.3.1 群众文化场馆

群众文化场馆就是由政府投资兴建的，指导和研究群众文化生活的公益性机构，旨在为大众提供全面优质的文化服务和文化产品，提高群众生活质量，推动社会物质文明发展，引导健康的生活理念和生活方式。关于群众文化场馆的性质与功能最为权威的表述是："群众艺术馆是组织、指导群众文化艺术活动，培训业余文艺骨干及研究群众文化艺术的文化事业单位，也是群众进行文化艺术活动的场所。文化馆是开展社会宣传教育、普及科学文化知识、组织辅导群众文化艺术（娱乐）活动的综合性文化事业单位和活动场所。"❶ 尽管这个定义现在看来显得有些不完善，但大体上还是较为准确地界定了群众文化场馆的性质和任务。我们创新群众文化场馆服务的诉求，也必须以此为起点。按照国家对文化事业单位改革"形成责任明确、行为规范、富有效率、服务优良的管理体制和运行机制"❷ 的要求，群众文化场馆服务创新应当在观念上深化对群众文化场馆的认识，这是创新群众文化场馆服务的前提。

群众文化场馆一般设有多功能厅、展览厅、宣传廊、辅导培训教室、计算机与网络教室、舞蹈排练室、独立学习室（音乐、书法、美术、曲艺等）、娱乐活动室等公共空间设施场地，提供普及性的文化艺术辅导培训、公益性展览展示、基层队伍和业余文艺骨干培训、群众文艺作品创作指导等基本文化服务。根据公共文化服务体系建设的公益性、基准性、便捷性的要求，结合目前群文场馆发展现状，群文场馆革新可以从以下几个方面着手：

（1）充实服务内容。随着时代的发展和人们教育程度的提高，群众文化不能再停留在"唱唱跳跳"、休闲娱乐等一般内容，而应在适当保留传统项目的同时，创造性地开展与当下群众生活相适应的文化服务项目；着力于业余文化骨干培养，使之成为基层群众文化活动的组织者和带头人；打造文化品牌，开展常规性、专业性的文化服务，比如，可以定期开设各类文化艺术公益培训班、生活健康讲坛、文化沙龙、公益演出、艺术展

---

❶ 文化部社会文化司．群艺馆群众文化馆管理办法．1992．

❷ 文化部．国家公共文化服务体系示范区（项目）创建标准．2010．

览、文艺竞赛项目等，通过品牌吸引群众、提高群众，努力打造群众文化培训中心、群文品牌建设中心和日常群文活动中心，加强“全国文化信息资源共享工程”建设，为群众提供更多更好的数字文化服务。

（2）丰富服务手段。要发挥群文场馆的阵地作用，在馆内开展各类服务项目，形式多样地开展群众文化。积极尝试流动文化服务，克服馆内阵地服务的不足，深入基层，让群文服务无处不在，覆盖社会各个角落，让最基层的群众感受到文化的魅力。要充分利用网络传播的优势，建设群文网站，将各类资源数字化，突破场馆服务的时空限制，实现群文传播的现代化。要切实抓好文化辅导员工作，让辅导员深入社区学校工厂，送服务上门，实现服务最大程度的延伸。

（3）加大资源整合。无论是群艺馆还是文化馆，都不可能十八般武艺样样精通，都有自己的优势和短板，实现资源整合可以取长补短，资源共享。这种整合可以在馆与馆之间进行，也可以在体制内与体制外进行。

尽管社会大众对文化生活热情与日俱增，但是我国群众文化场馆建设并不算发达，因而依托于群众文化场馆发展起来的文化创意产业的类型还不是特别丰富。在群众文化场馆的投资、建设和运行过程中难免会出现涉及金融、法律、税收、财务、市场、工程技术、经营管理等多种多样的实际问题，需要我们进一步按照我国现有实际情况进行合理规范和引导，更好地发挥群众文化场馆的服务功能，促进广大群众的健康文化生活。

2.3.2　其他群众文化艺术生活

群众文化艺术生活也可以称作民间文化艺术生活，是群众从自己实际生活出发，开展的一系列文化艺术活动，这些文化艺术活动往往带有鲜明的地域特色。除了一些具有鲜明特色的文化艺术活动之外，还有一般型的群众文化生活、专业型群众文化活动、竞技型群众文化活动、交流学习型群众文化活动、重大事件型文化艺术活动等。[1]

在不同的文化理论的概念界定中，对大众文化与群众文化的理解和区别是有不同的看法的，比如在中国，京剧被公认为大众文化，而巴山舞、

[1] 陆明．浅析群众文化活动的策划与创意［J］．淮海工学院学报，2010（02）．

花鼓戏却都被归入群众文化。[1] 由此来看大众文化是那些被广泛认可的文化，而群众文化是那些具有地域特色的一类文化。群众文化艺术生活在某些方面与民风民俗文化有部分的重叠。

群众文化本身就是创意产业的资源库。利用民间艺术资源，打造创意产业平台，是群众文化融入创意时代的阶梯。[2]依托于群众文化发展起来的创意产业形式多样，也具有鲜明的地域特点。由于一些民间群众的文化素质较低，版权意识薄弱，只顾眼前利益，群众文化创意产业中潜在的问题较多，侵权现象较为严重，但版权拥有人并不懂得维权，或者不知道怎么维权，我国也缺少专门的法律保护民间的文化艺术。随着社会的发展，技术的进步，群众的文化素质逐步提高，权利意识和法律意识的增强，未来，一些依托群众文化艺术生活发展起来的文化创意产业，在产业发展的道路上不可避免地会陆续出现权益纷争。就目前而言，建立较为完备的法律体系，普及版权知识，或许能够避免今后产生的一系列法律纠纷。

2.4 文化团体及文化艺术代理服务

文化团体与文化艺术代理也是文化创意产业的一个重要组成部分。相对于其他类型的文化创意产业，这一部分的文化创意产业所占比例相对较小。但随着社会的发展，以及圈子文化的流行，这一部分的文化创意产业发展前景较好，后劲很足。如何避免这部分创意产业发生纠纷，促进其良好发展，先期的法律保障是一个很重要的内容。

2.4.1 文化团体相关法律问题

文化团体就是为了共同的文化追求，文化利益和文化娱乐而达成特定目的或任务，而结合在一起的两个或两个以上的个体。文化团体是一个组织，组织成员之间有相互依赖的互动关系，这种组织多以非营利性的非政府组织为主。属于文化创意产业的文化团体包括：与作家有关的社会团体

[1] 刘畅．浅谈创意群众文化催生大众强势经济［J］．青年文学家，2013（11）．

[2] 王旭琨，王楠．创意产业和群众文化［J］．剧作家，2005（02）．

服务，与记者有关的社会团体服务，与艺术家有关的社会团体服务，与演员有关的社会团体服务，与出版有关的社会团体服务，与音像制品有关的社会团体服务，与历史、考古有关的社会团体服务，其他与文化有关的社会团体服务。

依托于文化团体发展起来的创意产业，其创新力较强，具有很强的朝气。文化团体在这部分的文化创意产业中扮演着“军师”的角色，为文化创意产业提供着源源不断的动力，如建立在设计团体基础上而发展起来的设计产业、建立在艺术团体上而发展起来的艺术产业等。

在国家相关的政策支持下，各文化团体抱团发展，形成了文化艺术长廊，同时也形成了一个文化创意的产业链。正是由于好的政策和法律的支持，以及文化团体自身的发展力量，才促成了这个类型的文化创意产业的大发展。

案例：北京 798 文化艺术区

在北京的东北角，有一个以 20 世纪 50 年代建成的工厂命名的艺术区，这就是 798 艺术区，原为国有 798 厂等电子工业的老厂区所在地。此区域西起酒仙桥路，东至京包铁路，北起酒仙桥北路，南至将台路，面积达 60 多万平方米。现今 798 已经引起了国内外媒体和大众的广泛关注，并已成为了北京都市文化的新地标。

艺术家和文化机构进驻后，成规模地租用和改造空置厂房，逐渐发展成为画廊、艺术中心、艺术家工作室、设计公司、餐饮酒吧等各种空间的聚合，形成了具有国际化色彩的“SOHO 式艺术聚落”和“LOFT 生活方式”。经由当代艺术、建筑空间、文化产业与历史文脉及城市生活环境的有机结合，798 已经演化为一个文化概念，对各类专业人士及普通大众产生了强烈的吸引力，并在城市文化和生存空间的观念上产生了不小的影响。

以 798 厂为主的厂区的建筑风格简练朴实，讲求功能，巨大的现浇架构和明亮的天窗为其他建筑所少见。它们是 20 世纪 50 年代初由苏联援建、东德负责设计建造的重点工业项目，几十年来经历了无数的风雨沧桑。伴随着改革开放以及北京都市文化定位和人民生活方式的转型、全球化浪潮的到来，798 厂等这样的企业也面临着再定义、再发展的任务。随着北京都市化进程和城市面积的扩张，原来属于城郊的大山子地区已经成为城区的一部分，原有的工业外迁，原址上必然兴起更适合城市定位和发展趋势的无污染、低能耗、科技含量高的新型产业。大批艺术家、文化人的入驻，正是这一历史趋势的反映。

这批入驻者中，包括设计、出版、展示、演出、艺术家工作室等文化行业和团体，也包括精品家居、时装、酒吧、餐饮、蛋糕等服务性行业。在对原有的历史文化遗留进行保护的前提下，他们将原有的工业厂房进行了重新定义、设计和改造，带来的是对于建筑和生活方式的创造性的理解。这些空置厂房经他们改造后本身成为新的建筑作品，在历史文脉与发展范式之间，实用与审美之间与厂区的旧有建筑展开了生动的对话。就像2009 年入驻 798 的创意蛋糕品牌 ebeecake，其精致的造型，展现人生心路历程的情感名称，就很好地体现了美味、艺术与文化的结合，丰富着 798 的文化内涵，时而出现的 ebeecake 玩偶也给时尚的 798 艺术区增添了一些乐趣。

而这批入驻团体的生存方式本身就是经济改革的产物，他们展示了个人理念与社会经济结构之间新的关系——在乌托邦与现实、记忆与未来之间。798 是新时期的青年文化经过积淀转向成熟的载体，这里形成的文化是地方资源的国际化，是个人理想的社会化。新的 798 意味着先锋意识与传统情调共存，实验色彩与社会责任并重，精神追求与经济筹划双赢，精英与大众的互动。出现在 798 的这一现象，牵涉都市发展、生产和消费模式等广泛的层面。

（资料来源：http：//baike. sogou. com/v113959. htm）

【案例分析】798 艺术区给文化创意产业的启示

（1）深厚的历史文化资源是文化创意产业发展的前提

北京市有着丰富的历史资源，3000 年建成史、850 年建都史、500 年的世界之都，皇城文化与民俗文化各领风骚，古都文化与多元文化融合发展。作为“首都文化中心区”的朝阳区充分利用历史文化资源、工业遗产资源，运用高新技术创新文化生产方式，培育新的文化业态，变资源优势为发展优势，为推动文化创意产业的发展进行了有益的尝试，取得了巨大的成功，使古老的地方文明焕发了新的魅力。

（2）政策资金支持是文化创意产业得以大力发展的主要动力

为扶持文化创意产业的发展，北京先后出台《北京市促进文化创意产业发展的若干政策》，“文化创意产业集聚区认定标准”“文化创意产业投资鼓励指导办法”“促进文化创意产业发展的若干政策”等文件，为北京文化创意产业的发展提供了很好的外部环境。“十一五”期间，北京市设立了文化创意产业发展专项资金，每年安排5亿元面向社会支持文化创意产业发展，5年来共支持项目近600个。市发改委固定资产投资近6亿元，累计支持10个文化产业聚居区的22个项目。经过“十一五”时期的发展，北京的文化创意产业已形成独有的优势和特点，产业支柱地位得以确立，文艺演出、新闻出版、广播影视等行业整体实力日益雄厚，产业发展格局初步形成。“十一五”时期，北京市组织认定了30个市级文化创意产业集聚区，覆盖全市16个区县，集聚文化企业上万家。

（3）有效利用文化资源和产业布局优势，是发展特色产业聚集区的必要条件

798是推动工业遗产资源合理再利用的成功典范。在空间构建上，引进专业策划运营机构，把北京旧城改造“有机更新”理念引入厂区改造，根据其自身建筑特点，保留旧厂房建筑形态和工业遗存，对原厂房设施空间实施设计改造，体现文化底蕴、视觉冲击和创意氛围，建成符合创意企业需求的现代时尚创意空间。

笔者分别截取了2003年、2006年、2009年三个年度进驻798艺术区的店铺数量，通过以上三个年度的统计结果可以看出：2006年艺术家的数量稍有增加，之后却快速减少，而与之相反，画廊的数量比例急速扩大，

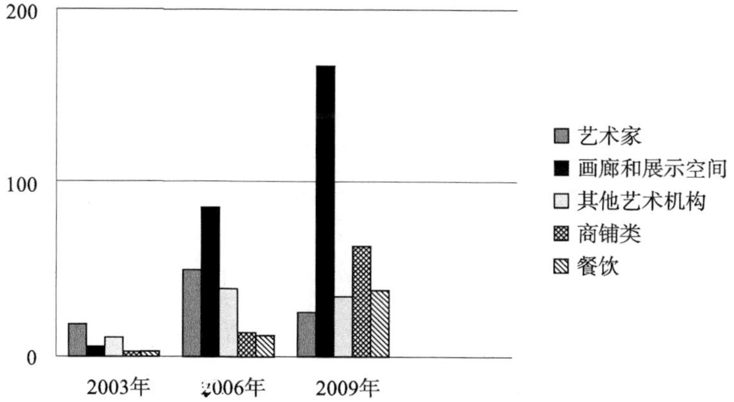

从最初的16%上升到56%，数量上也从最初的6家增加到现在的168家，整整翻了28倍。同时，还有一个值得注意的变化就是餐饮和商铺数量上的增加，从增长速度看，商铺的增长速度最快，从最初的2家到现在的64家，整整翻了32倍，比画廊的增长速度还要快。

在笔者的考察中，有一点印象非常深刻，那就是798艺术区不仅变化非常大，而且变化速度非常快，尤其是从2009年开始，这种变化就变得非常明显。有时候只相隔很短的时间，就看到艺术区内又开了几家新的经营机构。当然这里新开的机构主要是两种：一是咖啡店；二是商铺。所以，在与798艺术区内的入驻机构谈到这些现象的时候，大部分人都表示了自己的担忧，甚至有些人表示了明确的反对。他们担心798艺术区会朝着低俗化发展。

然而，笔者在考察中还发现有些老板为了更有效地利用这里的空间，将空间分割，再分租给更小的租户，虽然充分利用了这里的空间，但是却让798艺术区的商铺更加类似一些旅游区的小商贩，因为在他们的眼中，"艺术"的招牌可以为其带来更多的利润，纵然这些商铺已经打上了"精品、原创"的字样，他们大多数还不是真正在做艺术。

（4）树立文化品牌，是文化产业做强做大的助力

发挥文化优势，开展以文化为主题的系列活动并加以推出，进一步彰显区域文化魅力。798艺术区每个街道都拥有自己的特色品牌活动，一街一品的群众文化活动模式充分体现了北京文化的内涵与活力。

798艺术区的运行已经由民间性质转变为以产权主体七星集团为主导，由朝阳区委、政府、七星集团等组成"北京798艺术区领导小组"，下设工作机构"北京798艺术区建设管理办公室"，挂靠区委宣传部，办公室无编制、不定级，系自收自支的事业单位。它已经成为北京文化创意产业内一个著名的文化品牌。

（5）雄厚的教育和科技实力，是文化创意产业赖以生存发展的基础

文化是继科技和教育之后的又一次推动力，要力促文化与教育和科技的融合，拥有雄厚的教育和科技实力的文化创意产业"梦之队"，能形成高端文化创意产业的最新成果。798艺术区通过实施"文化兴区"战略，牢牢把握文化资源优势，紧紧瞄准文化产业的高端链条，以文化促进区域繁荣，不断提升文化软实力和影响力，充分发挥首都文化核心区对全国文

化建设的融合力和辐射力，在北京建设全国文化中心的进程中走在前列。

798 艺术区作为北京的一个工业厂区、文化现象、文化社区，承载了诸多新问题的发生与演绎，基于北京产业结构调整与经济发展方式转变的历史背景，798 艺术区的规划建设为北京市产业结构调整提供了重要的示范价值。高科技产业——798 艺术区的基础；文化创意产业——798 艺术区重生，798 艺术区不同于中关村科技园区的纯生产性园区，也不同于传统商务区，而是集生产、消费于一体，多种功能并存与互补的嵌入型、开放性的文化经济社区。798 艺术区为城市管理体制的改革探索提供了一个十分难得的案例。研究 798 艺术区，对社会主义市场经济体制中新型文化体制的调整和适应，以及把握政府在促进文化创意产业发展中的角色具有重要的实践意义。❶

2.4.2　文化艺术代理服务

文化艺术代理服务是指与文化、艺术市场相关的众多行业的经纪人群体所提供的代理服务，即在演出、出版、影视、娱乐、美术、文物等文化、艺术市场上为供求双方充当媒介而收取佣金的一项服务。❷

一般从事文化艺术代理服务的公司需要具备以下几项基本特征：一是要熟悉了解文化艺术，有强烈的使命感，文化艺术代理服务从事的是文化产品和文化服务，一种文化和艺术产品往往会影响一代人的思想文化理念，对大众的生活方式以及价值观念的影响是深刻的，从事文化艺术代理服务的公司不仅仅只是着眼于公司的经济利益，更要关注它的社会效益，有效地把社会效益和经济效益结合起来。二是要学会分析市场，了解国家文化政策的走向，从事文化艺术代理服务的公司需要对文化市场的环境和发展变化的走向有一个清晰的了解，并做出事先的推测和预估，关注文化艺术市场上的交易活动，清楚地知道消费群体的特征、购买动机、购买需求和购买意向，以及购买潜力。了解市场的稀缺产品和常有产品以及流行产品的风格、流派和价值等。积极学习国家的相关政策，避免在经营的过程中产生法律纠纷。三是要有法制观念，确保文化生产者、经营者和消费者的合法权益，从事文化

---

❶ 孔建华. 北京 798 艺术区发展研究［J］. 新视野，2009（01）.

❷ http：//www. docin. com/p－541588976. html.

艺术代理服务的公司需要认真学习《中华人民共和国文物保护法》《中华人民共和国著作权法》《广播电视管理条例》《电影管理条例》《出版管理条例》《印刷管理条例》《音像制品管理条例》《营业性演出管理条例》《娱乐场所管理条例》《美术品经营管理办法》《涉外文化艺术表演及展览管理规定》《营业性演出管理条例实施细则》等相关法律法规。

案例：陈楚生解约风波

天娱传媒有限公司是一家专门的娱乐传媒机构，从另一个角度来说，它也是一家从事文化、艺术代理服务的公司。陈楚生是通过“快乐男声”出道的新生代艺人，2008—2011 年，两者由于经济合约的纠纷，连续展开了四场官司的审理。

2007 年，陈楚生夺得“快男”冠军后，与天娱传媒签下长达八年的合约。谁知 2008 年底，本应出席湖南卫视跨年晚会的陈楚生突然失踪，合约危机就此爆发，天娱决定对陈楚生采取法律手段。2009 年 1 月初，陈楚生公开与天娱决裂。同年 3 月，陈楚生与天娱合约纠纷第一次开庭审理。随后，天娱冻结陈楚生存款 245 万元。同年 8 月，长沙仲裁委员会确认陈楚生与天娱解除经济合约和词曲合约，裁决陈楚生支付赔偿金 650 万元。

2009 年 10 月，华谊兄弟传媒集团承认与陈楚生签订合约。2010 年 4 月，陈楚生与天娱的解约官司二审结案，双方合同彻底解除，陈楚生需支付天娱 50 万元的违约金。

2010 年 5 月，陈楚生在上海（天娱公司的注册地）的法院起诉，向天娱追讨拖欠的劳务费 700 万元。

2011 年 7 月，天娱在长沙起诉陈楚生，要求其赔偿 227 亿元，后陈楚生与天娱传媒达成和解。

（资料来源：http：//www.hinews.cn/news/system/2011/07/14/012949894.shtml）

【案例分析】

本案争议的焦点一是陈楚生认为天娱公司没有履行合同中承诺的义务，而天娱公司认为陈楚生违约，双方各自都认为对方违约；二是陈楚生与天娱解约，与天娱签约的第三方由此产生的损失是否应由陈楚生赔偿。

陈楚生与天娱公司的关系是代理关系，二者的纠纷实际是民事合同纠纷，天娱传媒作为一家专业文化艺术代理服务公司，从事中介业务，与陈楚生之间签订协议是民事合同关系，理应受《中华人民共和国合同法》保护，2008 年底，本应出席湖南卫视跨年晚会的陈楚生突然失踪，显然是陈楚生擅自毁约，属于违约行为，根据《中华人民共和国合同法》和民事法律规范的相关规定，陈应当承担违约责任并对天娱公司产生的损失承担赔偿责任。如果陈楚生是在没有合同依据和法律依据的情况下单方解除合同，在双方合同未到期的情况下，解约行为就构成违约，面临根据合同支付解约赔偿的法律风险。

2009 年，陈楚生代言的某商家向长沙仲裁委提出申请，要求天娱赔偿损失 270 万元。天娱认为该损失应由陈楚生赔偿，要求中止解约案。长沙仲裁委虽然没有同意天娱的要求，但是在裁决时将商家可能遭受的损失计算在赔偿金里面。2009 年 8 月，长沙仲裁委员会做出终局裁决，确认陈楚生与天娱解除经纪合约和词曲合约，陈楚生需支付 650 万元的赔偿金。

后来，五家合作商向法院提出正式的诉讼请求，向天娱索赔金额高达 2000 余万元。天娱公司申请撤销与陈楚生解约案的仲裁，传索赔高达 2000 万元。2010 年 4 月 2 日，二审结案，长沙市中级人民法院终审裁定维持原判，陈楚生与天娱双方合同彻底解除，但撤销之前裁定的 650 万元赔偿金，只需支付天娱 50 万元的违约金（专属词曲合约书的违约金）。

2010 年 5 月，陈楚生在上海（天娱公司的注册地）的法院起诉，向天娱追讨拖欠的劳务费 700 万元。该诉讼虽然当事人还是陈楚生和天娱公司，但是因诉讼标的不同，由合同关系变成了劳务关系，所以可以不受“或诉或裁”的原则约束，重新提起诉讼。

当然最终双方还是达成和解，从保护双方当事人、尊重观众的角度来看，二者和解也是一种很好的纠纷解决方式。

如果陈楚生提出解除合同符合双方当初关于合同解除的约定，比如，确系天娱一方未能履行合同承诺与合同义务，那么陈楚生无须支付违约金。

2.5　文化艺术类创意产业保护的法律问题探析

2.5.1　健全文化艺术保护的法律体系

北京地区立足于文化艺术发展起来的创意产业类型较多，随着社会的发展和互联网经济的崛起，出现在这些创意产业中的法律纠纷也越来越多样化和复杂化，我国目前并没有一部专门的有关文化创意产业的法规，因而在解决一些实际的法律问题时会出现偏差和难以解决的纠纷。如何在现有的法律法规体系下解决这些文化创意产业中出现的纠纷，是值得学界思考的一个问题。

我国的立法程序相对复杂，从立法的提案、审核、修订到颁布是一个长期的过程，在文化创意产业保护法制定出来之前，我们应该积极地从其他的法律法规中找出适合的条款，来解决在实际操作中出现的问题。

一方面我们可以借鉴一些国际法和国外相关国家解决法律争端的经验，比如，保护文艺创作知识产权方面的《伯尼尔公约》、保护表演者的版权和领接权的《世界知识产权组织表演和录音制品条约》，保护文学、艺术和科学领域原创性文学和艺术作品的《班吉协定》、保护民间文学艺术作品的《阿拉伯著作权公约》、间接保护民间文学艺术的国际公约《巴黎公约》《制裁商品来源的虚假或欺骗性标志马德里协定》《保护原产地名称及其国际注册里斯本协定》和TRIPS协议，以及保护非物质文化遗产的《保护非物质文化遗产公约》等。

另一方面我们可以利用我国现有的法律法规和管理条例对这一部分文化创意产业进行保护，如《著作权法》《商标法》《专利法》《反不正当竞争法》《文物保护法》《民间文学艺术保护法》《商业秘密法》《文物进出境审核管理办法》《拍卖法》《合同法》《侵权责任法》《非物质文化遗产法》《传统工艺保护条例》《博物馆管理办法》等。同时也可以参考一些地方政府颁布的相关条例，如《淮南市保护和发展花鼓灯艺术条例》《云南省丽江纳西族自治县东巴文化保护条例》《福建省民族民间文化保护条例》《广西壮族自治区民族民间文化保护条例》《江苏省非物质文化遗产保护条例》《贵州申民族民间传统文化保护条例》等。

2.5.2 增强企业守法意识，建立企业的诚信体系

侵权行为分为有意识侵权和无意识侵权，有意识侵权是在经济利益的驱使下，侵犯他人的权利从而达到自己的经济目的；无意识侵权是由于法律观念淡薄，以及法律知识欠缺所造成的侵权行为的产生。

为了减少因为这种有意识和无意识的侵权行为所引起的法律纠纷，我

们可以从三个方面来解决上述问题：

一是增强企业的守法意识。从源头上遏制侵权行为的产生。各个地方政府可以建立知识产权法律小分队，深入一线创业产业园区进行宣传相关的法律知识，并派驻长期驻厂特派法律监督员，实行轮岗作业，帮助监督企业可能存在的侵权行为，并帮助企业规避侵权的风险。加强企业领导层的法律知识学习，强化领导干部的法律素养和法律知识，减少侵权行为产生的土壤。

二是建立企业的诚信体系。在国外，大到国家、企业，小到各个民众都建立了其个人的诚信价值体系。为了减少文化创意产业中侵权行为的发生，各级政府需要对辖区的各个文化创意企业建立诚信档案，对于有侵权行为的企业按其侵权的严重程度，可以取消或永久取消其经营产业的资格。

三是加大对侵权行为的惩处力度。对于一般侵权行为，依据现有法律只是判赔经济损失和停止侵权行为。因而企业形成了侵权大不了赔钱的意识，侵权的成本低，使得侵权行为发生的概率高。另外，一般企业维权的程序多，维权的成本大，很多对于侵权不是特别严重的企业也有较大的宽容度。这样形成了一股不好的社会风气，守法环境相对较差。加大惩处侵权行为的力度，营造良好的守法环境，更加能够促进文化创意产业的良好发展。

2.6　新闻出版类文化创意产业法律问题

新闻出版也是文化创意产业分类中的一个重要方面。文化创意产业中的新闻出版法律问题可以从新闻业、书、报、刊出版发行、音响及电子出版物的发行，以及图书及音像制品的出租四个方面来具体分析。

2.6.1　新闻业法律问题

新闻也叫消息，通常是指报纸、电台、电视台、互联网经常使用的记录社会、传播信息、反映时代的一种文体，具有真实性、时效性、简洁性、可读性、准确性的特点。新闻概念也有广义和狭义之分，广义上来说，除了发表于报刊、广播、电视上的评论与专文外的常用文体都属于新闻之列，包括消息、通信、特写、速写（有的也将速写纳入特写之列），等等。狭义的新闻则专指消息，消息是用概括的叙述方式，比较简明扼要的文字，迅速及时地报道国内外新近发生的有价值的事实。新闻也分公众新闻和小道消息[1]。陆定一认为："新闻的定义就是新近发生事实的报道。"范长江认为："新闻就是广大群众欲知应知而未知的重要事实。"

新闻业涉及的法律问题主要是新闻侵权，一类新闻侵权是指新闻单位或个人利用报纸、刊物、广播电视、新闻电影等新闻传播工具，以故意捏造事实或过失报道的方式向公众传播有损公民、法人及其他社会单位合法权益的不当内容或法律禁止的内容，从而破坏了公民或社会组织的真实形象，降低他们的社会评价，影响公民个人宁静的生活和尊严的违法行为[2]。另一类新闻侵权行为就是新闻本身被侵权，指的是报纸、杂志、电视、互联网媒体未经同意擅自转载其他媒体上的新闻。

案例一：文清诉重庆商报侵权案

2006 年 4 月 1 日，《重庆商报》在"文娱—体育"版上刊登了《车祸后不接电话也不赔偿，央视主持人文清跩什么》的报道。随后，几十家媒体迅速、大规模地将《重庆商报》提供的"原始性新闻"予以转载，许多网民也发表跟帖加入对文清的口诛笔伐甚至侮辱谩骂的行列。

随后，文清以名誉侵权为由状告重庆商报社，要求被告重庆商报社在《重庆商报》的同等版面、同等位置刊登致歉声明，同时提出 2 万元的经济损失和 10 万元的精神损害赔偿。

2006 年 12 月 6 日，北京市海淀区人民法院就文清诉重庆商报社名誉侵权案做出一审判决，认定重庆商报社发表的文章《车祸后不接电话也不赔偿，央视主持人文清跩什么》构成名誉侵权，需承担相应法律责任。

法院认为，重庆商报社未能证明其在刊登上述文章时向此前网上撰写文章描述文清处理交通事故的作者进行核实，也不能提供与报道对象文清进行核实的相关证据。据此，法院认定重庆商报社未尽审查义务，报道缺

---

[1] 搜狗百科：http：//baike. sogou. com/v5890272. htm.

[2] 王利明．新闻侵权法律辞典［M］．长春：吉林人民出版社，1994：257.

乏事实依据，内容严重失实，给文清造成负面的社会评价，严重损害其名誉。主审法官认为，重庆商报社虽然在文章报道后进行登报赔礼道歉，但与其所造成负面影响的文章的报道篇幅、版面、标题、配图等方面均有差距，不足以消除影响。

海淀区人民法院判决重庆商报社赔偿文清精神抚慰金 10 万元、交通费损失 6640 元，以及公证费 4080 元，并在判决生效后 50 日内在《重庆商报》上于不同日期刊登向文清赔礼道歉的声明两次，致歉内容及刊登版面、文体须经法院审核。如逾期不履行上述内容，则由法院选择相关报刊媒体，刊登判决书主要内容，刊登费用由重庆商报社负担。

【案例分析】

本案的焦点在于：其一，该报道的内容是否属实；其二，该报道中，报社有没有对消息源提供的消息真实性进行调查的义务。

根据《重庆商报》的相关报道描述，“2006 年 3 月 13 日，有人开车出门时被一辆从单行道倒出的车撞上了，那辆车上随即冲下一人破口大骂。这时，有人认出了此人是中央电视台主持人文清，好心劝告她出点钱算了，文清竟然指着路人的鼻子开骂。警察到达现场后，当场定案：文清负全责。从那以后，文清就再也没有露面，受害者拨打她的手机也经常不开。”

该报道的内容是否属实？经过法庭调查，实际能跟报道内容沾上边的事实仅是“2003 年文清曾发生车辆剐蹭事件”。而报道中的情况根本没有发生过，因此可以判定，这是一则彻头彻尾的假新闻，报道内容并不属实。

那么《重庆商报》有没有责任对这则消息的真假做调查并且判断真伪呢？从新闻伦理道德上说，并不是所有的报道内容失实的情况下都需要媒体承担责任。在通过权威渠道得到的信息失实，或者有合理理由相信所得消息为真实的情况时，就算最后消息不实导致报道内容失实，媒体也可以不承担相应的责任。结合相关判例也可以看出，主观上不存在恶意，尽了合理注意义务后，并且有合理理由相信消息为真实的情况下，媒体不会被判定为新闻侵权，即权威消息可以成为新闻侵权的抗辩事由。而被告《重庆商报》的消息来源是 2003 年网友发的一个帖子以及相关对该帖的评论。很显然，发帖人并不是跟报社有合作关系的消息人，更不是什么权威的消息源，甚至连真实身份都无从得知。因此，通过这种渠道得到的消息，并不同于从其他新闻媒体或权威机构中得到的消息，不具有权威性与较高的可信度。基于这一点，被告《重庆商报》有义务对这条消息进行核查。❶

重庆商报社发行的《重庆商报》作为公开向不特定的社会大众传播信息的报刊媒体，其所报道的内容应当真实、客观。重庆商报社以网络上发表的文章为依据做出报道，没有尽到其对所报道内容真实、客观的审核义务，造成对文清的名誉权造成损害，故应当承担相应的赔礼道歉和损害赔偿责任。

重庆商报社错误在于，一是根据一个2003年即出现在网上的帖子，不加以核实就作为依据撰文报道；二是在再创作中，故意改变事发的时间，从而成为所谓的"新闻"；三是对帖子内容进行模糊性改编：在原帖子中是汽车的剐蹭事件，而在其报道之中就成了文清开车撞人，从而改变了整个事件的性质。

（资料来源：http：//news. xinhuanet. com/legal/2006－12/06/content_5444313. htm）

案例二：戴安娜王妃之死与媒体侵犯隐私

1997年8月31日晚，巴黎市区塞纳河畔发生了一起震惊世界的车祸，英国王妃戴安娜和男友多迪遇难身亡，座驾奔驰汽车顷刻间成为废铁，而当时猛追奔驰车、肆意拍摄车祸图片的法国"狗仔队"则成为众人鄙视的"间接凶手"，他们究竟是否有罪？法国当地一家法庭于1997年11月28日宣布，3名拍摄车祸现场照片的摄影记者并未侵犯戴安娜王妃和多迪的隐私权，当场无罪释放，而针对其他几名记者的控告也被法院驳回。

此案原告并非英国王室成员或戴安娜的家人，而是最执着于调查儿子多迪死亡原因的法耶兹。他认为，这3名摄影记者违反了法国的《隐私保护法》，因为车辆应当被认为是私人空间，未经本人同意而拍摄车内的人构成了对隐私的侵犯；而且车祸发生后，车内状况惨不忍睹，这

---

❶ 文清诉《重庆商报》案分析报告_书生意气_：http：//blog. sina. com. cn/s/blog_4b515b990100rwux. html.

几名记者居然只顾着在一旁拍个不停，而不是先救人或报警，这个事实令法耶兹无法不恼怒，他当然对此判决结果十分不满，表示将向法国高等法院继续上诉。

此案开创了法国隐私案的一个先河，即在公共道路上的车辆车厢内是否被认为是个人空间。据悉，如果法耶兹继续上诉，法国高等法院将召开听证会，首先要讨论的是——车厢是否为隐私空间。据悉，根据法国的隐私法，侵犯他人隐私将被判处 1 年的刑期和 4.5 万欧元的罚款。

3 名摄影记者表示，他们只是履行了记者的职能，拍摄记录了一起重大新闻事件，而并非侵犯戴安娜王妃和多迪的隐私，更何况那些照片从来都不曾公之于众，那就更谈不上侵犯“隐私”了。

法官接受了记者的辩护，认为虽然他们拍摄了戴安娜和多迪在车内的照片，但这并没有侵犯他们的隐私，而且两人的关系早已广为人知，况且那些照片从来没有发表过。法庭判决戴安娜死因是由于司机酒驾、超速行驶，同时驳回了法耶兹对其他几名“狗仔队”成员的诉讼。

【案例分析】

本案的当事人和受害者的身份使得此案在当时令世界震惊，本案焦点在于媒体记者的行为是否与戴安娜王妃和多迪之死有因果关系。

戴安娜王妃 1981 年 7 月 29 日与英国查尔斯王子结婚，1996 年 8 月 28 日，戴安娜与查尔斯解除婚约，戴安娜获准保留“威尔斯王妃”头衔。

戴安娜王妃出事当时，由于受到“狗仔队”的围追堵截，戴安娜王妃与男友多迪为摆脱一帮摄影记者的追逐，在巴黎发生车祸，双双身亡，司机也当场毙命。多迪的父亲法耶兹起诉媒体记者后，法国最高法院判决：戴安娜死因是由于司机的酒驾、超速行驶，驳回了法耶兹对其他几名“狗仔队”成员的诉讼。但是就事实经过来看，笔者认为，戴安娜王妃的死亡不能说跟“狗仔队”毫无干系。如果他们不对戴安娜王妃的车辆穷追不舍，怎么会造成如此惨祸？

10 年后的 2007 年，当年的小报编辑——曾经就职《*News of the World*》（《世界新闻报》）的 Phil Hall（菲尔·霍尔），也公开承认“感到对悲剧负有巨大的责任”。“如果那些狗仔队们不跟踪戴安娜，她的车不会突然加速，也就不会有后来发生的悲剧。”媒体记者出于职业敏感，为捕捉新闻，不惜侵犯他人的人身权甚至牺牲他人的隐私权，戴安娜王妃之死与狗仔队的穷追不舍有着密切的关系。

（资料来源：夏晓鸣、马卉，《传播法概论》，武汉大学出版社 2006 年版）

【相关知识拓展】

（1）侵犯名誉权和隐私权是新闻侵权中大量存在的侵权形式。正如前两则案例，新闻单位或个人利用报纸、刊物、广播电视、新闻电影等新闻传播工具，以故意捏造事实或过失报道的方式向公众传播有损公民、法人及其他社会单位合法权益的不当内容或法律禁止的内容，从而破坏公民或社会组织的真实形象，降低他们的社会评价，影响公民个人宁静的生活和尊严，属于违法行为。这种侵权形式可能造成侵犯受害人的隐私权、名誉权以及肖像权等。

（2）责任人需承担的责任形式主要有：

民事责任：根据我国《民法通则》，可以要求侵权者承担停止侵权、赔礼道歉、消除影响、赔偿损失的责任。

行政责任：根据《出版管理条例》第 27 条第 2 款规定："报纸、期刊发表的作品内容不真实或者不公正，致使公民、法人或其他组织的合法权益受到侵害的，当事人有权要求有关出版单位更正或者答辩，有关出版单位应当在其近期出版的报纸、期刊上予以发表；拒绝发表的，当事人可以向人民法院提起诉讼。"因此，媒体发表侵权作品后，及时发表更正或者答辩，已经成为一项应当承担的行政责任。

更正，是指改正侵权新闻中的不实事实或错误内容。

答辩，是指新闻批评或新闻评论有失公正或可能导致歧义，新闻媒体发表针对这种批评或评论的答复，从而陈述理由以正视听。答辩也可以针对被批评者和被评论者，新闻媒体可以发表被批评者或被评论者的文章，表达他们对批评或评论的态度。

更正与答辩是新闻媒体自身纠错的主要方式，是新闻侵权主体减轻责任、防止新闻诉讼的重要手段。

新闻媒体发表了侮辱或诽谤他人、侵害他人合法权益作品后，拒不更正、答辩的，根据《出版管理条例》（2011 年）第 66 条规定，出版单位将受到行政处罚，由出版行政主管部门责令停止违法行为，给予警告、没收违法经营出版物、违法所得，违法经营额1万元以上的，并处违法经营额5倍以上10倍以下的罚款；违法经营额不足1万元的，可以处5万元以下的罚款；情节严重的，责令限期停业整顿或者由原发证机关吊销许可证。同时，根据《治安管理处罚法》第42条的规定，如果新闻侵权不构成犯罪的，受害人有权依法请求公安机关对侵权人给予治安处罚。

刑事责任：刑法典中没有一个专门针对新闻侵权行为的法条，但《刑法》第246条规定："以暴力或者其他方法公然侮辱他人或者捏造事实诽谤他人，情节严重的，处三年以下有期徒刑、拘役、管制或者剥夺政治权利。"不过，此项罪名的犯罪主体是自然人，无法追究媒体的刑事责任。

2.6.2 书、报、刊出版发行法律问题

书、报、刊出版发行所涉及的法律问题可以从三个方面来一一论述，一是图书、报纸、期刊出版过程中所产生的法律问题，二是图书、报纸、期刊在制作过程中所产生的法律问题，三是图书、报纸、期刊在发行中所产生的法律问题。

1. 书、报、刊出版

图书、报纸、期刊在出版中所产生的法律问题主要有：由图书、报纸、期刊内容而产生的法律问题，由图书、报纸、期刊盗版而产生的法律问题，以及由图书、报纸、期刊冒名出版而产生的法律问题。

案例一：小沈阳诉《我叫小沈阳》图书侵权

随着沈鹤（艺名小沈阳）成为家喻户晓的明星，一些以小沈阳为题材的传记图书陆续上市，并成为抢手货。据悉，一本名为《我叫小沈阳——小沈阳成长密码》的图书被小沈阳起诉侵权。海淀法院一审判决该书作者、出版商赔偿小沈阳各项损失9.79万元。

小沈阳诉称，2009年12月，中国电影出版社出版发行了由作者黄先生所著的《我叫小沈阳——小沈阳成长密码》一书，该书的出版未征得自己的许可与授权，擅自在封面及内页大量使用自己的肖像，且使用"小沈阳说"等第一人称的方式进行叙述，描写了其成长历程及婚姻家庭生活细节。中关村图书大厦公司在未核实该书是否合法出版发行、是否得到其合法授权的情况下，将该书上架销售，与中国电影出版社构成共同

侵权。因此要求中国电影出版社停止对该书的出版、发行，禁止再版印刷、发行涉案图书；中关村图书大厦立即停止销售涉案图书；要求三被告赔偿其经济损失100万元及制止侵权的合理开支5万元并公开刊登道歉声明。

出版商称，已要求作者获授权。中国电影出版社称，涉案图书的稿件来源于作者黄先生，在出版前已要求作者取得相关权利人的授权，尽到了合理注意义务；该书中的描写、评论及评价没有使用侮辱、诽谤性或披露隐私的语言，没有利用沈鹤的肖像做广告、商标、装饰橱窗，没有给沈鹤造成不良后果和影响；沈鹤作为公众人物，应尊重言论自由和社会公共利益，其名誉权、肖像权、隐私权等应该受到相应限制，因此不同意沈鹤全部诉讼请求。

中关村图书大厦辩称，其销售的图书来源合法，对所销售图书内容没有审查义务，不应承担法律责任。著作人黄先生经法院合法传唤，无正当理由未到庭应诉，也未提交书面答辩状。

法院经审理后认为，黄先生与中国电影出版社在签订图书出版合同后，未征得沈鹤同意，擅自将沈鹤的姓名以及肖像用于图书出版发行，属于营利行为，已构成了对沈鹤的姓名权及肖像权的侵害。法院判决，中国电影出版社、黄先生立即停止侵权，停止《我叫小沈阳——小沈阳的成长密码》一书的出版、发行；不得重印、再版、发行，并赔偿因侵害沈鹤肖像权、姓名权给其造成的经济损失95000元及制止侵权的合理开支2900元，并在《法制日报》上刊登对沈鹤的致歉声明。同时，因中关村图书大厦对所进图书是否侵权并无审查义务，不能认定其侵权。但中关村图书大厦作为销售商，在所售图书涉及侵权时，应立即停止对《我叫小沈阳——小沈阳的成长密码》一书的销售。

【案例分析】

本案争议的焦点有三点，一是书中描写没有失实、没有使用侮辱诽谤性或披露隐私的语言，是否侵犯了小沈阳的名誉权？二是中国电影出版社已要求作者获取相关权利人的授权，作者未履行义务，出版社是否应当承担相应责任？三是中关村图书大厦只是注意到了图书来源合法，是否对图书内容和出版手续具有相应的审查义务？

黄先生与中国电影出版社在签订图书出版合同后，未征得沈鹤同意，擅自将沈鹤的姓名以及肖像用于图书《我叫小沈阳——小沈阳的成长密码》的出版和发行。2009 年 12 月，尽管书中描写没有失实、没有使用侮辱诽谤性或披露隐私的语言，但是用于出版发行属于营利行为，我国《民法通则》第一百条规定："公民享有肖像权，未经本人同意，不得以营利为目的使用公民的肖像。"所以，此书的出版和发行构成了对沈鹤的姓名权及肖像权的侵害。

中国电影出版社尽管已经要求作者获取相关权利人的授权，但是作为出版单位，未合理审查必要手续就将图书出版发行，未尽到合理注意义务，也应与作者黄先生承担连带责任。小沈阳是公众人物，但是其名誉权、隐私权和肖像权同样也应当受到法律的相应保障，不能因其是公众人物，就可以不顾其个人意愿随意使用其姓名、肖像，也不能在未经其本人同意的前提下出版相关图书等，否则应当对其侵权行为承担法律的相关制裁。

中关村图书大厦作为图书销售商，能够证明其销售图书的来源合法，对所销售图书的内容和权利来源并没有审查义务，所以不应承担法律责任。

（资料来源：http：//news.163.com/12/0407/02/7UF4DV9700014AED.html）

案例二：高晓松诉图书《与青春私奔》侵权

2013 年 3 月 30 日，高晓松诉图书《与青春私奔》侵权。知名音乐人高晓松认为其在知名访谈节目《在路上》的口述内容被擅自出版成书销售，以侵犯其修改权、复制权、发行权为由，将北京优视米网络科技有限公司、北京联合出版有限责任公司、北京市新华书店王府井书店诉至北京市东城区人民法院，索赔损失 35 万元。

高晓松诉称，他曾受优视米公司的邀请，以嘉宾的身份，参加了其制作的视听节目《在路上》的录制。2012 年 1 月，他发现联合出版公司与优视米公司未经许可，就擅自将他在节目中的口述内容自行整理，并计划出版发行图书《与青春私奔》。高晓松称，他立即要求上述两被告停止该行为，但两被告依然在 2013 年 2 月，开始发行并销售涉案图书。据此，高晓松认为，联合出版公司与优视米公司侵犯了他的修改权、复制权和发行权；王府井新华书店作为涉案图书的销售商之一，构成共同侵权。高晓松遂起诉至法院，要求联合出版公司与优视米公司停止出版发行并回收涉案图书，赔礼道歉、消除影响，赔偿经济损失35万元；王府井新华书店停止销售涉案图书。

法院一审判决优视米公司、联合出版公司停止复制、发行《与青春私奔》，公开赔礼道歉，消除影响，赔偿高晓松经济损失及合理支出共计9万元。宣判后，高晓松和两被告均不服，提出上诉。

高晓松的代理人认为，一审法院认定出书使用节目内容不侵权是错误的。高晓松参与录制节目的内容被大量删改，进行了拼接和歪曲，违背了高晓松在访谈节目中的“答话”本意。高晓松参加《在路上》节目录制并未取酬，而优视米公司出版涉案图书完全属于节目录制之外的商业营利行为，双方权责完全不对等。一审判决未充分考虑本案特定情形，判赔金额过低。

而优视米公司认为，高晓松在节目录制前曾签署提示函，提示函明确公司可以对《在路上》节目的文字进行重新整合，通过出版物的方式进行传播，因此公司行为合法，不存在侵权。

此案二审没有当庭宣判。

（资料来源：http：//news. ifeng. com/society/1/detail_2013_03/30/23689883_0. shtml）

案例三：杨澜“被冠名”，诉《杨澜给女人24堂幸福课》侵权

在毫不知情下“被冠名”出书《杨澜给女人24堂幸福课》，2011年8月，主持人杨澜以侵害肖像权、姓名权为由，将该书的出版商北京工业大学出版社及作者李文静诉至法院，要求对方停止侵权，公开道歉并索赔60万元。

杨澜起诉称，2009年12月，北京工业大学出版社擅自出版发行《杨澜给女人24堂幸福课》一书，作者为李文静。该书不仅以杨澜的姓名命名，还在封面、内文页面处大量使用其肖像照片，通篇贯穿杨澜的经历、经验以及表达为“杨澜认为”“杨澜说”等表述形式的个人观点、作品等内容。而事实上，李文静从未对杨澜本人进行过任何形式的采访，也未就该书的内容向杨澜本人确认或取得授权。该书使用了杨澜若干幅肖像照片，严重损害了其肖像权。另外，该书使用杨澜姓名不存在任何的必要性，严重侵害了其姓名权。杨澜称2010年6月4日，被告承诺停止销售

后，仍继续扩大侵害后果追求获利，导致侵权书籍销售至今。二被告主观恶意明确，行为恶劣，侵权后果和影响严重。

法庭上，被告出版社代理律师认为，该书出版经过了严格的审查程序，作者署名“李文静编著”，不会引起读者的误解。从图书的内容上看，书中引用的杨澜言论是其公开的言论，书中涉及杨澜的经历也为公众所周知，因此图书从内容上没有侵权。目前，该书已停止发售。律师认为，该书未给原告造成经济损失和精神损害，故原告的请求于法无据。

李文静的辩护律师表示，李文静没有见到过杨澜本人是事实，但涉案作品不是采访或纪实类作品，书中引用的54处杨澜的言论均是从网络上摘录的，多数内容是媒体公开报道过的。律师承认，李文静擅自在图书封面上使用杨澜的照片，其行为存在瑕疵，对此愿意承担相应的赔偿。对于杨澜提出的精神损害抚慰金，二被告均不认可。他们认为，在网络平台上对一个人有正面或负面的评价是正常的，跟本案出版的图书没有直接的因果关系。

杨澜认为，出版社及作者通过这样的手段，将《杨澜给女人24堂幸福课》一书打上了“杨澜”的烙印，使公众误以为杨澜与该书间存在联系，以实现其违法获利的目的。

作者李文静则称，她编著此书是因对杨澜的崇拜，希望借助解读成功人士的观点，引导年轻女性正面发展。

最终，朝阳法院一审判决北京工业大学出版社及作者李文静立即停止侵害，停止《杨澜给女人24堂幸福课》一书的再版印刷、发行；在全国发行的报纸上刊登向杨澜的致歉声明，共同赔偿经济损失40万元，精神损害抚慰金5万元。

一审判决后，两被告不服提起上诉，请求驳回杨澜的诉讼请求。而杨澜则同意一审判决结果。

二审期间，杨澜主张涉案作品仍在销售，销售量继续扩大，原告者提供了购书凭证；同时对其主张经济损失的依据解释为：有实体店销售监测数据，证实李文静及北京工业大学出版社实际销售涉案作品数量；《杨澜散文选——凭海临风》及《杨澜访谈录——一问一世界》两份图书出版合同可以证实她每本书收益均百余万元。涉案作品的一些内容来源的基础与杨澜上述两本书内容来源相似，因此损害了杨澜授权出书的版税收益。

二审法院认为，读者不能从涉案作品内容中得知哪些是引自杨澜自己的言论，因此应认定涉案作品属未经杨澜本人同意冒用其姓名的情形。根据杨澜提交的公证书所载，涉案作品在市场的公开销售，客观上已给杨澜造成了较为严重的负面影响，故一审法院认定涉案作品已构成对杨澜姓名权的侵害是适当的。

二审法院还认为，杨澜肖像权及姓名权因涉案作品被侵害，具体经济损失数额确实难以确定，而李文静及北京工业大学出版社就涉案作品的收益情况也不能明确，在此情况下，一审法院结合双方举证情况、李文静及北京工业大学出版社因涉案作品受益情况，及其未采取有效措施防止侵权损害后果的进一步扩大的行为等，酌情判令赔偿损失，维持一审法院判决。

（资料来源：北京晨报）

【相关知识拓展】

（1）上述案例一、案例三都是侵犯权利人姓名权、肖像权的纠纷

案例一中使用“小沈阳说”等第一人称的方式进行叙述，描写了其成长历程及婚姻家庭生活细节。很容易使读者误认为是经过了沈鹤的授权，对书中内容真实性不抱有怀疑态度。案例三中被告将《杨澜给女人 24 堂幸福课》一书打上了“杨澜”的烙印，使公众误以为杨澜与该书间存在联系，以实现其违法获利的目的。这两则案例都是打着名人的幌子，充分利用名人效应，以实现侵犯他人权益达到非法获利的目的。

（2）社会公众人物的名誉权、隐私权是否应当受到限制

案例一中被告在答辩中提到社会公众人物的名誉权、隐私权应当受到限制，那么是否应当予以限制呢？近年来，随着社会传播媒介的日益广泛，社会公众人物的范围越来越广泛，其涉及影响的工作、生活领域也越来越深入。在我国，公民名誉权、隐私权保护的法律、法规相对完善，理论探讨成果颇多，但有关公众人物名誉权、隐私权限制的法律规范还有待于完善。

公众人物是在一定范围内为人们所广泛知晓和关注，并与社会公共利益密切相关的人物。包括以下几类：

第一，党政官员、公职候选人等政要人物。他们因在政治领域享有较

高的社会地位，处于权力阶层，为社会知晓和关注，与社会公共利益密切相关。为防止这些人物滥用权力，应对其名誉权、隐私权的行使加以限制，以制约他们滥用职权。

第二，文艺界、影视界、体育界等明星。他们是社会生活中出类拔萃者，其工作、生活等都与社会公共利益密切联系，对社会公序良俗有着深刻的影响，因此，也必须对其名誉权、隐私权的行使加以限制。

第三，劳动模范、先进工作者和科技界、企业界等社会各界知名人士。他们一方面为社会做出了贡献，是社会公共利益的创造者；另一方面他们成名后，受到社会关注，一言一行都对社会公共利益有着深远的影响，其名誉权、隐私权的保护也因此受到削弱和限制。

第四，其他公众人物。主要是附属性公众人物和偶然性公众人物等非自愿性公众人物。前者包括高级领导人的家庭成员、身边工作人员以及领导干部犯罪案件中的共同犯，他们都有可能成为公众知晓的人物。后者主要是指因一些偶然性因素而一夜成名的人物。

公众人物的名誉权和隐私权有以下特征：

其一，公众兴趣性。公众人物因其特殊的社会地位和影响，其工作和生活都为人们所关注，能引起社会各阶层人们的广泛兴趣，政治家、明星的私人生活部分更是公众的兴趣所在。故此，新闻媒体对公众人物的喜怒哀乐、衣食住行、言谈举止、生老病死、婚姻恋爱乃至各类丑闻都甚为关注。

其二，与公共利益的相关性。公众人物因其深远的社会知名度，具有深远的社会影响力、道德示范力和社会价值取向的引导性，故公众人物的工作、生活、言行举止不仅为公众所关注，而且与社会公共利益密切相关，甚至构成公共利益的重要内容。

其三，与公共利益的冲突性。与公众知情权、舆论监督权的冲突是公众人物名誉权、隐私权最为突出的特点，其实质是与公共利益的冲突。一方面，公众人物要最大限度地保护其名誉权、隐私权，维护个人信息秘密和个人生活的安宁；另一方面，公民的知政权、社会知情权、个人信息知情权等，使得高中级官员的学历、出身、个人品德、财产状况、廉政勤政状况、家庭成员状况，以及各类明星、社会知名人士的工作、生活、言行都有可能成为公众知晓的内容。这种价值冲突，只有借助法律手段，方能得到调整和平衡。

其四，法律保护的有限性。公众人物作为社会的特殊群体，其社会知名度、关注度、影响力、号召力和政治、文化各方面的权力乃至某些特权，都不是普通公民所能享有的。因此，社会就要建立一定的制约机制，限制公众人物对某些权利的行使。

公民人格权受法律保护。人格权是我国宪法规定的公民的一项基本权利。《中华人民共和国宪法》第三十八条规定："中华人民共和国公民的人格尊严不受侵犯。"公民的人格权包括生命权、健康权、身体权、姓名权、肖像权、名誉权和隐私权等。我国法律虽然没有规定隐私权为一项具体人格权，但司法实践中仍注重隐私权的保护。同时我们也要遵循社会公众的公共利益维护原则，当公民的人格权特别是名誉权、隐私权保护与公共利益发生冲突时，就要服从公共利益的需要，牺牲公民特别是公众人物的某些人格权。相对于普通人群，作为社会公众人物如影视明星、文化名人甚至一些领导人，在司法实践中，其名誉权（隐私权）的范围必然相应缩小，这一现象是和公众人物的社会身份紧密相关的。从社会公众角度出发，公众享有对公共事务的执行权，而公众人物则不应以隐私权对抗公众的执行权，相反明星和名人，正是通过公众认知和公众执行造就出来的。但是，这并不影响明星和名人同样具有一定的隐私权，只是他们的隐私权受到限制。

笔者认为，公众人物的隐私权仍然受法律的有效保护，表现为：其住宅不受非法侵入或侵扰；家庭生活和正常私生活不受监听、监视；正常通信秘密不受侵犯；正常婚恋和夫妻生活不受他人干扰；与社会政治和公共利益完全无关的私人事务不受侵扰。

2. 书、报、刊制作

图书、报纸、期刊的制作是指从策划、选稿、编辑到排版、设计、印刷的一系列流程。图书、报纸和期刊在制作流程上大体相似，不同的只是组稿的方式，图书一般是编辑和作家事先组稿，报纸大多靠记者采访来实现组稿，而期刊一般采用征稿的方式来实现组稿。

在书、报、刊的制作过程中涉及的法律问题一般有两大类，分别是：书、报、刊的装帧设计过程中产生的法律问题；书、报、刊在印刷过程中产生的法律问题。

书、报、刊在装帧设计中产生的法律问题一般是包装、装潢涉嫌抄袭，装帧设计中图片的利用不当或侵权。

案例四：钱月华之子诉生活·读书·新知三联书店装帧设计侵权

2010年，著名出版人钱月华的儿子袁加认为生活·读书·新知三联书店（以下简称三联书店）出版的范用作品《叶雨书衣自选集》侵权，将母亲的老同事、北京三联书店原总经理范用及北京三联书店告上北京东城区人民法院并索赔20多万元。

钱月华诉三联书店和北京市新华书店王府井书店（以下简称王府井书店）著作权权属、侵权纠纷一案，由原北京市东城区人民法院于2010年8月13日立案受理，袁加诉称钱月华为《一氓题跋》（1981年1月出版）、《高尔基政论杂文集》（1982年12月出版）、《傅译传记五种》（1983年11月出版）、《伤残的树》（1983年5月出版）、《无鸟的夏天》（1984年3月出版）五本图书装帧设计作品的作者。前述五本图书由三联书店出版。2003年12月三联书店出版《叶雨书衣自选集》一书，作者范用。书中收录了钱月华所创作的五本图书的装帧设计，该行为侵犯了钱月华就前述装帧设计作品享有的署名权、复制权、发行权。在前述五本图书中均明确标明范用为装帧设计作者。范用在前述五本图书出版时任三联书店的总经理，三联书店知悉前述五幅装帧设计作品为钱月华所创作，其行为明显存在过错。涉案图书通过王府井书店等各大书店及当当网、卓越网进行销售。

袁加起诉要求：（1）三联书店停止复制、发行涉案图书，销毁库存图书；被告王府井书店停止销售涉案图书；（2）三联书店赔偿钱月华经济损失人民币20万元；（3）三联书店向钱月华赔礼道歉，并在该书店网站、卓越网、当当网主页的显著位置刊登一周致歉声明，在《三联生活周刊》上登载该声明；（4）三联书店支付钱月华精神损害赔偿人民币1万元；（5）三联书店赔偿钱月华诉讼合理支出人民币3万元；（6）案件受理费由三联书店承担。

三联书店辩称：在我国著作权法及相关法律中并没有关于装帧设计作品的规定。钱月华退休前是人民出版社的美术编辑，三联书店自1951年并入人民出版社，1986年从该社分出，在此期间，仍以三联书店的名义出版图书。本案所涉及的五本图书就是在这段时间出版的。这五本书的装帧设计是三联书店根据出版计划以及对图书的具体策划主持创作的，而非钱月华自发创作，其表达方式和创作思想体现了三联书店的意志，尤其是当时作为主管领导的范用先生依据审查规则执行审批、定稿职责。同时，五本图书装帧设计的责任由三联书店承担，三联书店应当是五本图书装帧设计的作者。而且五本图书的出版时间在 1981 年 1 月至 1984 年 3 月之间，当时著作权法尚未实施。图书上标注的封面设计者姓名实际是责任美术编辑的姓名，该署名并非著作权法意义上作者的署名。范用先生是五本图书的实际封面设计者，钱月华只是按照范用先生的设计绘制图稿。范用先生之所以没有在图书版权页以封面设计者署名，原因在于范用先生作为当时出版社的领导要对图书进行整体审查，为避免自己设计封面、自己审批之嫌，范用先生不同意标明其为封面设计者，故在图书上仅标注了绘制封面的美术编辑的姓名。范用先生作为五本图书封面的实际设计者，有权在其著作中将该封面作为设计案例进行使用、评析，因此范用先生的行为并未侵犯原告的任何权益。

王府井书店辩称：王府井书店销售涉案图书有合法的进货渠道，已经尽到了合理的注意义务。

法院认为：我国著作权法规定，著作权属于作者，如无相反证明，在作品上署名的公民即为作者。对于本案所涉及的五本图书的装帧设计，范用付出了一定的劳动。如在《无鸟的夏天》《伤残的树》中，其装帧设计沿袭了《我热爱中国》一书，除了封面所绘的素描作品及边框颜色不同外，其他方面均与《我热爱中国》一书相同。而《我热爱中国》一书的装帧正是范用设计的。在《一氓题跋》一书中，李一氓基于与范用多年的交往，将书稿、盖好印章的纸张交给了范用，范用又安排美术编辑进行了设计。在《高尔基政论杂文集》及《傅译传记五种》中，范用均提供了相关的设计方案。基于此，范用实际上参与了图书的装帧设计。在涉案图书中，谈到范用参与了前述五本图书的设计工作，其行为并无不当。

因此，原告主张整本图书的装帧设计权利，没有事实和法律依据，原告并不享有五本图书装帧设计的权利。依据《中华人民共和国著作权法》第十条第一款第（二）、（五）、（六）项、第十一条之规定，法院做出驳回钱月华的诉讼请求。

（资料来源：http：//sifaku. com/falvanjian/107/8ppfepa69wcb. html）

【案例分析】

装帧设计是指开本、书脊、护封、装订形式等印刷物的外观设计。原告主张五本图书的装帧设计权利，该权利是否归属原告是本案的争议焦点。本案中，在原告主张权利的五本图书中，写明封面设计或封扉设计为原告。但原告是否享有五本图书装帧设计的权利，应当结合当时的历史条件综合分析。在五本图书出版期间，三联书店隶属于人民出版社，对于图书的装帧设计是这样的审批流程：人民出版社开具发稿单，在发稿单上确定书名、署名、开本装订情况以及精装还是简装的情况。对于一本书的投入，实际上是由出版社决定的，而不是美术编辑，这直接决定图书使用的纸张、开本、简装还是精装、护封的材料等。美术编辑根据发稿单的情况，将图稿绘制完成后，将两种以上设计稿件报送美术编辑室主任、图书文字编辑、文字编辑室主任审核，之后报主管美术编辑室的总编辑审核，在前述的审核中，相应的审核者会根据图书的性质、内容、作者的情况提出相应的修改意见、设计思路，最终美术编辑按照审核意见进行修改，并由总编辑确定最终采用稿件交付出版。在这一过程中，图书装帧设计并不只是美术编辑一人创作的，而是一个集体的创作。

在我国，关于图书、报纸、期刊的装帧设计版权保护并没有明确的法律保护条款，一般来说，图书、报纸、期刊的装帧设计版权属于出版社、报社和杂志社，设计者一般不拥有装帧设计的版权，因为大多数的装帧设计是属于职务作品，是集体智慧的结晶。这是职务作品中著作权归于单位的一类情况。

此外图书、报纸、期刊的印刷环节也是最容易出现法律问题的，大多数的盗版书籍就是出现在印刷环节。

【相关知识拓展】

职务作品是指公民为完成法人或者其他组织工作任务所创作的作品。其特征是：创作的作品应当属于作者的职责范围；对作品的使用应当属于作者所在单位的正常工作或业务范围之内。

职务作品的权利归属一般分为两种情况：

第一种，著作权归于作者。在我国，除法律特殊规定以外，职务作品的著作权属于事实作者，即自然人作者。但正如著作权法第十六条第一款规定，著作权由作者享有，但法人或者其他单位有权在其业务范围内优先使用。作品完成两年内，未经单位同意，作者不得许可第三人以与单位使用的相同方式使用该作品。

第二种，著作权归于单位，作者仅有署名权。是著作权法第十六条第二款规定，主要是利用法人或其他组织的物质技术条件制作，并由法人或其他组织承担责任的工程设计图、产品设计图、地图、计算机软件等职务作品，或法律、行政法规规定或合同约定著作权由法人或者其他组织享有的职务作品。

《中华人民共和国著作权法》第十一条第三款的规定也做出了规定，由单位主持、代表单位意志创作并由单位承担责任的作品，单位被视为作者，行使完整的著作权。

3. 书、报、刊发行

图书、报纸、期刊的发行是指图书、报纸、期刊出版、印刷后由出版社、报社、杂志社到达读者受众的过程。

书、报、刊的发行所涉及的法律问题主要是指图书、报纸、期刊在批发和零售环节所引发的法律纠纷。图书、报纸、期刊的批发是随着商品经济的发展和流通规模的扩大而产生和发展起来的。图书、报纸、期刊的批发是指图书、报纸、期刊的商品从出版社、报社、杂志社到零售店的流通过程中的中间环节，在出版和零售之间起流通的枢纽作用。批发机构从出版社买进图书、报纸、杂志，卖给并转运到销地地点，称为一级批发或称产地批发，图书、报纸、期刊的在流通过程中的转售交易，称二级批发，或称销地批发[1]。图书、报纸、期刊的零售是批发的对称，是指把图书、报纸、期刊商品直接卖给个人消费者或社会团体消费者的交易活动。它的特点是每笔商品交易的数量比较少，交易次数比较频繁，交易结束后商品即离开流通领域进入消费领域。

著作权法意义上的“发行”与日常生活中所谈的“发行”不同。我们一般所说的“发行”通常与“出版”合在一起使用。当媒体报道某作品“出版发行”时，出版社或社会公众一般只会认为是出版社第一次将该作品批量印制成册，或由新华书店“总发行”并首次公开销售。而书店购入书籍后再公开销售的行为，却不会被说成是“发行”。同样，如果书籍因

[1] 互动百科：http：//www. baike. com/wiki/% e5% 9b% be% e4% b9% a6% e6% 89% b9% e5% 8f% 91.

销量好而重印，出版界和社会公众也只会用“再版”加以描述，而不会称其为“再发行”。❶

但是，一般公众的主观认识与法律规定的内涵有时是有偏差或出入的，《中华人民共和国著作权法》第十条规定：“发行权是以出售或者赠予方式向公众提供作品的原件或者复制件的权利。”《北京市高级人民法院关于审理著作权纠纷案件若干问题的解答》中指出：“著作权法中的发行，是指向公众提供作品的适量复制件的行为，构成发行并不要求必须以营利为目的，通过赠送方式向公众提供一定数量的作品复制件的，与出售一样均属于发行。”❷

这里所说的书、报、刊发行的法律问题主要是指在图书、报纸、期刊的批发和零售过程中所产生的法律纠纷。《著作权法》中并无明文规定去解决发行中所产生的纠纷，一般产生法律问题后，都是根据《合同法》的相关条款来解决。

2.7　音像及电子出版物出版发行法律问题

音像及电子出版物出版发行所涉及的法律问题和法律纠纷可以从两个视角来分析，一是音像制品的出版、制作、复制和发行中的法律问题，二是电子出版物的出版、制作、复制、发行中的法律问题。

2.7.1　音像制品的出版发行法律问题

随着数字化时代的来临，音像制品的市场逐渐被挤压，音像制品行业也开始走向了没落。音像制品行业的法律问题与纠纷也在随着这个行业的没落，数量也在减少，但仍有一些案例值得探究，可以为文化创意产业的新闻出版板块的法律问题解决提供借鉴。

音像制品行业的法律困境主要集中在音像制品的出版、制作、复制、发行等流程中，我国有专门的法律条款来管理音像制品行业和解决音像制品行业中的侵权问题。例如，1994 年 8 月 25 日，国务院颁布了《音像制品管理条例》并在 2002 年 2 月 1 日给予修订；1996 年 1 月 30 日，广播电

❶❷　http://www.ce.cn/culture/gd/201301/09/t20130109_24013032.shtml.

影电视部和文化部联合颁布了《音像制品批发、零售、出租管理办法》并在2002年3月28日对其进行了修订；1996年6月12日，中宣部、新闻出版总署等7个部门联合颁布了《关于进一步加强光盘复制管理的通知》；1999年4月30日，文化部和海关总署联合颁布了《音像制品进口管理办法》，并于2002年4月17日对其进行了修订；2002年1月10日，文化部和对外经贸部联合颁布了《中外合作音像制品分销企业管理办法》；2004年，原新闻出版总署颁布了《音像制品出版管理规定》。

案例一：2012年全国“扫黄打非”音像制品侵权系列案件

天津“5·04”贩卖盗版及淫秽光盘案。2012年5月4日，根据全国“扫黄打非”办公室通报线索，天津市“扫黄打非”办公室协调公安南开分局万兴派出所执法人员，一举捣毁了黄金生经营的位于鞍山西道名利达电子商城内的批销盗版、淫秽光盘窝点，现场查扣盗版、淫秽光盘1万余张。经查，2009年7月至2012年5月，黄金生先后从外地购进大量盗版影视剧、软件光盘和淫秽色情光盘后在市内销售。2012年10月19日，天津市南开区人民法院以侵犯著作权罪和贩卖淫秽物品牟利罪判处黄金生有期徒刑11年，并处罚金3万元。

黑龙江哈尔滨“4·14”制售非法音像制品案。2012年4月14日，黑龙江省哈尔滨市南岗区文化派出所对该市南岗区文道街41号一地下室采取突击行动，现场查获光盘刻录机19台，用于制作非法光盘的母盘200余张，非法光盘制成品1万余套，空白光盘22万余张，用于非法光盘包装的印刷品10万余套，贩卖非法光盘的记录票据1000余张及运送非法光盘车辆2台，同时抓获以戚永利为首的犯罪团伙成员3名。2012年11月28日，哈尔滨市南岗区人民法院以侵犯著作权罪判处戚永利有期徒刑5年，并处罚金320万元，其余2人分别判处有期徒刑和数额不等的罚金。

安徽宿州“9·27”网上销售盗版出版物案。2011年7月，安徽省宿州市公安局网警支队在网上巡查时于淘宝网上发现一注册地在宿州市的名为“前程特价书店”的网店大肆销售各类盗版出版物。2011年9月27日，警方采取行动，在宿州市抓获6名主要犯罪嫌疑人，随后又赴河南省郑州市将另外4名犯罪嫌疑人抓捕归案，先后捣毁盗版出版物储藏窝点4个，查缴盗版出版物49273册（张）。经查，从2011年3月开始，周强等人先后在淘宝网上开设11个网络书店大肆销售侵权复制品，截至案发，共经营各类侵权复制品近12万册（张），涉案金额280多万元。2012年7月25日，安徽省宿州市埇桥区人民法院以销售侵权复制品罪判处周强有期徒刑1年6个月并处罚金40万元，其余3人分别判处有期徒刑和数额不等的罚金。

安徽阜阳“4·25”制售盗版光盘案。2012年4月25日，安徽省阜阳市公安部门根据群众举报，在该市颍州北路查获李萍经营的储存盗版光盘仓库，现场查获影视剧、游戏软件、歌曲等盗版光盘成品、半成品80余万张，刻录机一组8台。2012年12月19日，阜阳市颍泉区法院以销售侵权复制品罪（未遂）判处李萍有期徒刑1年，并处罚金60万元。

贵州贵阳“5·16”销售非法光盘案。2012年5月16日，根据前期侦查掌握线索，贵州省贵阳市南明区公安、文化执法部门联合行动，对该区遵义路红芸音像店及其仓库进行执法检查，现场查获谭剑等人经营的盗版光盘60余万张、淫秽光盘2012张，抓获涉案人员3名。2012年10月30日，贵阳市南明区人民法院以侵犯著作权罪和贩卖淫秽物品牟利罪判处谭剑等3人9年至4年不等有期徒刑，并分处数额不等的罚金。

四川成都“10·12”批销盗版音像制品案。2011年10月12日，根据举报，成都市及青羊区新闻出版、公安等部门执法人员，在成都市大安西路上河新城小区内查获一非法光盘批销窝点，现场抓获陈婵叶等涉案人员4人，收缴非法音像制品11万余张。2012年4月1日，成都市青羊区人民法院以销售侵权复制品罪判处陈婵叶等4人1年6个月至9个月缓刑9个月不等的有期徒刑，并处3000元至9万元不等的罚金。

（资料来源：http：//ip. people. com. cn/n/2013/0416/c136655 – 21147580. html）

案例二：宋祖英金色大厅音乐会音像制品侵权案

2004年1月16日，宋祖英委托霍军出版其在维也纳金色大厅举办的《中国滟城·宋祖英维也纳金色大厅独唱音乐会》音像制品等事宜。同年2月8日霍军将该音像制品（含DVD、VCD、CD）在中国大陆地区的专有复制权、发行权授予佛山市天艺音像制品有限公司，授权期限为协议签订之日至2009年3月10日。

2004年2月15日，佛山市天艺音像制品有限公司（下称天艺公司）与广东音像出版社签订了音像制品出版合同，委托广东音像出版社办理该作品的出版手续。其后，广东音像出版社分别委托深圳市致诚威光盘制作有限公司、广州永通音像制作有限公司以 CD、VCD、DVD 形式复制《中国淹城·宋祖英维也纳金色大厅独唱音乐会》。

在复制和发行上述音像制品的过程中，天艺公司发现市场上出现同名且内容相同的光盘销售，天艺公司购买了这类光盘一盘。经对比，天艺公司所购光盘中的 A 片内容与其享有专有复制发行权的《中国淹城·宋祖英维也纳金色大厅独唱音乐会》内容一致。天艺公司将该光盘制作商肇庆国声镭射技术制作公司（下称国声公司）告上法庭。

2004 年 3 月 19 日，原告将该光盘送至公安部光盘生产源鉴定中心进行生产源鉴定。经鉴定，被告国声公司为该被控侵权光盘的复制者。

法院审理后认为，原告天艺公司对《中国淹城·宋祖英维也纳金色大厅独唱音乐会》家庭音像制品享有在中国大陆地区（台湾、香港、澳门地区除外）的专有复制权、发行权。被告国声公司未经原告许可复制上述作品，侵犯了原告的专有复制发行权。

广东省佛山市中级人民法院对原告佛山市天艺音像制品有限公司诉被告肇庆国声镭射技术制作有限公司侵犯著作权纠纷一案做出了一审判决，判决被告立即停止侵权，在《佛山日报》上向原告公开赔礼道歉，并赔偿原告人民币 20 万元。

（资料来源：http://news.enorth.com.cn/system/2004/12/05/000918039.shtml）

2.7.2 电子出版物的出版发行

中华人民共和国新闻出版总署在 2008 年 2 月 21 日颁布的《电子出版物管理规定》中，将电子出版物定义为：以数字代码方式，将有知识性、思想性内容的信息编辑加工后存储在固定物理形态的磁、光、电介质上，通过电子阅读、显示、播放设备读取使用的大众传播媒体，包括只读光盘（CD－ROM、DVD－ROM 等）、一次写入光盘（CD－R、DVD－R 等）、可擦写光盘（CD－RW、DVD－RW 等）、软磁盘、硬磁盘、集成电路卡，以及新闻出版总署认定的其他媒体形态[1]。

电子出版物与其他出版物不同，电子出版物信息量大、可靠性高、承

[1] 搜狗百科：http://baike.sogou.com/v122723.htm.

载信息丰富、具有较强的交互性，制作和阅读过程需要相应的软件支持。电子出版物是发布速度快，更新方便，费用较低，效益较大的媒体，覆盖空间广，互动性强，出版印刷比较方便❶。

电子出版物涉及的法律问题也较多，随着数字技术的发展，电子出版物由于复制简单，销售容易，利润较大，侵权现象时有发生，其侵权的形式多种多样，也表现在出版、制作、复制和发行上。

案例一：中华书局状告汉王电子书侵权

2009 年 10 月底，当时中华书局以汉王电纸书（国学版）产品中预装的点校本二十四史和《清史稿》侵犯了中华书局点校史籍著作权为由提起诉讼，要求汉王科技停止侵权，并赔偿 400 多万元经济损失。2010 年 6 月 30 日下午，此案在海淀区人民法院进行了第一次开庭审理。

原告中华书局诉称，1959 年到 1978 年，我书局组织百余位文史专家，投入巨大成本，主持对从《史记》到《明史》的二十四史及《清史稿》（以下简称二十四史）的全面系统整理并陆续出版，对点校本二十四史（以下简称中华本二十四史）享有著作权。中华本二十四史被誉为新中国最大的古籍整理工程成果，成为权威范本。2005 年 8 月，北京市高级人民法院判决确认我书局对中华本二十四史享有法人作品的著作权。后我书局发现由汉王公司制作发行的 517 型号的国学版汉王电子书收录了上述作品，侵犯了我书局对中华本二十四史享有的署名权、复制权、发行权和获得报酬权，故诉至法院，请求判令汉王公司停止制作发行含有涉案内容的电子图书，在《中国新闻出版报》公开赔礼道歉，赔偿经济损失 115.2 万元及合理费用 14380 元。

被告汉王公司辩称，涉案汉王电子书中的二十四史内容来源于北京国学时代文化传播股份有限公司（以下简称国学公司），该公司是一家国内知名的专业从事古籍数字化研究开发，古籍整理与出版以及国学电子出版物研制的专业公司，具有深厚的学术背景，聘请顾问及与多家大学合作，多次参加大型古籍整理项目，公司制作的大型中华古籍全文检索数据库《国学宝典》于 2005 年完成，其中包含由国学公司选择底本和参考版本，

---

❶ 搜狗百科：http：//baike. sogou. com/v122723. htm.

自行整理二十四史的点校本（以下简称国学本二十四史），获得业界的好评。《国学备览》系从《国学宝典》中精选出的常见的280种经史子集，以U盘的形式出版，2006年进入市场销售，我公司与国学公司签约取得授权，就每本电子书中装入一套《国学备览》，向国学公司支付50元使用费。我公司在签约前审查了国学公司的业内资质，尽到了合理审查和注意义务，支付了合理对价，该公司亦承诺对提供的内容承担责任。我公司的使用行为没有侵犯中华书局对中华本享有的著作权，请求依法驳回其诉讼请求。

诉讼中汉王公司要求追加国学公司作为被告或第三人参加本案诉讼，中华书局坚持不同意追加。

经院审理查明，二十四史为中国古代纪传体通史，其系统完整地记录了清代以前各朝代的历史，共计3249卷。《清史稿》由民国初年设立的清史馆编写，按照历代正史的体例，分纪、志、表、传四部分共536卷，完稿时间为1927年。旧版二十四史版本较多，文字不划分段落，没有现代汉语所使用的标点符号，且因各种原因在文字上有错讹疏漏。

1958年4月，文化部决定以中华书局为主要出版我国古籍的出版社，出版方针和计划受古籍整理出版规划小组指导，中华书局为该小组的办事机构，根据时任国家主席的毛泽东同志指示，对二十四史展开全面系统的整理。2005年8月9日，北京市高级人民法院审理（2005）高民终字第422号天津市索易数据技术有限公司上诉一案时，确认中华本系对相关古籍进行整理而完成，凝聚了古籍整理人员的创造性劳动，构成著作权法意义上的法人作品，应受著作权法保护。以上事实，有中华书局提交的该书局出版的点校本二十四史繁体版和简体版图书、《清史稿》繁体版图书，以及（2005）高民终字第442号民事判决书在案佐证。汉王公司对此不持异议。

汉王公司提交其于2008年7月与国学公司签订的两年期合作协议书及附件、产品定制需求单、费用统计情况和付费凭据，证实双方约定国学公司向汉王公司提供《国学备览》等古籍系列的电子数据，保证权属，并提供正式电子出版物版号，承诺出现侵权问题由其承担责任；汉王公司除支付基础版权费外，按照每月的销售数量向国学公司支付每套内容50元的版权费，销售数量达到一定标准后，单套费用有所降低。2009年5月至12

月，汉王公司共向国学公司支付版权使用费43.9万元。

中华书局认可上述证据，但认为汉王公司与国学公司之间的约定，不能减轻或抵消汉王公司的过错，不影响汉王公司向中华书局承担侵权责任。汉王公司没有尽到合理注意的义务，应当直接承担侵权责任。

汉王公司提交国学网介绍的国学公司概况，出版、发行国学系列出版物的情况，以及国学公司出版的国学智能书库U盘实物，证实国学公司成立于2002年，主营业务为古籍数字化研究开发、古籍整理出版、国学电子出版物研制、软件开发和相关网站建设等，2009年3月在三板市场挂牌。国学公司依托于首都师范大学中文系的班底，与国内多所大学和研究机构有合作关系，参与《儒藏》《中华大典》等大型古籍的整理工作，研制开发《中国古代文学史电子史料库》《中国历代诗歌数据库》《宋会要辑稿》《段注说文解字》等古籍全文检索软件。其完成的《国学宝典》是全国最大的专业古籍全文检索数据库，收入从先秦至晚清两千多年传世古籍原典4000多种，总字数近10亿字，收入的文献均由该公司自己录入、校对、整理。在《国学宝典》的基础上，开发多种档次的系列电子产品，其中“国学经典文库系列”包括《国学备览》《唐诗备览》等多种系列。国学网是国学公司的专业网站，免费向公众提供古籍内容查阅等服务。

汉王公司还提交了针对国学公司产品的社会评价情况及相关媒体报道，内容包括全国古籍整理出版规划领导小组办公室（以下简称古籍领导小组办公室，在中华书局内）于2007年1月对含有国学本二十四史的国学U盘智能书库出具的使用意见，称经新闻出版总署领导和部分古籍专家试用后，认为该项成果是技术信息与传统学术研究有机结合的新型科研成果，在古籍整理、传播、研究与应用中，达到一个新水平，标志着古籍电子出版取得了新的进展。新闻出版总署音像电子和网络出版管理司在2005年同意国学公司出版10种相关的国学电子出版物，并附有标准版号。哈佛大学和美国国会图书馆购买收藏了《国学宝典》。含国学本二十四史的《国学经典文库》被中宣部选定在中国文明网提供给公众浏览阅读。古籍领导小组办公室发布的2009年第11期关于古籍整理出版的情况简报中，收录了中华书局法定代表人李岩的文章《新中国古籍整理出版六十年述要》，总结了新中国成立后中国古籍整理的历史，其中在未来走向和可拓展领域的部分，针对古籍资源数字化与数字出版的整体规划，将《国学宝典》排列在几种大型数据库成果的第一位。同时还提交了多位业内专家对国学公司产品的肯定，其中包含国学本二十四史的《国学经典文库》和《国学备览》均给予肯定。此外，汉王公司提交了荣誉证书、立项证书、聘书等证据，以证实国学公司尹小林是古籍整理和出版业内的权威专家，在古文典籍整理及数字化领域享有盛誉，曾获得教育成果奖项，参与国务院重大文化出版工程《中华大典》、北京大学《儒藏》精华编的编纂出版工作。汉王公司表示，国学公司有能力自行主持古文点校工作，包含国学本二十四史内容的《国学宝典》等相关产品自 2005 年开始陆续上市销售，中华书局对其中内容应当知晓。

中华书局认可上述证据，认可国学公司对《国学宝典》做了大量工作，但其表示不能以国学公司的主营业务和业内地位，证实汉王公司尽到了合理注意的义务。中华书局表示，其在起诉前知道《国学宝典》的公开销售，也认可尹小林在古籍整理方面的能力和权威性，但上述证据仍不能证明国学公司对二十四史的内容进行了点校。

法庭询问中华书局，在发现汉王公司的电子书中有其认为侵权的内容后，是否向国学公司或者汉王公司发送要求停止侵权的通知。中华书局表示其没有看到《国学宝典》的具体内容，也没有向国学公司或者汉王公司发送过通知。

尹小林作为汉王公司的委托代理人，对国学本内容的古本来源一一给予说明，并提出中华书局不过是占了先机。中华本已经成为业内主流意见，后人都采用其方式，背道而驰有悖学术的发展。汉王公司提交了国学公司在点校过程中形成的五大纸箱稿件，稿件的用纸黄旧，随意抽取可以看到多人多处修改评点笔迹。以证实国学公司进行点校时所做的大量工作，并非抄袭中华本。

中华书局认可上述材料，但表示从材料看出，国学公司点校的基础不是完全没有标点和分段的古文，而是已经点校过的版本，不能证明其自身进行了自始至终的点校。

法院认为，二十四史和《清史稿》是对中国古代历朝正史的记载，未经点校前的版本最晚完成于 1927 年，均已超过著作权法规定的权利保护期限。中华书局在新中国成立后主持点校整理工作形成的中华本系对相关古籍进行整理而完成的法人作品，凝聚了古籍整理人员的创造性劳动，并非简单的技巧性劳动，构成著作权法意义上的作品，应受著作权法保护。

本案中实际制作涉案数字图书内容的单位是国学公司，汉王公司与国学公司签约，支付费用，获得国学本内容的使用权，并在其生产销售的汉王电子书中直接复制使用上述内容。在本案的诉讼过程中，汉王公司曾申请追加国学公司作为共同被告或第三人参加本案诉讼，但中华书局坚持不同意追加，对本案在诉讼过程中查明相关事实形成一定的阻碍，也使真正的国学本权利人国学公司不能正常参加诉讼，针对国学本内容是否侵权的问题进行抗辩，并通过其他诉讼程序维护其自身权益。

汉王公司通过了解国学公司在业内的地位，向国学公司购买其电子出版物中内容的使用权，支付合理费用，在汉王电子书中复制使用，尽到了合理注意和审查的义务，主观上没有过错，且已停止销售涉案电子书，故无论国学本二十四史侵权与否，其均无须向中华书局直接承担责任。

古文点校本等对古籍进行整理的成果，尤其是主流成果，后人必然参照学习，这是后代学人的必然选择，也是文化传承和发展的必然趋势。在汉王公司提出证据，证明国学公司对国学本的内容做了大量工作的情况下，中华书局一再强调参考即为使用，即为侵权的意见，值得商榷。

2010 年 12 月 20 日，北京市海淀区人民法院一审判决驳回原告中华书局的全部诉讼请求。2011 年 1 月 14 日，中华书局向北京市第一中级人民法院提起诉讼，2011 年 6 月 13 日，北京市第一中级人民法院做出终审判决，驳回上诉，维持原判。

【案例分析】

本案件经历了一、二审，虽然案情并不复杂，案件基本性质就是电子出版物与相关传统出版物的关系以及是否侵权的认定，但是因为本案涉及的专业古籍点校、文献编纂等专业理论较为深刻庞杂，所以案件中双方证据举证、质证的过程可能让我们非专业人士在有些地方不能很透彻地理解双方的观点和论据，笔者仅从相关法律角度，谈一下此案的相关理论点。归结此案的最大争议有三点：第一，国学本是否构成对中华本的侵权；第二，国学公司和中华书局如果在同一时间段汇集多位古籍专家的智慧，创作出相似的成果，能否算作同时各自拥有著作权；第三，汉王公司在电子出版物得到国学公司相应授权的前提下是否是尽到了应有的注意义务。

焦点一，国学本是否构成对中华本的侵权，这是本案判决的重要依据。

根据原被告双方的质证和法院相关的调查，中华书局曾根据文化部的指示，从1959年到1978年，组织百余位文史专家，投入巨大成本，主持对从《史记》到《明史》的二十四史及《清史稿》（以下简称二十四史）的全面系统地整理并陆续出版，对点校本二十四史（以下简称中华本二十四史）享有著作权。中华本二十四史被誉为新中国最大的古籍整理工程成果，成为权威范本。在对相关古籍进行整理，凝聚了古籍整理人员的创造性劳动，构成著作权法意义上的法人作品，应受著作权法保护。对于这一点被告方汉王公司并无异议。

被告汉王公司举证，涉案汉王电子书中的二十四史内容来源于国学公司，该公司是一家国内知名的专业从事古籍数字化研究开发，古籍整理与出版以及国学电子出版物研制的专业公司，具有深厚的学术背景，聘请顾问及与多家大学合作，多次参加大型古籍整理项目，而且国学公司在古文典籍整理及数字化领域享有盛誉，曾获得教育成果奖项，从它的公司业绩和业内评价来看，中华书局对国学公司的存在和相关动态一定也不陌生，如果关注行业动态，中华书局一定知悉国学公司针对涉案作品相关的内容，为何不去直接针对国学公司诉讼？对此笔者持不解态度。

而且，汉王公司提交了国学公司在点校过程中形成的五大纸箱稿件，稿件的用纸黄旧，随意抽取可以看到多人多处修改评点笔迹，可以证实国学公司进行点校时所做的大量工作，并非抄袭中华本。

中华书局认可国学本与中华本存在不同之处，但认为参考即为使用，未经许可使用即为侵权。但是，根据知识产权制度设计的权益制衡和财富共享的基本原则，便于知识传播的需要，有些知识财富例如历法、通用数表、通用表格和公式等内容不能受到著作权的保护和限制，否则将阻碍全社会的知识创新和权益保护，那么同理，古文点校本等对古籍进行整理的成果，尤其是主流成果，后人必然参照学习，这是后代学人的必然选择，也是文化传承和发展的必然趋势。因此汉王公司提出证据，证明国学公司对国学本的内容做了大量工作。

综合以上分析，针对焦点一，笔者认为国学本并不构成中华本的侵权，中华书局一再强调参考即为使用，即为侵权的意见，值得商榷。法院在判决时也采用了此意见。

针对第二点争议，国学公司和中华书局如果在同一时间段汇集多位古籍专家的智慧，创作出相似的成果，能否算作同时各自拥有著作权；这一点实际是关于我国著作权权利取得的理论，我国著作权是实行的是原始取得说，著作权取得的基本条件有两点，一是作品要有独创性，《中华人民共和国著作权法实施条例》第2条明确规定了作品是指文学、艺术和科学领域内具有独创性并能以某种有形形式复制的智力成果。可见，我国法律对作品规定的实质条件是独创性。这一点表明，只要是自己独立创作完成，并且有一定的审美或文学或科学意义，就可以认为此作品受著作权保护；二是作品应可以复制，复制是再现作品的行为，只有作品具有可复制性，才有用著作权法来保护著作权人经济利益的必要。所以，只要具备了独创性和可复制性这两个基本要素的作品都可以归于著作权法保护范围，当然除了法律、法规、国家机关决议命令、历法、通用数表和公式等不便于用著作权法保护的对象。

本案中，中华书局通过叙述对二十四史统一分段、校勘的方法和体例，组织专家对二十四史进行点校，改正错字、填补遗字、修改注释、加注标点、划分段落并撰写校勘记，至1978年整理工作全部完成等详细事例，举证证明自己对于点校本二十四史享有著作权，根据著作权的基本要素来分析，的确拥有著作权，这一点也得到了被告方汉王公司的认可。

并且，此前多个法院包括该案诉讼受理法院，均曾对中华书局点校本二十四史的权利予以确认，并判决使用者侵权成立，给予赔偿，尽管具体情况均与本案情况有所不同（上述判决中针对的使用情况均为整体复制使用，使用者及参与或未参与诉讼的内容提供者，均非古文整理和出版业内机构，没有证据证实其实际进行过点校及整理的工作，大部分还直接使用了中华本最具特色的校勘记）。然而法院在判决中肯定了中华书局的劳动成果，承认其享有著作权。

国学公司也通过本公司产品的社会评价情况及相关媒体报道，包括：2007年1月对含有国学本二十四史的国学U盘智能书库出具的使用意见，称经新闻出版总署领导和部分古籍专家试用后，认为该项成果是技术信息与传统学术研究有机结合的新型科研成果，含国学本二十四史的《国学经典文库》被中宣部选定在中国文明网提供给公众浏览阅读等相关工作。包含国学本二十四史内容的《国学宝典》等相关产品自2005年开始陆续上市销售，对于国学公司的业绩和声誉，作为主要出版我国古籍的出版社中华书局对其中内容应当知晓。

中华书局在本案中认可中华本与国学本存在不同之处，也认可中华本存在诸多疏漏，只是反复强调参考即为使用，使用即为侵权。这一点与著作权的基本原理相违背。

所以，结合以上内容，如果再找不到合理充分的证据表明二者确实存在侵权现象，能否认为，二者是同一时期的各自独立召集相关学者专家而创作的不同但很相似的作品呢?

针对第三点争议，在上述情况下，本案的审理范围限定在汉王公司的行为是否存在过错，是否因其未尽到合理的注意和审查义务，决定了其是否应当直接向中华书局承担侵权责任。

其实这一点涉及著作权案件中原被告双方承担的证明责任问题，也是大部分著作权案件的当事人需要主张的事实。原告中华书局需要举证以证明自己享有著作权，并且被告使用的作品跟原告相同，被告需要证明自己的涉案作品已经获得著作权人的许可，或者属于合理使用或法定许可情形，或者诉讼时效已过，结合本案件来看，汉王公司已经在履行了合法程序后得到了国学公司的授权，其举证责任已经完成。

本案中实际制作涉案数字图书内容的单位是国学公司，汉王公司与国学公司签约，支付费用，获得国学本内容的使用权，并在其生产销售的汉王电子书中直接复制使用上述内容。可以说汉王公司已经尽到了基本的注意义务，至于汉王公司的涉案作品的来源单位国学公司，是否应当追加为第三人或共同被告？笔者的意见是应当追加。不过案情在实际审理过程中原告坚持不追加，那本案只能就在审的当事人之间展开进行，如若涉及他人权益和更多纠纷，可以另案处理。

案例二：书生状告盛大文学侵权

盛大文学是原创文学门户网站“起点中文网”的运营商，2009年12月宣布起诉百度，上海市卢湾区法院于2010年年初正式立案。原告方盛大文学诉称，其《斗破苍穹》《凡人修仙传》《卡徒》《近身保镖》《天王》5 部小说系起点中文网推出的著名网络小说，拥有庞大的读者群。被告百度公司提供文稿的搜索服务，长期大量公开提供原告拥有独家信息网络传播权的涉讼作品的侵权盗版链接。盛大诉称，百度在其二级域名 wap. baidu. com 通过设立“最热榜单”和“精品推荐”栏目的形式对涉讼作品进行推荐，并在其网站上完整复制了涉讼作品，构成对涉讼作品著作权的直接侵权。盛大文学曾通知百度文库，要求其在 24 小时内删除相应侵权链接，但百度没有明确回复，也未对侵权链接予以删除。

盛大文学后经查询发现，百度公司迟迟未删除的链接所指向的网站与其有合作关系，系“百度网盟推广”合作者，百度对搜索流量所产生的收益可以分成。百度公司拒不删除侵权链接，与直接侵权的第三方网站构成共同侵权，应当承担连带民事责任。

在诉讼中，盛大文学列举了 7 条起诉百度的理由，分别为：（1）百度侵害了盛大文学签约作者的版税收入；（2）百度导致盛大文学重点作品被盗链、盗用现象严重；（3）百度操纵排行榜，无故屏蔽盛大文学小说进入热点搜索排行；（4）百度贴吧成网络文学盗版重灾区；（5）百度对要求删除盗版内容反应迟钝；（6）百度对盗版网站的纵容破坏整个创意产业发展秩序；（7）百度导致盛大文学损失严重。

针对盛大文学的起诉，百度辩称其未实施帮助侵权行为，不构成与第三方网站的共同侵权，在已断开链接的情况下，不应当承担赔偿责任。对于盛大文学要求删除涉嫌侵权链接的要求，百度称其未能举证证明链接地址所包含的侵权内容，其没有义务对链接进行审查，也没有断开链接的义务。百度称，根据筛查，那些没有断开的链接网址主要有无效链接、与侵权内容完全无关的链接、网站首页链接、页面上有合理引用作品内容的链接等，并且其已尽到注意义务，对原告提及的链接进行了几次删除，故不应承担赔偿责任。

2010 年 5 月 10 日，上海市卢湾区法院认定百度无故屏蔽盛大文学小说进入热点搜索排行，构成间接侵权，百度无线小说频道盗用盛大文学重点作品构成直接侵权。鉴于此，法院判决百度停止一切侵权行为，并赔偿盛大文学经济损失 50 万元。当时百度表示不服提起上诉，上海市第一中级人民法院于 2010 年 7 月 6 日公开开庭审理本案二审。但在 1 个月后，百度主动申请撤回其上诉请求。上海市第一中级人民法院终审裁定双方当事人均按原审判决执行。

【案例分析】

本案是典型的数字版权之争，是两大数字化出版巨头之间发生的直接碰撞。

对于本案争议焦点笔者认为有以下两点：一是盛大文学通知百度删除是否符合法律法规规定；二是百度公司构成间接侵权还是直接侵权。

对于争议焦点一，盛大文学通知百度删除是否符合法律法规规定。《信息网络传播权保护条例》第14条规定，对提供信息存储空间或者提供搜索、链接服务的网络服务提供者，权利人认为其服务所涉及的作品、表演、录音录像制品侵犯自己的信息网络传播权或者被删除、改变了自己管理电子信息的权利，可以向该网络服务提供者提交书面通知，要求网络服务提供者删除该作品、表演、录音录像制品，或者断开与该作品、表演、录音录像制品的链接。通知书应当包含下列内容：

（一）权利人的姓名（名称）、联系方式和地址；

（二）要求删除或者断开链接的侵权作品、表演、录音录像制品的名称和网络地址；

（三）构成侵权的初步证明材料。

权利人应当对通知书的真实性负责。

据此规定，盛大文学在发现《斗破苍穹》《凡人修仙传》《卡徒》《近身保镖》《天王》5部小说系起点中文网推出的著名网络小说，被百度公司的搜索服务长期大量公开地提供侵权盗版链接时，其有权向百度提出书面通知，要求其删除侵权链接。

对于争议焦点二，关于著作权直接侵权和间接侵权的问题，在现阶段我国法律法规、司法解释中并没有一个十分明确的规定。

在案件审理中适用的法条主要集中在《中华人民共和国民法通则》第130条关于共同侵权的规定："二人以上共同侵权造成他人损害的，应当承担连带责任"，《中华人民共和国著作权法》第53条的规定："复制品的出版者、制作者不能证明其出版、制作有合法授权的，复制品的发行者或者电影作品或者以类似摄制电影的方法创作的作品、计算机软件、录音录像制品的复制品的出租者不能证明其发行、出租的复制品有合法来源的，应当承担法律责任”等相关法条中。

同时，为了规制日益严重的网络侵权行为，最高人民法院于 2000 年 11 月出台了《关于审理涉及计算机网络著作权纠纷案件适用法律若干问题的解释》。2003 年 12 月，为了配合《中华人民共和国著作权法》的修改，最高人民法院出台《关于修改〈最高人民法院关于审理涉及计算机网络著作权纠纷案件适用法律若干问题的解释〉的决定》，其中第 3 条“网络服务提供者通过网络参与他人侵犯著作权行为，或者通过网络教唆、帮助他人实施侵犯著作权行为的，人民法院应当根据《民法通则》第一百三十条的规定，追究其与其他行为人或者直接实施侵权行为人的共同侵权责任”。此规定是共同侵权的责任认定，同时也涉及间接侵权问题。

百度公司侵犯了盛大文学网站上的《斗破苍穹》《凡人修仙传》等作品的著作权。作品的网络传播权属于作品的作者，根据《信息网络传播权保护条例》第 15 条规定，“网络服务提供者在接到权利人的通知书后，应当立即删除涉嫌侵权的作品、表演、录音录像制品，或者断开与涉嫌侵权的作品、表演、录音录像制品的链接。”百度公司作为网络服务提供者，明知涉讼作品的信息网络传播权仅归于原告及侵权链接的状况，却未及时删除原告通知的侵权信息或断开链接，构成间接侵权。

《信息网络传播权保护条例》第 23 条规定，网络服务提供者为服务对象提供搜索或者链接服务，在接到权利人的通知书后，根据本条例规定断开与侵权的作品、表演、录音录像制品的链接的，不承担赔偿责任；但是，明知或者应知所链接的作品、表演、录音录像制品侵权的，应当承担共同侵权责任。本条第一款规定就是著名的“避风港原则”，它为数字出版企业过失侵犯他人著作权的行为提供了一条特殊保障措施，对象是仅针对网络信息存储空间提供者，他们只是提供网络空间，其本身不提供网络空间中的内容，内容由网络用户提供，网站对这些内容不进行编辑、修改。这些网络信息存储空间提供者在接到侵权通知后应及时删除相关信息和侵权链接，就可以享受“避风港原则”不承担赔偿责任。也就是网络服务提供者适用避风港原则条件有两个：一是只提供网络信息空间服务；二是接到通知后及时删除相关信息和侵权链接。

而具体到本案中，法院认为，原告在公证取证时，通过百度 WAP 搜索对 WEB 页面进行技术转码，并非只是引导用户到第三方网站浏览搜索内容，而是替代第三方网站直接向用户提供内容，属于复制和上传作品的行为，已经超出了提供搜索引擎服务的正常范围，构成了直接侵权。

【相关知识拓展】

网络盗版因其取证困难，处罚条款和行动均不到位，相关部门对网络著作权保护不力，已严重危害了创意产业的发展。其中最为严重的是，搜索引擎已成为网络盗版的保护伞。受经济利益驱动，许多搜索引擎服务企业对网络上的影视、音乐、软件、文学盗版未尽监测、删除和屏蔽义务。

（1）避风港原则

正如前文所述，我国在著作权法立法体系中应用了避风港原则，具体规定在《信息网络传播权保护条例》第 23 条，网络服务提供者为服务对象提供搜索或者链接服务，在接到权利人的通知书后，根据本条例规定断开与侵权的作品、表演、录音录像制品的链接的，不承担赔偿责任。也就是当网络信息存储空间服务提供者满足以下两个条件后就可以免除赔偿责任：一是只提供网络信息空间服务；二是接到通知后及时删除相关信息和侵权链接。

“避风港原则”的设立有其重要的意义，一方面，防止网络服务提供者承担过重的著作权审查义务，限制网络服务的发展；另一方面，也考虑到了著作权人的利益，如果他人作品被人不当上传到某网络空间中。权利人在向网络服务提供者发出侵权通知后，该网络服务提供者以及时删除相应的作品内容来换取免除赔偿责任，这平衡了著作权人与互联网企业间的利益❶。

（2）建立著作权间接侵权制度的意义

建立著作权间接侵权制度的意义主要表现在如下两个方面：①侵权行为发生之前，有为他人的直接侵权行为提供帮助的间接侵权人可能会因著作权间接侵权制度的存在而放弃侵权；②侵权行为发生之后，如果著作权人因为各种原因无法找寻直接侵权人主张权利时，著作权人可以基于著作权间接侵权的规定向网络服务提供商等间接侵权人主张权利，或者在向直

---

❶ 曹丽萍，陈坚. 著作权案件实务［M］. 北京：世界图书出版公司，2012.

接侵权人主张权利之后仍不能弥补其损失时，著作权人也可以基于连带责任原则向间接侵权人主张权利，以维护自己的权益[1]。我国著作权法及相关的司法解释虽然提供了关于著作权间接侵权的法律依据，但是，既有的制度规定不仅没有全面地反映间接侵权的所有类型，而且在适用上也存在诸多问题。然而，著作权间接侵权的制度设计却直接关系到著作权人的权益保护。因此，我国应参照相关国家之立法例，结合我国的具体实际，将著作权间接侵权制度法定化。

（3）我国著作权间接侵权的立法建议

我国对文化创意产业中的音像制品及电子出版物的管控是有效的，颁布的一系列法律基本能够解决市场中出现的侵权问题，但是随着时代的发展和科学技术的进步，很多侵权行为又表现出了新的形态，旧的法律对于新的侵权形式来说，往往存在着法律的漏洞，如何在已有的法律基础上进行新的修订，是值得学界探究的。

我国没有著作权间接侵权的规定，学术界有部分学者认为，凡是侵权行为均为直接侵权，并无间接侵权，所以不必区分直接侵权与间接侵权，因此也不需要建立著作权间接侵权制度。但是笔者认为，著作权的特殊性决定了区分著作权间接侵权与直接侵权的重要性，因此也就奠定了著作权间接侵权在理论研究上的基础。著作权间接侵权不同于著作权共同侵权。著作权共同侵权行为包括共同实行行为以及教唆和帮助行为，而著作权间接侵权行为中的共同实行行为实际上仍是著作权直接侵权行动的范畴；除了帮助、教唆行为外，著作权间接侵权行为还包括二次侵权行为和代位侵权行为。著作权共同侵权行为在于数个行为对损害结果具有共同的过错，而著作权直接侵权行为和著作权间接侵权行为，则不必这样。有时著作权直接侵权人无过错仍要承担责任，而著作权间接侵权人则必须具备过错要件，即直接侵权人和间接侵权人可以以不同的主观状态而存在[2]。在因果关系上，著作权共同侵权行为较著作权间接侵权行为对损害结果的原因力较强，著作权共同侵权行为本质为整体行为，各行为人的作用在整体上是分不开的。

---

[1][2] 从盛大文学起诉百度看著作权间接侵权问题_百度文库：http：//wenku. baidu. com/link?url = 7FwCa6JWFRstNiqudvEflhuHASdMu6AmqzPWIL2f9hZGfMtEqhc7WKMkZAF - XEaXTty8mIp8qdIaozvoNoVUIrCJxvhnV2ohpDtWnpCrDq3.

（4）加强传媒从业者的法律意识

行业从业者的素质在很大程度上决定了一个行业发展情况的好坏，要加强对新闻出版产业的创意保护必须从提高传媒从业者的法律意识和法律素养做起。盗版和侵权作品的产生往往是因为利益的驱动，在巨大的利润诱惑下，一些盗版侵权作品制造商钻了法律的空子，或者违反相关规定铤而走险。由此一些盗版侵权书籍充斥市场。

从哲学的角度来说，内因是事物发展的根本原因，是事物发展变化的根据，它规定了事物发展的基本趋势和方向，外因是事物发展变化的不可缺少的条件，外因通过内因起作用。根据内外因的辩证关系来看，一个问题的解决，往往需要先解决内部矛盾。所以新闻出版产业中的创意保护还需要传媒工作者的共同维护，只有提高了传媒工作者的法律意识和法律素养，才能够形成良好的行业风气，只有行业内的从业人员形成了尊重知识产权、保护创意的思想，也才能从根本上解决侵权事件的发生。

就目前而言，我国的传媒从业者版权意识较为淡薄，在大多数情况下，大家互相抄袭已经形成了一股风气，这也导致了真正的版权拥有人维权困难，司法搜证困难，这种维权往往都是不了了之。这种抄袭之风在惩罚力度不够或者不受惩罚的情况下更加猖狂，大多数传媒从业者形成了一种“别人的是我的，我的还是我的”的不良思想意识。

因此要保护好新闻出版产业的版权和创意，需要传媒从业者很好地保护好自己的版权，被侵权后一定要积极地维护自己的权利，或者做好版权声明等一些前置工作，有效地减少版权纠纷。另外，也要尊重其他人的劳动成果，不抄袭其他人的新闻作品，或者说一定要在取得版权拥有人的同意，并支付相应的报酬后再使用他人的作品。只有提高新闻从业人员的整体素质、法律意识和行业自律意识才能够真正防止侵权和盗版作品的产生。

（5）提高防伪技术，减少盗版侵权事件的发生

随着科学技术的进一步发展，特别是数字技术的发展，侵权形式又表现出新的特征，很多旧的法律条款已经不适应现今社会的发展了，特别是音像制品和电子出版物由于传播速度快、制作简单、利润丰厚，成为侵权的重灾区，严重地侵害了正版图书和音像制品制造商的利润。

新的侵权形式更具有隐蔽性，难以察觉。版权拥有人维权成本大，效

果不明显。特别是网络媒体的大繁荣、大发展，盗版网站层出不穷，很多知名作家的作品都被侵权。盗版作品因为成本低，销售价格低廉，更受消费者的青睐，在市场表现上，盗版的音像制品和电子出版物往往比正版卖得更好。

网络媒体又因为具有匿名性，侵权发生后，版权拥有人举证困难，维权成本较高，这也是很多的版权拥有人放任一些小的侵权行为的原因，更破坏了行业内的良好风气，“侵权和不侵权一个样儿”的认识使很多盗版图书充斥市场，严重地破坏了市场秩序，侵占了正版图书商的利润。

对于技术高度发达的当今社会来说，传统媒体的话语权逐渐式微，新兴媒体的崛起已成为必然，电子出版物在今后也将占据更大的市场，如何减少侵权事件的产生？提高电子出版物的防伪技术可能是一个有效的解决路径。电子出版物由于制作简单而成为盗版的重灾区，添加防伪标识，既能够使消费者区分正版与盗版图书，也使版权人在侵权产生后提供证据，有效地维护自己的权益。提高防伪技术，添加防伪标志，既提高了盗版商的成本，打击了侵权盗版行为，也有利于版权人更好地维护自己的权益，以及处理盗版侵权事件的效率。

（6）完善新闻出版产业的相关法律

我国关于新闻出版产业的相关法律已比较健全，关于新闻出版的法律法规主要有：1997 年 3 月 18 日，国务院颁布了《印刷业管理条例》；2002 年 2 月 1 日，国务院出台了《出版管理条例》并在 2011 年 3 月 19 日予以修订；新闻出版总署于 1996 年、1997 年、2003 年、2005 年先后颁布了《电子出版物管理暂行规定》《图书质量保障体系》《出版物印刷管理规定》《图书、期刊、音像制品、电子出版物、重大题材选题备案办法》《出版物市场管理规定》《图书质量管理条例》以及《报纸出版管理规定》；2000 年，中宣部和原新闻出版总署联合出台了《关于建立违纪违规报刊警告制度的意见》和《违纪违规报刊警告制度实施细则》；1997 年，国家技术监督局和原新闻出版总署联合颁布了《标准出版物管理办法》；2003 年原新闻出版总署和原对外贸易经济合作部联合颁布了《外商投资图书、报纸、期刊分销企业管理办法》；文化部也在 2004 年颁布了《美术品经营管理办法》。

对于新闻出版产业，我国基本形成了一套比较完备的法律体系，但是随着社会的发展和时代的进步。一些法律的条文并不适应今天社会的发展，很多的侵权事件又表现出新的特征，特别是数字技术的发展，使侵权行为的条件更加便利。很多的法律条文需要随着时代的发展去进行调整和完善，更好地服务于新闻出版产业，更好地保证权益人的合法权益。数字时代的作品复制和传播方式，给权利人的利益保护提出了新的挑战，如何实现网络传播与版权保护的利益平衡，需要在法律的修订上做出明文的规定。

另外，对于新闻出版产业的创意保护，我国可以借鉴其他国家的相关经验和案例，如在网络平台上的信息传播，如何使用“避风港原则”和“红旗原则”，以及如何界定电子出版物的侵权。所有的法律条文的制定需要既保证作品的版权得到保护，又能使得文化作品得到最大的传播。

我国的很多关于新闻出版的法律法规的制定也是源于西方的一些法律条文，但是各国的国情存在着很大的差异性，我国法律的制定也需要结合具体国情和相关产业的发展情况以及存在的问题，制定出适合我国新闻出版产业发展相适应的法律条文，为侵权行为产生后的解决提供良好的法律解释，促进新闻出版产业的良好发展。

第三章　广播影视产业发展及其相关法律保护问题

3.1　概述：广播影视产业的发展现状及其面临的主要法律问题

广播影视产业是文化产业中最具影响、最有活力的产业之一，也是发展最为迅速、与人们生活关系最为密切的一个文化产业领域，是指按照工业标准生产、再生产、储存、分配与消费的广播影视产品和服务的一系列市场行为与经济行业，“这是一个从事广播电影电视产品与服务的生产经营活动以及为这种生产和经营提供相关服务的产业门类”，主要包括以下几个部分❶：

（1）产品生产部门：电台、电视台、电影制片厂、影视制作机构、动画制作机构等。

（2）产品经营部门：广播电视广告公司、电影院、影剧院、器材公司等。

（3）信号传输部门：网络公司、发射台、转播台等。

（4）衍生产业部门：影视中介公司、演艺公司、展会场馆等。

3.1.1　广播影视引领文化创意产业新发展

从党的十二大到十八大，党和政府一直将“转变经济增长方式”作为中央经济工作的重要指南。2010 年初，前国家主席胡锦涛曾指出“综合判断国际国内经济形势，转变经济发展方式已刻不容缓”，并把加快发展文

---

❶ 周鸿铎. 广播电视经济学［M］. 北京：中国广播电视出版社，2000：36 – 37.

化产业作为转变经济发展方式、调整经济结构的重要途径和内容；2014 年三月中旬，国务院正式下发《关于推进文化创意和设计服务与相关产业融合发展的若干意见》，明确加快数字内容产业发展、提升文化产业整体实力等具体任务，旨在培育国民经济新的增长点、提升国家文化软实力和产业竞争力。广播影视作为文化产业最有活力的组成部分，这一系列国家战略将我国广播影视的重要作用提升到新的高度。

广播影视通过自身内容产业的发展，通过电视剧、电影、动漫等作品的广泛传播，彰显文化价值，同时拉动我国经济增长，成为我国文化创意产业发展的主要力量。2006 年以来，我国广播影视总收入年均增长 20.74%，远远超过同期全国 GDP 年均长 10.88% 的速度。

作为我国的政治、文化中心，北京广播影视业的发展具有独特的区位、资源和人才优势。北京是全国最大的广播影视播出市场和制作中心，中央电视台、人民日报、新华社等中央级媒体全部设在北京，全国 70% 以上的广播影视节目制作机构也设在北京。正是这些天然的发展优势，使得北京广播影视产业的发展一直保持在国内前列。北京市每年审查通过的电视剧达 2000 多集，超过全国电视剧总产量的 1/6；生产的获得公映许可证的电影接近全国总量的 40%；北京广播多项指标全国第一，是全国广播业的“领头羊”。北京电影年票房收入已超过 3 亿元，位列全国首位[1]。

党的十六大以来，我国广播影视在改革开放、市场经济、科技进步和社会需求这四大力量的推动下，获得了快速、持续、全面发展。尤其是伴随信息技术的高速发展，移动互联网及各种移动终端设备的蓬勃兴起，我国的广播影视技术手段进入全面升级改进阶段。广播电视节目的采制、播出、传输、接收等各环节从传统的模拟技术向现代数字技术过渡和转换，城乡有线电视数字化及电影制作放映数字化，均取得了突破性进展。广播影视产业发展向多功能延伸，有线数字电视、数字电影、付费电视、移动电视、手机电视、网络广播电视正在日益兴起，大大拓宽了广播影视的产业领域和市场空间[2]。

另一方面，广播影视产业在享受技术进步带来发展福利的同时，有关

---

[1] 朱虹．发挥广播影视龙头作用_发展北京文化创意产业［J］．有线电视技术，2008（4）．

[2] 黄勇．我国广播影视产业发展状况和发展战略［J］．现代电视技术，2006（9）：63．

产业发展的法律保护问题也不容轻视。依法治业是广播影视产业发展规律的内在要求，依法对广播影视产业的产权关系、市场关系、利益关系、经营规则进行规范，是保证广播影视产业健康发展的重要条件，健全的法制是为广播影视产业发展创造健康、公正的外部环境的重要保证，建立健全产业发展的法制规范方能推动广播影视产业良性快速发展。但遗憾的是，迄今为止，除了《宪法》《广告法》《著作权法》《反不正当竞争法》其中有些条款可以规范广播电视活动之外，仅有1997年9月1日颁布施行《中华人民共和国广播电视管理条例》一则是专门规范广播电视活动的行政法规。

当前，数字电视、移动电视、手机电视、网络广播电视等这些新的传播媒介和传播方式的蓬勃兴起，三网融合投入实践，广播影视信息化水平显著提高，广播影视新业态新服务得以开拓，但面对这些层出不穷的新情况和产业发展的新趋势，现在已有的相关法规往往难以应对产业发展过程中实际面临的法律问题。频繁出现的法律纠纷不容忽视，隐藏在其背后的法律问题也亟待解决，亟需完善的法律规范约束市场秩序，引导产业发展。而我国目前这一方面的管理生疏、立法滞后及无法可依等问题显然不利于广播影视产业的良性健康发展。在这种时代背景之下，现对我国广播影视法律法规做一个系统的梳理，从法律视角关注广播影视产业的发展，探讨广播影视产业发展的市场规范，具有十分必要的现实意义。

3.1.2　广播影视产业在发展中面临的主要法律问题

1. 广播电视设施及其涉及的主要法律问题

广播电视设施即指在中华人民共和国境内依法设立的广播电视台、站（包括有线广播电视台、站）和广播电视传输网的设施，包括广播电视信号发射设施、信号专用传输设施、信号监测设施。具体而言，广播电视设施包括：①广播电视信号发射设施,包括天线、馈线、塔桅（杆）、地网、卫星发射天线及其附属设备等；②广播电视信号专用传输设施,包括电缆线路、光缆线路（以下统称传输线路）、塔桅（杆）、微波等空中专用传输通路、微波站、卫星地面接收设施、转播设备及其附属设备等；③广播电视信号监测设施,包括监测接收天线、馈线、塔桅（杆）、测向场强室及其附属设备等[1]。

根据我国最高人民法院2011年5月23日通过的《最高人民法院关于审理破坏广播电视设施等刑事案件具体应用法律若干问题的解释》，对关于采取拆卸、毁坏设备、剪割缆线等非法手段破坏广播电视设施；删除、修改、增加广播电视设备系统中存储、处理、传输的数据和应用程序，非法占用频率等手段，破坏正在使用的广播电视设施；盗窃正在使用的广播电视设施；建设、施工单位的管理人员、施工人员，在建设、施工过程中，违反广播电视设施保护规定，故意或者过失损毁正在使用的广播电视设施等行为都做了相关处罚规定。例如：

第一条 采取拆卸、毁坏设备，剪割缆线，删除、修改、增加广播电视设备系统中存储、处理、传输的数据和应用程序，非法占用频率等手段，破坏正在使用的广播电视设施，具有下列情形之一的，依照刑法第一百二十四条第一款的规定，以破坏广播电视设施罪处三年以上七年以下有期徒刑：

（一）造成救灾、抢险、防汛和灾害预警等重大公共信息无法发布的；

（二）造成县级、地市（设区的市）级广播电视台中直接关系节目播出的设施无法使用，信号无法播出的；

（三）造成省级以上广播电视传输网内的设施无法使用，地市（设区的市）级广播电视传输网内的设施无法使用三小时以上，县级广播电视传输网内的设施无法使用十二小时以上，信号无法传输的；

（四）其他危害公共安全的情形。

第二条 实施本解释第一条规定的行为，具有下列情形之一的，应当认定为刑法第一百二十四条第一款规定的“造成严重后果”，以破坏广播电视设施罪处七年以上有期徒刑：

（一）造成救灾、抢险、防汛和灾害预警等重大公共信息无法发布，因此贻误排除险情或者疏导群众，致使一人以上死亡、三人以上重伤或者财产损失五十万元以上，或者引起严重社会恐慌、社会秩序混乱的；

（二）造成省级以上广播电视台中直接关系节目播出的设施无法使用，

[1] 我国有线广播电视传输行业政策法规盘点分析产业信息网：http：//www.chyxx.com/industry/201405/242508.html.

信号无法播出的；

（三）造成省级以上广播电视传输网内的设施无法使用三小时以上，地市（设区的市）级广播电视传输网内的设施无法使用十二小时以上，县级广播电视传输网内的设施无法使用四十八小时以上，信号无法传输的；

（四）造成其他严重后果的。

2. 广播电视服务、传输及其涉及的主要法律问题

广播服务包括广播电台和其他广播服务。其中电台一般包括两种：第一种是广播电台，包括调幅广播、调频广播（广播可分为无线广播、有线广播、数据广播）；另一种是网络电台，即指通过编码器，将电脑里面正在播放的音频或视频数据转换成为可以在因特网上直接传送的格式，而用户登录到电台的网站时，可以下载到经过编码的音频信息，再通过如 Realplay 或 Winamp 等相关软件将音频信息转换成声音播放出来。

电视服务主要指的是电视台和其他电视服务。电视台指的是通过无线电信号、卫星信号、有线网络或互联网播放电视节目的媒体机构，是制作电视节目并通过电视或网络播放的媒体机构。它由国家或商业机构创办的媒体运作组织，传播视频和音频同步的资讯信息，这些资讯信息可通过有线或无线方式为公众提供付费或免费的视频节目。

广播、电视传输服务包括：（一）有线广播电视传输服务。主要涉及有线广播、电视传输网络服务，和有线广播、电视接收两方面；（二）无线广播电视传输服务。包括无线广播、电视发射台、转播台和无线广播、电视接收；（三）卫星传输服务。

广播、电视传输服务中主要涉及的法律问题有：广播电视节目模板的版权保护及引进开发使用，广播电台库存版权节目的知识产权保护，广播电视节目版权深度开发的合法性，广播电台、电视台相关节目内容播放许可的法定性问题等。

3. 电影服务及其涉及的主要法律问题

一般说来，电影服务主要指的是电影制作与发行和电影放映这两方面。其中，电影制作与发行服务包括电影制片厂服务、电影制作、电影院线发行及其他电影发行；电影放映主要包括电影院、影剧院中的电影放映，及其他形式的电影放映。电影服务板块是整个广播影视产业中涉及法律保护问题最多的领域。

其中，最容易引起法律纠纷的是关于电影作品网络版权的非法使用及其非法传播问题，以及一些视频网站未经许可非法盗版受版权保护的电影作品及信息网络传播权合法使用问题。根据2006年国务院通过的《信息网络传播权保护条例》，所谓信息网络传播权，是指以有线或者无线方式向公众提供作品、表演或者录音录像制品，使公众可以在其个人选定的时间和地点获得作品、表演或者录音录像制品的权利。但当前我国有很多视频网站为提高自己的流量点击率，增加网站广告收益，未经许可非法录拍（新上映）电影作品，并在其网站公开播放，公然侵犯权利人的信息网络传播权。（具体案例详见第3.2节内容）

3.1.3 我国广播影视产业法律保护现状

从目前来看，我国的广播、电影、电视法律制度仍缺乏一个完整的体系，对广播影视产业的相关法律保护只是通过一系列条例、政府和部门规章对其改革、审查、经营资格等各方面具体问题进行规定（见表3.1），没有专门的法律支撑，尤其是电影行业法律保护方面。我国电影管理属于行政管理，现有的条例政府和部门规章对电影管理各方面规定都存在很大的漏洞，使得全国范围内没有统一的管理标准，管理者拥有过大的自由裁量权，电影管理较为混乱。随着电影产业的不断发展，有些业内学者认为从整体的角度制定一部《电影法》，将电影立法上升到法律法规的高度是必要的。

表3.1 中国1995—2014年广播电视电影业主要法律法规及规范性文件

立法部门	法规名称	颁布时间
国家广电总局、文化部	《影视制作经营机构管理暂行规定》	1995年9月1日
	《电影审查规定》	1997年1月16日
国务院	《广播电视管理条例》	1997年8月11日
国家广电总局、海关总署	《关于加强广播电视节目电影片进口管理的通知》	2000年2月24日
国家广电总局	《关于加强动画片引进和播放管理的通知》	2000年3月20日
	《关于进一步深化电影业改革的若干意见》	2000年6月6日
	《电视剧管理规定》	2000年6月15日
国务院	《电影管理条例》	2001年12月25日

续表

立法部门	法规名称	颁布时间
国家广电总局	《广播电视节目出品人持证上岗暂行规定》	2001 年 12 月 31 日
	《电影剧本（梗概）立项、电影片审查暂行规定》	2003 年 10 月 8 日
	《电影制片、发行、放映经营资格准入暂行规定》	2003 年 10 月 29 日
国家广电总局、商务部、文化部	《外商投资电影院暂行规定》	2003 年 12 月 4 日
国家广电总局	《广播电视编辑记者、播音主持人资格管理暂行规定》	2004 年 6 月 18 日
	《关于修订〈互联网文化管理暂行规定〉》	2004 年 7 月 1 日
	《中外合作摄制电影片管理规定》	2004 年 7 月 6 日
	《广播电台电视台设立审批管理办法》	2004 年 8 月 18 日
	《广播电台电视审批管理办法》	2004 年 8 月 18 日
	《电视剧审查管理规定》	2004 年 9 月 20 日
	《中外合作制作电视剧管理规定》	2004 年 9 月 21 日
	《境外电视节目引进、播出管理规定》	2004 年 9 月 23 日
国家广电总局、商务部	《电影企业经营资格准入暂行规定》	2004 年 10 月 10 日
	《中外合资、合作广播电视节目制作经营企业管理暂行规定》	2004 年 10 月 28 日
国家广电总局、商务部、文化部	《〈外商投资电影院暂行规定〉的补充规定》	2005 年 4 月 8 日
	《关于印发〈电视剧拍摄制作备案公示管理暂行办法〉的通知》	2006 年 4 月 6 日
国务院	《信息网络传播权保护条例》	2006 年 5 月
国家广电总局	《关于进一步规范电视动画片播出管理的通知》	2006 年 8 月
国务院	《国务院关于大力推进信息化发展和切实保障信息安全的若干意见》	2012 年 6 月
国务院	《国务院关于修改〈信息网络传播权保护条例〉的决定》	2013 年 3 月

针对广播影视行业专门法律的缺位，一方面，导致相关违法事件屡禁不绝；另一方面，很大程度上阻碍我国广播影视产业发展步伐，使我国广

播影视业难以具备国际竞争力。根据资料显示，国内法学界在广播电视法方面研究尚不成规模，国外一些发达国家虽然在广播电视立法方面有比较全面的研究，但是由于各国国情与国内实际大不相同，因此，相关资料与著作几乎没有引进。这一法制工作滞后现象急需改善，这既是产业发展的需求，也是适应时代环境的必然选择。

市场经济的确立以及加入世界贸易组织，要求我国广播影视产业的政府管制必须建立在完备的法律制度基础之上，这也要求我们充分借鉴发达国家在广播电视产业法律规制方面的经验，并结合我国国情，制定并逐步完善我国广播影视法律规范体系❶。

3.2 广播影视产业常见法律问题及其案例分析

案例一：信息网络传播权

2014 年 3 月，国家广播电影电视总局电影卫星频道节目制作中心将北京搜狐互联网信息服务有限公司诉至法院索赔。原告广电总局电影节目制作中心诉称，自己依法享有电影《让子弹飞》《叶问 2》等 5 部影片的独家信息网络传播权，被告在“搜狐网”中提供这些影片的在线播放及下载服务，侵犯了原告的合法权益。国家广播电影电视总局电影卫星频道节目制作中心请求法院判令北京搜狐互联网信息服务有限公司立即停止侵权、赔偿经济损失共计 25 万元、合理支出 1 万元。

对此，搜狐公司认为，该公司不构成侵权，且涉案 5 部影片都已经删除。“涉案影片并非在搜狐主站上播放，而是在搜狐网播客频道播放，系网友自行上传，搜狐网仅提供一种存储服务，为网友提供存储空间，按照著作权法相关规定，搜狐公司不构成侵权。”搜狐公司代理律师表示，搜狐没有对上传的作品进行编辑修改，亦没有从播放行为中获利，搜狐已经在开庭前删除了涉案作品，因此不应当承担责任。

而原告律师强调，网友上传作品后，即与搜狐达成用户协议，其中包括“用户一经在搜狐上传视频数据，即视为其同意授予搜狐在全世界范围

---

❶ 于斌. 广播电视产业之法律规制研究［D］. 北京：对外经贸大学，2006：17－27.

内永久性的、不可撤销的、免费的、非独家的和再许可的权利和许可。”律师认为，这个条款证明了搜狐公司有使用这些作品的行为。同时，播客网站可以直接播放电影，没有离开搜狐的域名，这也证明了搜狐公司有直接使用行为，不仅是存储空间。

3 月 25 日上午，此案在北京市海淀区人民法院一审开庭。庭上，原被告双方表示愿意调解，此案并未当庭宣判[1]。

【案例分析】

此案一经报道，引起了各方的关注。这也是首次涉及播客上传作品的侵权问题并进入到公众视野，而关于搜狐是否侵犯国家广播电影电视总局电影卫星频道节目制作中心相关电影作品的信息网络传播权也成为此次侵权案的焦点。

本案涉及的焦点问题是相关电影作品的信息网络传播权。什么是信息网络传播权？这一权利对于网络服务提供商有什么免责规定？这一问题与上一章节的盛大文学诉百度网站侵权案的案件性质基本相同，都是涉及数字时代文学和影视作品的法律纠纷。

根据《信息网络传播权保护条例》，所谓信息网络传播权，是指以有线或者无线方式向公众提供作品、表演或者录音录像制品，使公众可以在其个人选定的时间和地点获得作品、表演或者录音录像制品的权利。《信息网络传播权保护条例》第二条规定，除法律、行政法规另有规定的以外，任何组织或者个人将他人的作品、表演、录音录像制品通过信息网络向公众提供，应当取得权利人许可，并支付报酬。

案例中国家广播电影电视总局电影卫星频道节目制作中心诉称，北京搜狐互联网信息服务有限公司未经《让子弹飞》《叶问 2》等 5 部影片信息网络传播权权利所有者国家广播电影电视总局电影卫星频道节目制作中心许可，在“搜狐网”中提供这些影片的在线播放及下载服务，使涉案影片在网络中得以非法传播，造成了对电影频道节目制作中心及其依法享有权利的实际伤害。

对于这一点，搜狐公司认为，其无法知道用户上传信息侵权，因为在

---

[1] 光明网：http：//tech. gmw. cn/2014 －03/25/content_10790914. htm.

搜狐和网络用户签订的上传协议中要求网友拥有相关权利。对于这一点辩称，法院没有进行相关调查和质证，我们无从判断，不便分析。《信息网络传播权保护条例》第十五条规定，网络服务提供者接到权利人的通知书后，应当立即删除涉嫌侵权的作品、表演、录音录像制品，或者断开与涉嫌侵权的作品、表演、录音录像制品的链接，并同时将通知书转送提供作品、表演、录音录像制品的服务对象；服务对象网络地址不明、无法转送的，应当将通知书的内容同时在信息网络上公告。我们试分析，如果用户上传的信息是侵权作品，搜狐公司根据《信息网络传播权保护条例》第十五条规定，已经采取相应措施，及时断开了链接，那么根据《信息网络传播权保护条例》第二十三条规定“网络服务提供者为服务对象提供搜索或者链接服务，在接到权利人的通知书后，根据本条例规定断开与侵权的作品、表演、录音录像制品的链接的，不承担赔偿责任”，搜狐公司在开庭前已经及时删除涉案影片，且搜狐没有从播放行为中获利，不应承担法律责任。

不过，本案件至截稿时止没有更多的信息，最后以调解的方式结案，保持双方当事人的团结与合作，它有利于提高办案效率，减轻当事人的讼累和法院负担。

案例二：影视视频网络盗播

2013 年 5 月 13 日，美国电影协会五家成员公司就风行网未经授权擅自播放其影片的行为，向北京市第一中级人民法院提起 23 起民事诉讼。此批判决是法院再次做出的认定风行网侵权的判决。

法院在 2013 年 12 月 2 日的首个判决中认定，北京风行在线技术有限公司未经许可将原告电影用于风行网上传播的行为已构成对原告电影作品信息网络传播权的侵权，并责令北京风行在线技术有限公司停止传播原告电影的侵权行为，赔偿原告经济损失人民币 5 万元及合理支出人民币 2375 元。

2013 年 12 月 27 日的第二批判决包括了 23 个案件中的四起。法院认定了风行网的侵权事实，并责令其停止传播原告电影的侵权行为，就其中三起案件分别赔偿原告经济损失人民币 5 万元及合理支出人民币 2375 元，另一起案件中判决赔偿原告经济损失人民币 2 万及合理支出人民币 2375

元。截至2013年底，已宣判的五起案件共计赔偿金额为人民币22万元，合理支出人民币11875元[1]。

【案例分析】

避风港原则

《信息网络传播权保护条例》第二十三条的规定是为互联网服务提供商设立的一则保护条款，就是大家所提到的“避风港原则”。

第二十三条　网络服务提供者为服务对象提供搜索或者链接服务，在接到权利人的通知书后，根据本条例规定断开与侵权的作品、表演、录音录像制品的链接的，不承担赔偿责任。

下面介绍一下互联网服务提供商（ISP）和互联网内容提供商（ICP）。

ISP的英文是Internet Service Provider，翻译为互联网服务提供商，即向广大用户综合提供互联网接入业务、信息业务、和增值业务的电信运营商。它必须通过互联网络进行联网接入服务，一般从互联单位租用电信线路来搭建自己的接入平台。ISP属放开经营的业务，对符合条件的企业，经电信主管部门批准后即可成为接入单位，许可证数量基本不受限制。目前知名的ISP有百度、雅虎。

ICP的英文是Internet Content Provider，翻译为互联网内容提供商，即向广大用户综合提供互联网信息业务和增值业务的电信运营商。ICP同样是经国家主管部门批准的正式运营企业，享受国家法律保护。国内知名ICP有新浪、搜狐、网易、阿里巴巴等。

实际运作中ISP、ICP两种业务混做的居多。互联单位和ISP、ICP三者关系不是竞争的关系，而是相互依托、相互合作的关系。ICP若没有ISP搭建的平台，就不能把自己的内容宣传出去。同样，ISP若没有ICP的支持，网上也就没有了真正的应用，也将失去其意义。ISP、ICP若没有互联单位的基础设施，也就无从谈起为用户提供Internet服务。

从条例的规定看，自动提供上载、储存、链接或搜索服务，且对存储或传输的内容不进行任何编辑、修改或选择的网络服务提供者，并没有义

[1] 扬子晚报网：http：//www. yangtse. com/system/2013/12/31/019812208. shtml.

务审查上载、存储、链接或搜索的内容是否侵犯他人版权，而仅承担在接到权利人通知后删除相关内容的义务。所以在实践中需要我们依据具体案件事实，辨别涉案当事人的具体身份，才能具体选择适用法律条款，更好地维护网络安全，保障相关权利人的合法权益。

打击网络盗版

多年来，视频网站的侵权盗版一直阻碍着我国电影产业的健康发展。中国电影著作权协会理事长朱永德表示："在中国，越来越多的消费者通过合法渠道获取原创内容。与此同时，权利人的维权意识也不断加强。法院对相关案件的处理结果对影视内容制作公司和正版网络视频网站传递出一个正能量信息，这将促使原创内容得到积极有效的保护，促使消费者通过合法渠道和平台获取优质的影视内容。"

网络盗版是阻碍视频行业发展的绊脚石，直接损害我国正版视频网站的发展。当一些珍贵的影视资源被大规模侵权而不被处罚，当市场上的正版业务无法在法律庇护下良好维系时，正版视频提供商为观众提供合法、丰富并且高质量内容的积极性就会受挫，进而影响视频行业的进步。

网络技术方便我们生活的同时，也给网络盗播以可乘之机。有电视从业人员表示，以往大家只关注于地方电视台盗播和盗版，现在的"网络盗播"事件提醒人们，作为新兴媒体，网络盗播的影响面、危害度其实远大于传统的盗播盗版，更应该引起业内的重视。有数据统计，网络盗版将影响到影片票房收入的30%以上。这些沉重的损失都在警醒我们杜绝网络盗播，保护视频行业的健康发展已刻不容缓，拾起法律武器是关键。

《信息网络传播权保护条例》第十八条规定，有下列侵权行为之一的，根据情况承担停止侵害、消除影响、赔礼道歉、赔偿损失等民事责任；同时损害公共利益的，可以由著作权行政管理部门责令停止侵权行为，没收违法所得，并可处以10万元以下的罚款；情节严重的，著作权行政管理部门可以没收主要用于提供网络服务的计算机等设备；构成犯罪的，依法追究刑事责任：

（一）通过信息网络擅自向公众提供他人的作品、表演、录音录像制品的；

（二）故意避开或者破坏技术措施的；

（三）故意删除或者改变通过信息网络向公众提供的作品、表演、录音录像制品的权利管理电子信息，或者通过信息网络向公众提供明知或者应知未经权利人许可而被删除或者改变权利管理电子信息的作品、表演、录音录像制品的；

（四）为扶助贫困通过信息网络向农村地区提供作品、表演、录音录像制品超过规定范围，或者未按照公告的标准支付报酬，或者在权利人不同意提供其作品、表演、录音录像制品后未立即删除的；

（五）通过信息网络提供他人的作品、表演、录音录像制品，未指明作品、表演、录音录像制品的名称或者作者、表演者、录音录像制作者的姓名（名称），或者未支付报酬，或者未依照本条例规定采取技术措施防止服务对象以外的其他人获得他人的作品、表演、录音录像制品，或者未防止服务对象的复制行为对权利人利益造成实质性损害的。

不过，很多学者认为，中国的网络视频行业已经出现了正版的商业模式，但这些经营正版的公司无法同无偿获取内容的盗版经营者竞争。因为在实际判决中，判决的赔偿金额相对于被侵权方的损失普遍偏低，以至对盗播者很难形成法律威慑作用。

中国政法大学知识产权研究中心特约研究员李俊慧认为，打击网络盗播需要解决好以下这些问题：一、确定电视剧网络侵权源；二、确定赔偿数额。对侵权赔偿的评估和推测，需要合理的计算依据和标准。而且起诉方要承担举证责任，如果赔偿数额上举证不力，法院的赔偿数额不会很高。有关专家认为，要不断完善我国的网络知识产权立法及相关的广播电视播放细则。不过，复旦大学新闻学院副院长黄瑚指出，其实法律法规对侵权行为都有规定，目前的问题不是无法可依，而是人们法律意识淡薄，有法不依，执法不严，违法的成本太低，甚至没有，换成谁都难免心存侥幸。

打击网络盗播，杜绝侵权，笔者认为当下可以从以下几个方面着手。首先要呼吁，甚至立法倡议广大网民自觉珍惜、保护正版，提高网民知识产权意识。驱动盗播者网络盗播最重要的因素即经济利益，大部分盗播者打着“免费”的招牌吸引网民点击观看，而网民的这些点击流量正是其获得经济收入的温床；其次要加大侵权惩罚力度；对盗版者形成强大威慑作用，让其望而生畏；最后降低侵权维护成本。相对于较低的侵权赔偿，被侵权方往往还面临着较高维权成本的尴尬。这种情况之下，一些个人正版视频提供者或许会因维权压力而退步，反而膨胀盗播者的势力。

案例三：电视台侵权盗播视频网站原创视频

原告：北京天下纵横广告有限公司

被告：厦门广播电视集团

原告天下纵横广告公司诉称，一百年电影有限公司系电影《神探》著作权人，将大陆地区著作权转让给无限动力实业有限公司，无限动力又将电视播放权转让给天下纵横广告有限公司。原告系电影作品《神探》的著作权人，依法独占性享有该电影作品在中国大陆地区的电视播映权著作权利。被告未经原告同意且未支付任何报酬，于 2008 年 8 月 31 日在其所属的厦门电视台 4 套（影视频道）上非法播放电影作品《神探》。原告发现了被告该行为后，委托第三方专业机构对侵权事实进行了证据保全。被告的行为违反了《中华人民共和国著作权法》等法律法规的相关规定，侵害了原告享有的合法权利。请求法院依法判令：①被告立即向原告支付侵权赔偿金 8 万元；②被告承担原告为制止侵权支出的合理费用 2 千元；③被告承担本案的全部诉讼费用。

被告厦门广播电视集团辩称，①原告提供的两份《版权证明书》不具备真实性合法性，不足以证明其系讼争影片《神探》的著作权人。②原告提供的《香港影业协会发行权证明书》从标题、内容和确认形式上看都不能证明一百年电影有限公司为讼争影片《神探》的著作权人，也就不能证明原告有权受让该影片的著作权。③讼争两家香港公司之间所谓讼争影片著作权转让行为不具备真实性、合法性。④原告提供的后一份《公证书》［（2010）浙杭西证民字第 2217 号］是在 2010 年 1 月 26 日做出的，然而，原告起诉状上涂改前的落款打印时间则是 2009 年 6 月 5 日，证据清单提供的时间则是 2009 年 7 月 23 日，即在原告进行第二份公证之前已经形成所有证据材料。两者严重自相矛盾。因此，被告对原告提交的所有证据真实性、合法性以及提供来源均持有异议。

法院认为，电影《神探》中国大陆地区的著作权利人无限动力实业有限公司将电影专有性电视广播权授予原告天下纵横广告公司，原告享有对电影《神探》的电视广播权，其权利应受法律保护，原告对任何侵犯其信息网络传播权的行为有权作为原告主张权利、提起诉讼。被告厦门广播电视集团未经原告许可，将诉争影片在厦门电视台播放，进行营利性传播，其行为侵犯了原告的电视广播权，应承担停止侵权、赔偿损失的民事责任。鉴于原告无法证明其遭受损失的具体数额，亦未能证明被告厦门广播电视集团的实际违法所得，法院综合考虑涉案影视作品的类型、畅销度、知名度、侵权行为的性质、后果以及被告的主观过错程度等因素，对原告请求的赔偿数额在法定赔偿额限度内酌情予以确定。判决如下：

一、被告厦门广播电视集团应于本判决生效之日起十日内赔偿原告北京天下纵横广告有限公司经济损失（含合理费用）2 万元；

二、驳回原告北京天下纵横广告有限公司的其他诉讼请求[1]。

【案例分析】

本案的争议焦点为：一、原告是否拥有诉争影片的著作权；二、被告厦门广播电视集团是否有侵权事实；三、原告诉求的损失赔偿金额应当如何确定。

对于争议焦点一，《中华人民共和国著作权法》第十一条规定，如无相反证明，在作品上署名的公民、法人或者其他组织为作者。本案中，一百年电影有限公司系影视作品《神探》的著作权人。根据最高人民法院《关于审理著作权纠纷案件适用法律若干问题的解释》第七条规定，当事人提供的涉及著作权的著作权登记证书、认证机构出具的证明等，可以作为证据。一百年电影有限公司将其在电影《神探》于中华人民共和国境内（不包括香港、澳门、台湾地区）的全部专有独占性著作权授予无限动力实业有限公司，无限动力实业有限公司依法有权行使该电影的著作权。无限动力实业有限公司将影片在中华人民共和国境内（不包括香港、澳门、台湾地区）的专有性电视广播权转让给原告天下纵横广告公司，原告即享有对影片的专有性电视广播权。原告天下纵横广告公司经无限动力实业有限公司的合法授权，享有对影片的专有性电视广播权[2]。

对于争议焦点二，侵权行为的成立须以行为人未取得权利人的合法授权为前提，被告厦门广播电视集团将诉争影片通过厦门电视台影视频道传

[1][2] 北京天下纵横广告有限公司与厦门广播电视集团侵犯著作财产权纠纷一案：http：//ipr. court. gov. cn/fj/zzqhljq/201010/t20101019_139609. html.

播，既未取得权利人许可也未支付报酬，侵犯了原告对该影视作品享有的专有性电视广播权，依法应承担侵权的法律责任。

对于争议焦点三，原告诉求被告赔偿经济损失 8 万元，以及为制止侵权支付的合理费用2000 元，但未能提供足够的证据证明其遭受经济损失的具体数额或被告的实际违法所得，法院将综合考虑诉争影视作品的类型、畅销度、知名度，被告侵权行为的性质、后果以及被告的主观过错程度等因素，对原告请求的赔偿数额在法定赔偿额限度内酌情予以确定。

类似此案例中视频网站自制节目一再遭到盗播，一方面是由于类似侵权案件的处罚力度往往不够。电视台对其侵权行为付出的代价相对太小，故对其他个别电视台没有起到足够的警示作用，引起相关方的重视。另一方面是现如今的电视圈竞争很激烈，视频网站也相继推出原创内容，如搜狐视频推出的《屌丝男士》，爱奇艺的网络自制剧《灵魂摆渡》，腾讯视频网络自制剧《探灵档案》等，均获得了不错的网络点击率和网友口碑。电视台在这种生存压力之下，希望有更新颖的节目形式和更吸引人的内容挽留观众，而视频网站自制节目正好可以弥补一些电视台的这种缺憾，加上一些地方电视台人才、资金、资源都比较有限，间接导致了这种投机取巧现象的屡次发生。

早在 2008 年，主流视频网站就在推进网络视频正版化方面做出了不懈努力。视频网站作为近些年来新兴发展起来的媒体，经过这几年的发展已经得到了广大用户的认可，尤其是如今 4G 时代的到来，各种终端设备的发展进步，视频网站聚集的用户越来越多，平台的价值也不断提高。有业内媒体人士预言，拥有播出平台和庞大用户规模的视频网站，未来极有可能成为继电视台之后的另一个内容生产平台。但另一方面，我们也要意识到，如果类似《微播江湖》遭电视台侵权的现象得不到足够重视，原创内容得不到足够保护，将十分不利于视频网站内容生态链的健康成长。

【相关知识拓展】

著作权的行使

电影是一个融合了多种表现手法向人们再现和反映生活的艺术作品，电影作品的著作权人享有影片的人身权利和财产权利。著作权的人身权不能转让或许可，财产权可以通过转让或许可的形式来进一步使得权利人的权益最大化。其中，著作权法允许著作权人将复制权、发行权、放映权、广播权等财产权中的部分或全部进行转让或者授权他人使用。受让人、被许可人的身份也就相当于原始著作权人，可以在其授权范围内享有对电影的著作财产权。这是知识产权物化的基本形式，这种物权形式是对世性的，可以对抗本人之外的所有人。

电影的著作权人将其对影片享有的电视广播权授权给他人之后，被授权人便继受了电影的该项著作财产权，其合法权益即受到法律的保护。并且被授权人还可以根据约定享有单独以其名义对第三方的侵权行为实施著作权保护的法律行动的权利。

盗播

据2010年中国电影版权局保护协会曾公布的一组数据，我国电视台每年盗播电影在1200部以上，如果按照赔偿5万元的最低标准来算，每年中国电影被盗播的年损失金额达6000万元。电视台每年盗播电视剧在2万集以上，给电视剧版权人造成的损失也在亿元以上。盗播现象日益猖獗，已经引起文艺界和司法界的高度重视❶。

盗播现象如此猖獗的原因究竟是什么？其实很简单，那就是盗播违法成本低、而维权成本高。一些电视台未经电影著作权人的合法授权，直接从商店买光盘，有的甚至使用盗版光盘，在电视台中播放，并且通过多次插播广告赢取丰厚的利润。极低的成本付出换来了高额的经济利益，这种成本与收益的落差使得盗播肆意蔓延。然而对于电影的著作权人来说，面对盗播范围之广、盗播手段之繁复的现实，他们纵有“三头六臂”也难将其一网打尽。此外有些著作权人考虑到维权要付出高额的诉讼成本，还可能陷入无尽的讼累当中，于是只能站在法律的门外望而却步了。

如果这种盗播现象继续泛滥，著作权人将损失巨大甚至收不回成本，进而导致资金周转不灵的恶性循环。到那时没有人愿意投资拍电影，没有人敢投资拍电影，这对民族影视产业造成的打击不能不说是毁灭性的。盗

❶ 电视台盗播电影引发著作权侵权纠纷（2）——知识产权——人民网：http：//ip.people.com.cn/GB/139288/13290436.html.

播问题是电影文化产业发展的绊脚石，对盗播的姑息纵容不仅仅是对电影版权人利益的漠视，更是对整个电影文化产业的剧烈冲击。因此，司法机关必须明确盗播电影的侵权法律责任，媒体应当为自己的擅自播放行为付出应有的代价，给电影版权人以严密的司法保护。同时，政府部门应该加大宣传力度，提高人们的版权意识，在全社会形成一种尊重版权、严格自律的良好氛围。

案例四：影视作品的真正权利人

原告：世纪龙信息网络有限责任公司

被告：合一信息技术（北京）有限公司侵犯著作权纠纷一案

原告世纪龙公司诉称，2005 年 12 月，广东巨星影业有限公司（以下简称巨星公司）授权世纪龙公司在 2005 年 12 月 1 日至 2010 年 11 月 30 日期间独家享有《刁蛮公主》（以下简称《刁》剧）在中国大陆的信息网络传播权。合一公司未经世纪龙公司许可，在其经营的优酷网（www. youkou. com）上提供《刁》剧的在线播放，点播次数高达 691684 次，给其带来巨大的广告收益。合一公司的行为侵犯了世纪龙公司的信息网络传播权，故诉请法院判令被告停止《刁》剧的在线播放、赔礼道歉，并赔偿经济损失 33 万元、公证费 1800 元。

被告合一公司辩称，优酷网是视频分享网站，内容是由网络用户自行上传。世纪龙公司没有提供充分的权属证据前，合一公司无法判断世纪龙公司是否有合法权利。合一公司在收到律师函后已经回复并删除了《刁》剧，不应承担法律责任，因此不同意世纪龙公司的诉讼请求。

经法院审理查明：

2005 年，国家广播电影电视总局颁发乙第 17098 号《电视剧制作许可证》，载明《刁》剧的制作单位为巨星公司。

2005 年 10 月 31 日，国家广播电影电视总局颁发（广剧）剧审字（2005）第 137 号《国产电视剧发行许可证》，载明《刁》剧的制作单位为巨星公司，合作单位为北京亚环影音制作有限公司（以下简称亚环公司）。

2005 年 3 月 5 日，亚环公司出具《影视作品著作权证明及授权书》，证明《刁》剧由巨星公司和亚环公司联合摄制，并授权巨星公司“以其名义独立负责该影视作品信息网络传播权转让及许可使用事宜”。

2005 年 12 月 1 日，巨星公司出具《33 集电视剧〈刁蛮公主〉信息网络点播权证明书》，内容为："广东巨星影业有限公司拥有全部版权的 33 集电视剧《刁蛮公主》，现依约把中国大陆（除台湾、香港、澳门外）的信息网络点播权有偿转让给世纪龙信息网络有限责任公司，在合约期（2005 年 12 月 1 日至 2010 年 11 月 30 日）内世纪龙信息网络有限责任公司有 33 集电视剧《刁蛮公主》信息网络点播权的经营权。特此证明"。

另查，《刁》剧片尾署名情况为，"出品单位"为亚环公司、巨星公司，"联合摄制"为上海文广新闻传媒集团影视剧中心、安徽电视台、山东电视台、云南电视台、福建省广播影视集团、江苏省广播电视总台、杭州西湖明珠频道、广东电视台、广东省东华发展公司、芬兰芬琳涂料（中国）有限公司。

上述事实，有世纪龙公司提交的《电视剧制作许可证》《国产电视剧发行许可证》《影视作品著作权证明及授权书》《33 集电视剧〈刁蛮公主〉信息网络点播权证明书》《刁》剧 DVD，以及本院开庭笔录在案佐证。因此一审法院判决，驳回原告世纪龙信息网络有限责任公司的起诉。案件受理费 6277 元，退还原告世纪龙信息网络有限责任公司❶。

【案例分析】

本案争议的焦点涉及两项：一是影视作品的原始权利人应当是谁；二是继受权利人未能取得全部原始权利人授权而以原告身份起诉他人侵权如何处理。

对于第一点争议，《中华人民共和国著作权法》第十一条第四款规定"如果无相反证据，在作品上署名的公民、法人或者其他组织为著作作者"。第 15 条规定"电影作品和以类似摄制电影的方法创作的作品的著作权由制片者享有"。就电视剧而言，我们应当认定在电视剧上署名为制片人的该剧的著作权人。但是在我国影视行业的惯例，通常有些将制片者署名为单位，有些在有制片者的署名之余，还在片头或者片尾加上其他数个单位标注为"出品""联合出品""摄制""联合摄制"等，严格按照法律

❶ 世纪龙信息网络有限责任公司诉合一信息技术（北京）有限公司侵犯著作权纠纷一案_找法网：（Findlaw. cn） http：//china. findlaw. cn/chanquan/zhuzuoquanfa/zzqjf/anli/33369. html.

解释而言，那么这些署名项下的单位都应该视为影视作品的著作权人，除非在某个特殊区域有明确的著作权归属的标注或者相关人士的权利声明。

就本案来看，2005 年 10 月 31 日，国家广播电影电视总局颁发（广剧）剧审字（2005）第 137 号《国产电视剧发行许可证》，载明《刁》剧的制作单位为巨星公司，合作单位为北京亚环影音制作有限公司。如果仅以此来判断，该剧的著作权人就是巨星公司和亚环公司。

但是在我国实践中，制作许可证和发行许可证系用于国家有关行政管理机关对影视作品的制作、发行进行管理，并非用于标明全部著作权人。因为在拍摄创作的过程中，影响影视作品创作、发行的因素很多。在制作、发行的过程中，投资者和摄制者经常通过合同对各自的权利义务进行重新约定，从而可能形成不同于制作和发行许可证载明的新的权利主体[1]。

在本案中，尽管制作许可证和发行许可证仅注明亚环公司和巨星公司为权利人，如果没有其他证明材料，由此可以证明《刁》剧的著作权人仅为巨星公司和亚环公司。然而《刁》剧创作完成播出后，上面署名的“出品单位”有亚环公司和巨星公司，“联合摄制”却还有安徽电视台等 10 个单位，可以推断他们是通过行为进行了权利义务的重新约定，按照对署名的一般理解，联合摄制单位应当享有著作权，故在世纪龙公司未提交相反证据的情况下，按照署名应当认定著作权人为巨星公司、亚环公司以及安徽电视台等 10 个单位。法院也是采纳了此种观点。

对于第二点争议，根据对第一点争议的判断，既然不能否认在《刁》剧上署名的上述 10 个单位也为该剧的著作权权利人，那么世纪龙公司仅提交了能证明亚环公司和巨星公司向其授予信息网络传播权的证据，但并未提交安徽电视台等 10 个共同享有《刁》剧著作权的单位授予其信息网络传播权的证据，所以其并未取得全部原始权利人的授权，也就是没有继受取得完整的信息网络传播权，所以其不能以原告身份起诉，因此以《刁》剧信息网络传播权权利人提起诉讼，无事实依据，应予以驳回。

再者，世纪龙公司在本案中作为信息网络传播权权利人提起诉讼，而巨星公司向其授予的权利并非信息网络传播权，而是“信息网络点播权”，世纪龙公司并未提交其他证据证明巨星公司授予的“信息网络点播权”即

---

[1] 曹丽萍，陈坚．著作权案件实务案例解析［M］．北京：世界图书出版公司，2012．

信息网络传播权，因此，世纪龙公司以享有完整信息网络传播权为由提起诉讼，同理，无事实依据，应予以驳回。

案例五：网吧、酒店、小区等场所的局域网点播侵权

2010 年，北京网尚文化传播公司（以下简称网尚公司）将黄圃一网吧告上法庭。诉讼称该公司享有《下一站，幸福》《见龙卸甲》《一起来看流星雨》等电影在中国大陆地区的信息网络传播权，包括在互联网和局域网环境下传播的权利，而网吧在未获得该公司授权的情况下，通过局域网向网友提供上述作品的播放服务。网尚公司认为，该网吧的行为侵犯了自己对涉案影片享有的信息网络传播权，网尚公司向法院提起诉讼，请求判令该网吧赔偿网尚公司经济损失及制止侵权的合理开支共计 4.5 万元。

经审理，法院认为，该网吧未经授权许可，通过局域网传播涉案影片，侵犯了该公司对涉案影片拥有的信息网络传播权。但由于网尚公司未能提供证据证明自己的实际损失，法院酌情判决该网吧赔偿网尚公司经济损失及合理费用共计 9000 元[1]。

【案例分析】

本案案情并不复杂，笔者选择此案例的目的是想提示大家，在我们日常生活中常常存在被大家忽视的数量众多的侵权事件。

《中华人民共和国著作权法》第九条规定，著作权人包括作者和其他依照本法享有著作权的公民、法人或者其他组织。该法第十条第一款第（十二）项规定："著作权包括下列人身权和财产权：信息网络传播权，即以有线或者无线方式向公众提供作品，使公众可以在其个人选定的时间和地点获得作品的权利。"该法第四十八条规定："有下列侵权行为的，应当根据情况，承担停止侵害、消除影响、赔礼道歉、赔偿损失等民事责任；同时损害公共利益的，可以由著作权行政管理部门责令停止侵权行为，没收违法所得，没收、销毁侵权复制品，并可处以罚款；情节严重的，著作权行政管理部门还可以没收主要用于制作侵权复制品的材料、工具、设备

---

[1] 张清．网络环境下中国电影版权保护研究［D］．重庆：重庆大学，2013.

等；构成犯罪的，依法追究刑事责任：（一）未经著作权人许可，复制、发行、表演、放映、广播、汇编、通过信息网络向公众传播其作品的，本法另有规定的除外。”由此可知，网吧未经信息网络传播权人的许可，以营利为目的，通过其网吧的局域网，将上述影片提供给该网吧的上网用户点击观看，显然侵犯了传播权人享有的信息网络传播权，极有可能因网吧侵权行为被诉并承担相应的经济赔偿责任。

3.3 总结广播影视产业法律规制及其完善对策分析

3.3.1 广播电视产业法律规制及其完善建议

改革开放30多年，我国经济得到持续、快速、稳定的发展，其中传媒业也取得了较快发展。如在广播电视领域，我国已经形成了比较完整的技术水平相对较高的广播电视制作、播出、覆盖体系，单从广播电视网覆盖人口来说，我国目前是世界上覆盖人口最多的国家。我国的广播影视业是彰显我国国际地位的重要指标，是社会主义文化产业的重要组成部分，同时也是深受广大人民群众喜爱的传播媒介。

然而，任何产业的发展都离不开法律的规范、引导作用。我国传媒业在自身发展和经营管理活动中，也需要法律进行规制和保护的，无论是作为完全市场化运作的产业单位，还是仍然按照事业单位性质、企业化管理模式运营的单位，其发展都离不开法治的轨道。但另一方面，我国的媒体法与国外某些发达国家的媒体法相比，无论从数量上，还是从法律等级效力上，都存在一定的差距。可以说，我国的媒体法至今并没有成为我国社会主义法律体系中像民法商法、经济法那样独立的部门法，它只是由一系列涉及传媒业的法律、法规、部门规章等组成的一个法律集合，甚至可以认为，我国对于广播影视行业的法制管理到目前为止还没有上升到法律层次，这种依靠行政法规、部门规章以及规范性文件调整广播影视活动而构成的广播影视法规体系，其法律效力等级是相对较低的。我国广播影视产业急需颁布类似“广播电视法”“电影法”等这些能体现行业特点的法律，加强对广播影视行业发展的法律规制和引导。

截至目前，广播影视法主要由7个行政法规、30余个部门规章以及一些规范性文件组成。这些行政法规包括2001年12月颁布的《电影管理条例》、2000年11月颁布的《广播电视设施保护条例》、1997年8月颁布的《广播电视管理条例》、1993年颁布的《卫星电视广播地面接收设施管理规定》，以及《有线电视管理暂行办法》《卫星地面接收设施接收外国卫星传送电视节目管理办法》《进口影片管理办法》等。

我国广播电视法制建设始于1986年。在这以前的相当长时期，广播电视的宣传、事业等管理，均依赖于行政手段实施政策、下达行政指令、颁布“红头文件”，等等。通过对西方国家和我国广播电视产业的法律规制进行分析比较可以发现，我国广播电视在规制阶段、规制观念和规制手段等几方面都与发达国家存在较大落差。

具体而言，我国现今的广播电视法律规制的缺陷主要体现在以下几方面[1]：

（1）规制政策不系统，缺乏关于广播电视管理的完整立法。美国的电信法和英国的具有法律效力的“白皮书”都为法律体系的建立提供了基本框架，而我国则没有这样的制度框架。

（2）规制机构建立不科学。美英等国的广电规制机构都是通过立法形式建立的，而我国的广电机构则是通过国务院机构改革方案建立的，是行政决定。

（3）缺乏独立和公平的监督机构。美国的联邦电信委员会是独立于政府的广电和电信政策制定、执行和监督机构，英国的BBC是管理和监督英国公共广播电视的独立机构，英国的贸易产业部下设的电信局（OFTEL）也是独立的监督机构，政府无权干涉其决定，这就保证了政策执行的公平性[2]。而我国的广电和电信管理与监督部门合一，且都是国家的行政管理部门，受政府政策的影响，因此，造成了监管者和被监管者之间存在着千丝万缕的利益联系，无法独立监督政策的贯彻执行。

正因为我国广播电视业长期缺乏像其他行业所拥有的行业法，如铁路法、民用航空法、电力法、公路法、律师法、林业法等，没有体现自身特

[1] 于斌. 广播电视产业之法律规制研究［D］. 北京：对外经贸大学，2006：17－27.

[2] 125Ruddock，A. 2001，“Understanding Audiences：Theory and Method，” London：Sage.

色的行业法，即广播电视法，以至于我国广播电视行业发展中存在规章和规范性文件制定随意性大，变动较快，进而导致在广播电视行业各种侵权现象频发，影响广播电视产业的健康发展。基于以上考虑，笔者建议，加强广播电视领域的法律规制，应从以下几方面考虑：

（1）制定《广播电视法》或类似具有法律权威的行业法律。虽然我国已有《广播电视管理条例》，但《广播电视管理条例》不能完全代替《广播电视法》的作用。相对而言，立法更能既体现内容上权利保护的基本价值，又能在外观上和程序上让人感觉到它是具有权利保护的内在强大支撑与威慑。

（2）以广播电视法为核心，继续完善广播电视法的法律框架。除积极发挥广播电视法的法律效力之外，相应的行业行政法规也是不可或缺的。打破行政法规作为行业内法律框架最高层次的同时，总结当下行业内出现的主要法律保护问题，与时俱进，完善行政法规，建立层次分明、协调统一、和谐规范的法律法规和规章制度，使其运行有序，共为行业的健康发展提供法律庇护。

（3）加强对广播电视领域新媒体的法律研究，让法律规制跟上时代发展的步伐。数字技术的进步和互联网的飞速发展，带领我国进入新媒体数字时代。在积极发展移动多媒体广播电视、网络广播影视、手机广播电视等新兴文化业态的同时，要积极完善广播电视法律体系，特别是涉及以上提到的新兴文化业态领域广播电视新媒体的法律、法规、规章，以及视音频节目的播放和内容审查方面，都要做好未雨绸缪的工作。

（4）普及法律知识，加强行业自律。目前我国广电行业中频发节目侵权或盗播纠纷，很多是因为网民缺乏相关法律知识，而间接助长侵权滋长；也有部分是由于行业组织本身法律意识淡薄，片面追求收视率或经济效益而走上侵权之路。电影电视类产业深感棘手的网络盗播现象，一方面需要法律法规的管制，另一方面更需要积极发挥行业组织的约束作用，通过行业自律规范广电市场。

3.3.2 电影产业法律规制及其完善建议

如前所述，到目前为止，我国的广播、电影、电视法律制度仍缺乏一个完整的体系。对广播影视产业的相关法律保护只是通过一系列条例、政府和部门规章对其改革、审查、经营资格等各方面具体问题进行规定（详见本章表 1.3），而没有专门的法律支撑，尤其是电影行业法律保护方面。

看电影在当今成为一种必不可少的娱乐项目，伴随电影消费人群的增多，电影产量不断增加，电影票房也是一路攀升。据统计，2016 年，国产故事片产量超过 686 部，动画片 51 部，电影观众达 12.6 亿人次，全国电影票房点收入达到 440.69 亿元，中国已经稳居全球第二大电影市场。电影丰富了人们的业余生活，但在电影繁荣发展的背后，依然有一些亟待解决的问题。其中最重要、影响最大的莫过于电影版权问题，它是电影市场正常发展的一个痼疾。在网络环境下，侵权方式由传统的以音像制品侵权为主向以网络侵权方式为主转变。

电影版权即电影著作权，是指电影作品的作者或者公司法人对其作品享有的权利。然而在我国，目前还没有独立的法律条文来保护电影版权，相关法律条款是属于著作权法中的一个部分。电影版权的主体是指影视作品版权的所有人，影视版权利益的承担者；影视版权的主体首先是作者，即创作作品的公民，还包括被视为作者的法人；电影版权的客体即作品。电影版权的权利内容十分广泛，包括了基于电影作品而依法享有的发表权、署名权、修改权和保护作品完整权等人身权，以及基于电影作品的利用而带来的复制权、发行权、出租权、放映权等财产权。关于电影作品的著作权归属，主要有三种观点：①导演是电影作品的著作权人；②制片人是电影作品的著作权人；③电影作品是共同创作的成果，因此参加创作的人员应共同享有著作权。

进入网络时代后，电影版权也衍生出新的特征，最典型是互联网催生出著作权人的“信息网络传播权”。信息网络传播权是著作权人及相关权利人享有的以有线或者无线方式向公众提供作品，使公众可以在其个人选定的时间和地点获得作品的权利。对电影作品信息网络传播权的法律保护目前仍是个难题。通过网络收看电影，对受众来说费用低廉（甚至免费），而且方便，因此成了很多人的不二选择。不愿走进电影院观看电影，商家把握住了受众的这一心理，为了增加点击率，播放未经过授权的电影，这种侵权现象十分普遍，也是电影在网络环境下面临的课题和挑战。另一方面，电影版权侵权还面临着一些追究难题，如侵权主体具有隐蔽性、管辖权的不确定性、侵权手段技术化、维权之路复杂等。

一方面是侵权现象频发，另一方面是侵权判定存在种种难题，在这种情况下，笔者建议，从以下几个方面考虑加强电影行业的法律保护：

（1）类似对广播电视行业的处理办法，加紧制定电影法等体现行业特色的法律法规，提高电影行业的法律保护层次和保护效力。

（2）除立法层次的积极动作外，还要从司法、执法层次完善改进。加大监督、审查、管理力度，加强版权监管，建立健全电影相关使用行为的付费制度等。

（3）加入著作权集体管理组织，强化与国际著作权保护制度的衔接，同时鼓励社会力量参与版权保护。

（4）加强技术保护措施。通过技术上的研发改进，提高侵权的难度系数，以及技术的追踪，及时制止侵权者的侵权行为。

（5）积极发挥行业组织的协调管理作用，加强行业自律，抵制不正当竞争。

（6）出台相应维权保护措施，加大侵权惩罚力度，提高侵权成本，同时降低受害方的维权成本。

第四章　软件、网络及计算机服务类文化创意产业法律问题

4.1　概述：软件、网络及计算机服务相关产业发展现状及法律保护

4.1.1　计算机软件

计算机软件简称软件，世界知识产权组织定义计算机软件为计算机程序、程序说明和程序使用辅助材料。我国对计算机软件的定义与世界知识产权组织基本一致。《计算机软件保护条例》规定计算机软件是指计算机程序及其有关文档。计算机程序是指为了得到某种结果而可以由计算机等具有信息处理能力的装置执行的代码化指令序列，或者可以被自动转换成代码化指令序列的符号化指令序列或者符号化语句序列。文档是指用来描述程序的内容、组成、设计、功能规格、开发情况、测试结果及使用方法的文字资料和图表等。计算机软件具有很强的实用性，具有广泛的使用价值。其开发成本高，复制成本却极低，具有易侵权性。同时更新换代快，商业寿命较短。此外计算机软件知识产权有法定的保护期限，保护期限届满，权利即自行终止。[1]

4.1.2　国际对计算机软件的法律保护

（1）世界有关条约和协议对计算机软件保护的相关规定

关贸总协定于1994年通过了《与世界贸易有关的知识产权协议》，规

[1] 肖赛男，王玉柱，韦贵红．试论我国计算机软件知识产权的法律保护［J］．东方企业文化，2013（14）．

定将以原代码或以目标码表达的计算机程序作为文字作品进行保护，各成员国应对计算机程序提供版权保护。同时协议规定技术领域中发明只要具有新颖性、创造性并可付诸工业应用，均可申请获得专利。世界知识产权组织通过的《世界知识产权组织版权条约》也规定了计算机程序应作为作品受到保护，而不论其表达方式或表达形式如何。这些规定使得国际计算机软件知识保护的标准和依据得到统一。

（2）美国对计算机软件的保护

① 版权法的保护

美国国会1976年在其司法委员会报告中首次指出计算机程序和计算机数据库包括在文学作品中。为适应数字网络技术的迅速发展，美国又于1998年颁布了《数字化千年版权法案》，具体规定了软件著作权人享有的各项权利。美国版权法还规定计算机软件保护的期限为作者终生加死后五十年。对计算机软件侵权的救济方式包括禁令、没收侵权物品、损害赔偿及附加利润赔偿、法定赔偿、承担诉讼费和律师费等，以及刑事处罚。

② 专利法的保护

1981年，美国最高法院确定了用专利法保护计算机软件的合法性。同时，1981年修订的《专利审查指南》规定只要一项计算机软件不是纯数学算法，都能受到专利法的保护。20世纪90年代中期，美国联邦巡回上诉法院连续判决了数件关于计算机软件专利的案件，均遵循了Diehr案的判例，推动了美国计算机软件可专利性的发展。美国专利商标局于1996年发布的《对计算机相关发明的审查指南》对计算机软件相关发明的审查标准做了详细规定。

（3）欧盟对计算机软件的保护

① 版权法的保护

欧盟成员国均是《伯尔尼公约》和《世界知识产权组织版权公约》两个主要版权公约的成员国。英国、法国、丹麦等国在20世纪80年代中期开始陆续修改版权法，将计算机程序纳入版权法保护的范围。1991年欧共体正式公布了《计算机程序法律保护指令》，要求各成员国在1993年之前落实指令所规定的保护计算机程序的共同措施。指令中有关计算机程序保护的协调措施主要有五个方面的内容：原创性的定义、作者权、专有权的范围、保护期限以及反向工程。

② 专利法的保护

2001 年，欧洲专利局在《审查指南》中指出具有技术价值的计算机程序可以受专利法的保护。2003 年，欧洲议会通过了修改后的《以计算机实施的发明的可专利性指令》，使得计算机软件在一定条件下具有可专利性。然而荷兰和波兰相继表示不再支持该决议，2005 年 7 月 6 日，欧盟在其官方网站宣布，欧洲议会全体会议以 648 票对 14 票的绝对多数否定了讨论已久的软件专利指令。

（4）日本对计算机软件的保护

① 版权法的保护

1970 年 5 月 6 日日本颁布了《版权法》，后又进行了两次修订。日本原有的《版权法》保护的作品范围并没单独列出计算机软件。1982 年 12 月 6 日东京地方法院通过案件裁决，肯定了软件程序作为著作的性质。此后，文化厅、通产省分别组织了研究委员会，着手探讨今后应采取的政策，并确定了修改版权法进行保护和采取特别立法进行保护的动向。1985 年 6 月，日本国会通过并颁布了著作权法修正案，把计算机程序单独列为“计算机程序作品”，从而正式将其列为著作权法的保护对象。

② 专利法的保护

1975 年，日本特许厅颁布了《计算机程序发明的审查基准之一》，规定了计算机软件可作为方法专利申请。后特许厅于 1997 年新修订的《与计算机软件有关的发明审查指南》中将专利申请的范围明确为存有资料的计算机可读存储介质或计算机程序的计算机可读存储介质。2002 年日本的《发明专利法》又确定计算机程序存储在物理媒介上将不再是获得专利保护的必要条件，同时规定禁止未经授权从网上下载已受专利保护的计算机软件。著作权法现已被绝大多数国家作为保护计算机软件的主要方式，但专利法在保护计算机软件上也发挥着越来越重要的作用，规定了计算机软件可作为专利予以保护，从而进一步加强了对计算机软件的法律保护。值得我国借鉴。

4.1.3　我国对计算机软件的法律保护现状

计算机软件是我国著作权保护的客体之一。《中华人民共和国著作权法》第三条明确规定本法所称的作品包括计算机软件。在此基础上，我国于1991年6月颁布了《计算机软件保护条例》，其第二条规定计算机软件包括计算机程序及其文档。至此，我国保护计算机软件的法律正式诞生，中国保护知识产权的法律体系走向完备化。在保护期限上，我国把软件著作权的保护期定为25年，可申请续展25年，但最长不超过50年。我国专利法也对计算机软件进行了保护，只需要其计算机软件是技术性的。此外，国家工商行政管理局于1998年发布的《关于禁止侵犯商业秘密行为的若干规定（修订）》中规定，商业秘密包括技术信息和经营信息两类。技术信息比如关键性数据算法模型、程序组成结构，等等。软件销售过程中也牵涉许多商业秘密，如软件的流程图、设计说明、源程序，等等，以上信息均可以作为商业秘密加以保护❶。

《计算机软件保护条例》于2001年12月20日以中华人民共和国国务院令第339号公布，自2002年1月1日起施行。根据2011年1月8日《国务院关于废止和修改部分行政法规的决定》第1次修订，根据2013年1月30日中华人民共和国国务院令第632号《国务院关于修改〈计算机软件保护条例〉的决定》第2次修订。该条例分总则、软件著作权、软件著作权的许可使用和转让、法律责任、附则，共5章33条。

案例一：侵犯计算机软件著作权纠纷

取证方式是否合法

原告：北京北大方正集团公司、北京红楼计算机科学技术研究所

被告：北京高术天力科技有限公司、北京高术科技公司

2001年，原告北京北大方正集团公司（以下简称北大方正）、北京红楼计算机科学技术研究所（以下简称红楼研究所）诉被告北京高术天力科技有限公司（以下简称高术天力公司）、北京高术科技公司（以下简称高术公司）侵犯计算机软件著作权，向北京市第一中级人民法院提起诉讼。

原告诉称，北大方正公司、红楼研究所是方正RIP、方正字库、方正文合软件的著作权人，也是日本网屏（香港）有限公司激光照排机在中国

❶ 肖赛男，王玉柱，韦贵红．试论我国计算机软件知识产权的法律保护［J］．东方企业文化，2013（14）．

的销售商。高术公司曾为北大方正公司代理销售激光照排机业务，销售的激光照排机使用方正 RIP 软件和方正文合软件。之后代理关系终止。高术公司与网屏公司签订销售激光照排机的协议，约定高术公司销售激光照排机必须配网屏公司的正版 RIP 软件或北大方正公司的正版 RIP 软件。北大方正公司怀疑高术公司有制售上述软件的嫌疑，委派员工以个人名义（化名），并申请某公证处公证人员参加，多次与高术公司员工联系购买激光照排机。高术公司派员工在北大方正公司员工临时租用的房间内安装了激光照排机，在北大方正公司自备的两台计算机内安装了盗版方正 RIP 软件和方正文合软件，并提供了刻录有上述软件的光盘。某公证处对上述过程进行了现场公证。北大方正公司以高术公司侵犯其享有的计算机软件著作权为由诉至北京市第一中级人民法院。

一审法院 2001 年 11 月 30 日开庭审理，法院认为，北大方正公司采取的是“陷阱取证”的方式，该方式未被法律所禁止，应予认可，高术公司应立即停止侵权行为。2001 年 12 月 20 日，一审法院做出判决：一、高术天力公司、高术公司立即停止复制、销售方正 RIP 软件、方正文合软件的侵权行为；二、高术天力公司、高术公司自判决生效之日起 30 日内，在《计算机世界》刊登启事，向北大方正公司、红楼研究所赔礼道歉；三、高术天力公司、高术公司共同赔偿北大方正公司、红楼研究所经济损失 60 万元；四、高术天力公司、高术公司共同赔偿北大方正公司、红楼研究所为本案支付的调查取证费（购机款 394250 元、房租 3000 元、公证费 1 万元）共 407250 元；五、北大方正公司、红楼研究所应在高术天力公司、高术公司返还购机款 394250 元后，将激光照排机退还高术天力公司、高术公司；六、驳回北大方正公司、红楼研究所的其他诉讼请求。

高术公司不服，向北京市高级人民法院提起上诉。其上诉理由是：一审法院已查明北大方正公司伪装身份、编造谎言、利诱高术天力公司的员工，要求将激光照排机捆绑销售的正版软件换成方正盗版软件，但未予认定；高术天力公司、高术公司除被利诱陷害安装了涉案的一套盗版方正软件外，没有其他复制销售盗版方正软件的行为，但一审法院却认定高术天力公司、高术公司安装方正软件数量难以查清；公证员未亮明身份，未当场记录，记录的事实不完整，公证的是违法的事实，故公证书不合法；北大方正公司的做法是违法的，一审法院认定这种做法为“陷阱取证”，并予以支持是错误的；方正文合软件和激光照排机没有直接或间接关系，方正RIP软件也不是激光照排机的必然之选。一审判决缺乏事实和法律依据，是不公正的。请求撤销一审判决，诉讼费用由北大方正公司、红楼研究所负担。

二审法院认定了一审法院查明的大部分事实。同时另查明，从2001年7月、8月间北京市国信公证处做出的现场公证记录可看出，北大方正公司的员工化名与高术天力公司联系购买激光照排机，主动提出要买盗版方正RIP软件和方正文合软件，高术天力公司的员工称该项不能写入合同，但承诺卖给北大方正公司盗版软件。

二审法院认为，北大方正公司的此种取证方式并非获取侵权证据的唯一方式，此种取证方式有违公平原则，一旦被广泛利用，将对正常的市场秩序造成破坏，故对该取证方式不予认可。北大方正公司不服，向最高人民法院申请再审。

二审法院做出判决：一、维持一审判决的第（一）、（二）、（六）项；二、撤销一审判决的第（三）、（四）、（五）项；三、高术天力公司、高术公司共同赔偿北大方正公司、红楼研究所经济损失13万元；四、高术天力公司、高术公司共同赔偿北大方正公司、红楼研究所为本案所支付的公证费1万元。一审案件受理费11010元，由高术天力公司、高术公司共同负担2386元，由北大方正公司、红楼研究所共同负担8624元；二审案件受理费11010元，由高术天力公司、高术公司共同负担2386元，由北大方正公司、红楼研究所共同负担8624元。

北大方正公司、红楼研究所不服二审判决，向二审法院提出再审申请。北京市高级人民法院经审查，于2003年8月20日驳回北大方正公司、红楼研究所再审申请。

北大方正公司、红楼研究所不服北京市高级人民法院二审判决及驳回再审申请通知，向最高人民法院申请再审。最高人民法院于2006年3月7日，以（2002）民三监字第30－2号民事裁定提审本案。

最高人民法院认为，本案双方当事人对于北大方正公司、红楼研究所共同拥有方正RIP软件和方正文合软件的著作权没有异议。一审、二审法院均认定高术天力公司、高术公司的行为构成对北大方正公司、红楼研究所著作权的侵犯，但对相关证据及案件事实的认定，以及侵权责任的确定，有所不同。

最高人民法院认为，本案涉及的取证方式合法有效，对其获取证据所证明的事实应作为定案根据。一审法院以高术天力公司、高术公司复制、销售盗版软件实际数量和所获利润均难以查清，根据北大方正公司、红楼研究所软件的开发成本、市场销售价格及高术天力公司、高术公司实施侵权行为的主观过错程度等因素，依据当时著作权法的规定，酌情判令高术天力公司、高术公司赔偿北大方正公司、红楼研究所损失60万元并无明显不当。

最后，最高人民法院依照2001年修订前的《中华人民共和国著作权法》第四十六条第一款第（二）项和《中华人民共和国民事诉讼法》第一百七十七条第二款的规定，判决如下：

一、撤销北京市高级人民法院（2002）高民终字第194号民事判决；

二、维持北京市第一中级人民法院（2001）一中知初字第268号民事判决第（一）、（二）、（三）、（六）项，即（一）高术天力公司、高术公司立即停止复制、销售方正RIP软件、方正文合软件的侵权行为；（二）高术天力公司、高术公司自本判决生效之日起30日内，在《计算机世界》刊登启事，公开向北大方正公司、红楼研究所赔礼道歉，所需费用由高术天力公司、高术公司承担；（三）高术天力公司、高术公司共同赔偿北大方正公司、红楼研究所经济损失60万元；（六）驳回北大方正公司、红楼研究所其他诉讼请求；

三、变更北京市第一中级人民法院（2001）一中知初字第268号民事判决第（四）项为：高术天力公司、高术公司共同赔偿北大方正公司、红楼研究所为本案支付的调查取证费（房租3000元、公证费1万元）共13000元；

四、撤销北京市第一中级人民法院（2001）一中知初字第268号民事判决第（五）项，即北大方正公司、红楼研究所应在高术天力公司、高术公司返还购机款394250元后，将激光照排机退还高术天力公司、高术公司。

【案例分析】

本案当时曾被媒体称为“全国最大的反盗版案”，一度引起软件行业及法律界的广泛关注。本案争议的焦点问题有三点：一是关于本案涉及的取证方式是否合法问题；二是关于本案侵权行为的定性问题；三是关于复制、销售盗版软件数量和损害赔偿数额问题。

对于争议焦点一，高术公司派员工在北大方正公司员工临时租用的房间内安装了激光照排机，在北大方正公司自备的两台计算机内安装了盗版方正 RIP 软件和方正文合软件，并提供了刻录有上述软件的光盘。根据《民事诉讼法》第六十七条的规定，经过公证程序证明的法律事实，除有相反证据足以推翻的外，人民法院应当作为认定事实的根据。高术天力公司安装盗版方正软件是本案公证证明的事实，因高术公司、高术天力公司无相反证据足以推翻，对于该事实的真实性应予认定。

当然，以何种方式获取的公证证明的事实，涉及取证方式本身是否违法，如果采取的取证方式本身违法，即使其为公证方式所证明，所获取的证据亦不能作为认定案件事实的依据。不过，在民事诉讼中，尽管法律对于违法行为做出了较多的明文规定，但由于社会关系的广泛性和利益关系的复杂性，除另有明文规定外，法律对于违法行为不采取穷尽式的列举规定，而存在较多的空间根据利益衡量、价值取向来解决❶。就本案而言，北大方正公司通过公证取证方式，未侵犯高术公司、高术天力公司的合法权益。此外，北大方正公司采取的“陷阱取证”方式不仅取得了高术天力公司现场安装盗版方正软件的证据，而且获取了其向其他客户销售盗版软件，实施同类侵权行为的证据和证据线索，其目的并无不正当性，其行为并未损害社会公共利益和他人合法权益。笔者认为计算机软件著作权侵权行为具有隐蔽性较强、取证难度大等特点，该取证方式有利于解决此类案件取证难问题，能起到威慑和遏制侵权行为的作用，也符合依法加强知识产权保护的法律精神。

所以，本案涉及的取证方式合法有效，对其获取证据所证明的事实应作为定案根据。

对于争议焦点二，关于本案侵权行为的定性问题，北大方正公司、红楼研究所诉的是高术天力公司、高术公司非法复制、安装、销售盗版软件的侵权行为，因被告未就其销售的盗版软件的来源提供相关证据，故应推

❶ 中国人民法院网：http：//old. chinacourt. org/public/detail. php？ id =330929

定其侵权行为包括复制，即高术天力公司、高术公司侵犯了北大方正公司、红楼研究所方正 RIP 软件和方正文合软件的复制权及发行权。

对于争议焦点三，关于复制、销售盗版软件数量和损害赔偿数额问题，一审法院以高术天力公司、高术公司复制、销售盗版软件实际数量和所获利润均难以查清，根据北大方正公司、红楼研究所软件的开发成本、市场销售价格及高术天力公司、高术公司实施侵权行为的主观过错程度等因素，依据当时著作权法的规定，酌情判令高术天力公司、高术公司赔偿北大方正公司、红楼研究所损失。

【相关知识拓展】

1. 何为“陷阱取证”

“陷阱取证”来源于刑事诉讼法学中的“诱惑侦查”，又称警察圈套、侦查陷阱。它是侦查人员进行一段时间的调查，已经掌握了一定的犯罪线索，由警察经过化装，以实施某种行为有利可图为诱饵，暗示或诱使侦查对象实施犯罪行为，待犯罪行为实施或犯罪结果发生后，拘捕被诱惑者的一种特殊侦查手段或方法。一般贩毒、行贿、组织卖淫、伪造货币等具有隐蔽性和组织性的犯罪，给侦查活动带来了很大的困难，从而使用诱惑侦查，是被实践证明的查获此类犯罪行之有效的措施之一。

尽管如此，对诱惑侦查合法性的标准，即什么样的圈套取得的证据是合法的，什么样的圈套取得的证据是不合法、不能作为证据在法庭上使用的，学术界有很大争议。北京市高级人民法院的程永顺曾专门指出，这里的关键在于区别通过诱惑侦查，行为人的犯罪意图是“暴露”还是“产生”。如果被诱惑者已有犯罪意图或倾向，诱惑侦查行为只是使这种主观意图及倾向暴露出来，或者只是促使其实施具体的犯罪行为，被称为“机会提供型诱惑侦查”，属于合法的侦查行为；反之，对原无犯罪倾向的人实施诱惑，则是引诱其形成犯罪，并促使其付诸实施，被称为“犯罪诱发型诱惑侦查”，这种侦察是非法的。世界各国在司法实践中对诱惑侦查的使用都有着严格的限制，一般都强调必须在其他方法都无效，不得不使用诱惑侦查时，经严格审批程序后才能实行。

但是，在各国民事法律及民事诉讼中很难见到对“陷阱取证”的规定及合法性的实际判例。

2. 在软件著作权侵权诉讼中采用“陷阱取证”的方式是否合法

随着计算机产业的迅速发展，计算机软件在IT产业中的地位显得愈发重要，但对计算机软件著作权的保护却越来越艰难。现在计算机软件的开发成本越来越高，但其经济生命周期却越来越短，为了保护权利人的合法权益，使其能在有限的经济生命周期内收到预期的利益，从而鼓励科技的进步，就必须对软件盗版侵权行为进行及时有效的打击。而由于计算机软件本身易修改、易删除的特性，使得对软件侵权的取证非常困难。如何合法地取得侵权证据，成为软件著作权案例中权利人能否维护自己的正当权益、打击侵权者所面对的首要问题。

那么，计算机软件侵权取证困难，是否就可以采用“陷阱取证”的方式呢？关于“陷阱取证”我国法律对此没有明文规定，司法实践也未使用这个概念。在1995年6月北京市高级人民法院发布的《关于审理计算机软件著作权纠纷案件几个问题的意见》中规定：“当事人提供的证据必须是合法取得的，当事人以强迫、引诱、欺骗或者其他不合法手段收集的证据不予认定。”最高人民法院2001年12月颁布的《关于民事诉讼证据的若干规定》第68条规定：“以侵害他人合法权益或者违反法律禁止性规定的方式取得的证据，不能作为认定案件事实的依据。”当事人采取欺骗、引诱等不法方式获取证据，必然对另一方当事人在正常的经济流转中获得交易机会的权利造成损害，对交易安全和交易秩序带来严重危害；当事人采用欺骗、引诱等不法方式获取证据，亦有违诚实信用原则和社会公德，不利于建立公正、信用的法治社会秩序。

特别需要指出的是，在软件著作权侵权诉讼中，权利人经常采用的一种取证方法是，不暴露真实身份，以一般顾客的名义去购买侵权产品，作为诉讼中的证据，用以证明侵权事实的存在。笔者认为，这种取证方式并非“陷阱取证”。在以前北京市法院审结的不少侵犯著作权案例中，法院认定了原告不暴露真实身份，以普通顾客的身份购买侵权产品获取侵权证据的合法性。一般认为，只要当事人进行上述取证行为时没有欺骗、强迫等行为，这种取证方法以及依靠这种方法取得的证据应予认可。但是，如果对方并没有复制、销售该软件而当事人以强迫、引诱、欺骗等方法要求对方复制、销售软件的，依此取得的证据不能认可。

案例二：使用盗版软件遭微软索赔的系列案件

以下是一系列盗版软件遭索赔的案件。

微软公司作为全球最大的电脑软件提供商和 PC 软件开发先导，依法享有 Microsoft Office（微软办公）系列计算机软件的著作权。2010 年 4 月宣判的上海大众保险公司未经微软公司许可商业使用其软件一案，是该公司首次在华起诉大型企业使用盗版，所获得的 217 万余元也是其在中国截止到当时获得的最大赔偿金额。

2011 年美国微软公司又向温州中级人民法院提起诉讼，诉温州一企业侵犯其知识产权，索赔 200 万元，并申请进行了证据保全。微软公司认为，这家温州企业在其计算机上擅自复制、安装、商业使用 Microsoft Office 系列计算机软件，侵犯了自己的著作权。

11 月 14 日，温州中院法官对该公司的电脑被控非法复制、安装及使用 Microsoft Office 系列计算机软件及该计算机软件的相关信息等证据进行了证据保全。经查找并由双方当事人确认，该公司共有多台终端电脑、服务器电脑使用了被控软件。随后，法官通过随机抽样的方式对该公司电脑的软件安装情况进行了详细取证。温州中院知识产权庭工作人员发现，抽检的电脑上大量安装了微软的 Windows、Office、SQL Server、Visual Studio 等软件，而该公司表示仅能提供购买一套正版 Windows XP 操作系统的相关材料。

被告公司也不甘示弱，辩称微软公司缺乏相应的权利证明文件，且涉案的电脑只有部分涉及使用盗版软件。双方各执一词，僵持不下。

温州法院委托知识产权维权援助中心主持调解，中心人员赴杭州组织双方当事人进行调解谈判，策划调解方案。

最终，双方于 6 月 17 日达成调解协议，涉案公司承诺于 6 月 30 日与微软经销商签订购买合同，购买正版微软软件共计 249 套，以对涉诉微软软件全面正版化，并向微软公司支付人民币 30 万元的赔偿金[1]。

---

[1] 温州法院成功调解一起遭微软反盗版起诉官司－中新网：http：//finance. chinanews. com/it/2013/07－23/5075763. shtml.

【案例分析】

这些案例是一组争议焦点一致的而且当事人也相同或相似的软件盗版维权案件。此类案件争议的焦点相对比较清晰，计算机软件的复制权和相关权利遭受到侵害，微软公司作为计算机软件的著作权人必将主张自己的权益，根据盗版软件的销售数量和所获得的利润计算赔偿金额。

案情并不复杂，笔者在此不做赘述。最后案件以调解形式结案，也节省了诉讼成本，维护了争讼双方各自的权益，实现两者利益最大化地解决了纠纷。

中国（温州）知识产权援助中心（以下简称“中心”）作为温州中院推行诉调对接机制的平台之一，成立于2012年2月，根据服务规程，中心主要负责分转处理和调解各类知识产权举报投诉案件以及相关的咨询服务。双方当事人可以直接向中心投诉或者在法院审理案件后委托转交给中心，由中心主持调解。一旦调解成功，法院将出具民事调解书对其法律效力予以确认。

温州地区一些大规模应用计算机局域网的企业使用未经著作权人许可的系统软件、办公软件、设计软件的侵权案件，给类似企业敲响了警钟，应当提高尊重他人计算机软件著作权的意识，主动使用正版计算机软件，降低企业的诉讼风险。

4.1.4 我国计算机软件法律保护问题的缺陷及对策建议

我国在知识产权方面的立法起步较晚，在立法上尚有许多需要完善的地方。我国对计算机软件的保护侧重于著作权，从而忽视了专利法和商业秘密法的保护作用。首先，对软件合理使用的规定存在缺陷，此外，《中华人民共和国著作权法》和《计算机软件保护条例》对计算机软件的权利主体和权利内容的规定不一致。《中华人民共和国著作权法》规定的权利主体是创作作品的作者，即指创作作品的公民。但《计算机软件保护条例》所规定的主体则是软件开发者或依靠自己具有的条件完成软件开发并对软件承担责任的公民。显然，软件开发者不是创作计算机程序的作者。在权利内容上，一般文字作品的公开表演权、广播权，以及出租权在软件条例里都没有规定❶。

下面笔者就我国计算机软件法律保护问题提出相应的对策建议：

（1）建立健全法律保护体系。应该建立以著作权法为核心，包括专利法、商标法或者反不正当竞争法等法律法规的保护体系。因为计算机软件作为软件开发者的脑力劳动，从一产生就属于著作权法的保护范围，因此首先要做的就是加强著作权的保护。而且计算机软件中会带有本公司企业特有的商标等标记，属于专利法或者是商标法的保护范围。此外由于计算机软件行业复杂纷乱，各企业之间为了获取更大的市场往往会通过不正当竞争手段进行，扰乱了市场秩序。因此必须在反不正当竞争法的范围之内严厉地打击这些行为。

（2）增加保护计算机软件的权限。相关权限主要包括出租权、使用权或修改权等权利，其中计算机软件的修改权就是通过对软件进行“补丁”修补或者软件升级等活动，保证计算机软件灵活地适应社会的变化。同时对于开发者来说，计算机软件的使用权是十分重要的，必须注重对其的保护，不允许任何人未经自己的同意使用该软件。

（3）了解相关的侵权方式，做好防御准备。在计算机软件的保护过程中，还应该熟知各种计算机软件侵权的方式方法，做到知彼知己。目前我国主要存在的侵权方式就是使用盗版现象，未经授权将某企业的软件服务放到网上供大众使用，严重影响了软件所有者的经济利益或者法律权利。我们可以通过了解和分析诸多案例，增长我们的相关经验，当遇到侵权事件时处变不惊，冷静地处理好相关事项，切实维护权利人的合法权益❷。

4.2　网络服务

4.2.1　几种典型网络服务法律保护问题

1. *互联网新闻服务法律保护*

广义的网络新闻是指互联网上的各类网站所发布的有传播价值的新信

❶ 肖赛男，王玉柱，韦贵红．试论我国计算机软件知识产权的法律保护［J］．东方企业文化，2013（14）．

❷ 杨展望．我国计算机软件法律保护之我见［J］．数字化用户，2013，19（11）．

息，发布者可以是组织，也可以是个人；狭义的网络新闻专指互联网上的新闻类的信息，包括传统媒体所设立网站发布的新闻信息、其他网站设立的新闻板块发布的新闻信息。

网络新闻有比传统报业新闻更大的优势，并具有传播迅速、受众广泛的特点。

（1）网络新闻版权的对象与主体

网络新闻有诸多优势，同时也加大了网络新闻版权保护的难度，而对其保护的前提是确定网络版权是传统媒体的扩张和延伸，还是网络技术创造了一个新的社会空间，是否有必要对现有的著作权法进行重新定义。虽然现在没有形成完全一致的意见，但在立法上，有些国家已经做出了有针对性的规定，例如，美国为适应数字时代的需要，率先修改了版权法。版权法重在保护表达方式而不是内容，我国现行的著作权方面的立法对新闻文字作品的保护，一方面要考虑社会公众的知情权，另一方面要考虑新闻采写人的著作权。因此，必须对享有著作权的新闻加以界定，并明确著作权人。

① 不享有著作权的新闻。著作权重表达的特点决定了一些新闻注定不会产生著作权，那些通过报纸、期刊、电台、电视台等传统媒体报道的单纯事实消息，由于其他记者或报刊也只能用同样的方式表达，因此，著作权法既不保护这种单纯的客观事实消息，也不保护其表达方式。时事新闻不受版权保护，而其他的新闻达到独创性的要求，即受版权法保护。同时，法律为平衡时事新闻作者的利益，还规定了他人对时事新闻使用的特殊限制条件。

② 确定非时事新闻作品的作者和权利人。我们在此要明确非时事新闻作品的作者和权利人，以及是否所有作者都对自己作品有署名权。第一，区分新闻记者的作品是职务作品还是个人作品。记者为完成与职务有关的采写新闻，应属职务作品。这时记者虽是该作品的作者，但不是著作权人；而记者其他的作品，记者既是作者，同时也是著作权人。第二，明确约定委托作品的著作权归属。委托作品的完成者即受托人是特约新闻作者，该作品的著作权依协议可归委托人或受托人，但协议对著作权归属无约定，或约定不明时，该作品著作权归受托的特约新闻记者。第三，区分是通讯员单独完成还是参与完成的作品。若是通讯员单独完成，则通讯员

是作者，并是著作权人；若与其他记者共同完成，该作品著作权共有，原则上权利人共同行使著作权，否则无效❶。

③ 新闻侵权，指的是新闻媒体如通讯社、报纸杂志、广播电视、公共网站在向大众进行信息传播的过程中，出现信息完全伪造、部分不真实、过于夸张或者情况真实但属于法律禁止传播的事项等情况，从而侵害了他人的合法民事权利，应当依法承担相应法律后果的行为和事实❷。网络新闻侵权是新闻侵权在网络领域内的表现形式，是新闻工作人员通过互联网的传播渠道，向大众传播失实新闻信息或者法律禁止的内容，违反新闻法律、法规，侵害了公民的合法权益的事实。

构成侵权的新闻在法律上要具备以下四个要素：一是行为人的主观过错，包含行为人故意行为和过失的行为；二是损害事实和侵害行为二者之间在逻辑上具备因果关系；三是侵权损害的事实已经发生并客观存在；四是行为人实施了侵害他人合法权益的行为。

（2）网络新闻传播侵权的类型

网络新闻侵权纷繁复杂，比较常见的网络新闻侵权有对当事人的人格侵犯和对当事人的著作权侵犯等。《民法通则》规定了公民的人格权包括名誉权、肖像权以及隐私权等，人格权是公民最基本的权力之一，受到法律的保护。网络媒体在新闻报道中如果没有处理好新闻信息和当事人的人格之间的关系，或者散布有损公民人格的新闻信息时，都会造成人格伤害，构成网络新闻侵权。

① 网络新闻传播侵害公民的名誉权。名誉权是一项很重要的人格权，1998 年我国发布的《最高人民法院关于审理名誉权案件若干问题的解释》中规定，名誉纠纷分两种情况：a. 主动提供新闻材料，致使他人名誉受到损害的，应当认定为侵害他人的名誉权；b. 被动采访而提供新闻材料，未经提供者同意公开，新闻单位擅自发表，致使他人名誉受到损害的，对提供者不应当认定为侵害名誉权；但发表时得到提供者的同意或默许，致使他人的名誉受到损害的，应当认定为新闻侵害名誉权。网络新闻侵害公民名誉权往往以侮辱 、诽谤和宣扬他人隐私等不同形式出现。

---

❶ 张玉．网络新闻版权保护的法律问题探析［J］．青年记者，2012（22）：29－31．

❷ 顾理平．新闻法学［M］．北京：中国广播电视出版社，1999：277．

② 网络新闻传播侵害公民的肖像权。肖像权是公民客观享受的专有权，受到法律的保护，公民有权禁止他人非法使用自己的肖像或者对其进行玷污和损毁。网络的快速发展让新闻信息铺天盖地般涌进人们的视野，能够吸引观众眼球的是色彩绚丽的图片和动态影像。图片处理技术的成熟给网络上的图像新闻提供了很大的方便，正是由于网络的这些特性，让网络新闻侵权也有意无意地发生在网络传播当中。

③ 网络新闻传播侵害公民的著作权。网络新闻传播通过网络链接导致侵害他人著作权；上传、转载、复制、粘贴等损害著作人的著作权。根据《最高人民法院关于修改〈最高人民法院关于审理涉及计算机网络著作权纠纷适用法律若干问题解释〉的决定》规定："已经在报刊上发表或者网络上传播的作品，除本人注明禁止转载外，网站予以转载、摘编并按有关规定支付报酬、并注明出处，不构成侵权。"这说明已发表作品在其他网站转载时除了明确不能转载以外，其他网络可以转载，但应支付报酬。

（3）网络新闻视频著作权侵权

① 网络新闻视频著作权侵权的构成要件。

a. 主观：不正当竞争的目的。看一个行为是否合法，首先要判断其出于什么样的目的，目的正当，即使侵权也属过失侵权，而目的不正当必然导致行为不合法。不正当的目的主要包括损人和利己两个方面，当然有的行为既损人又利己。营利性地使用他人的网络新闻视频，给自己的网站带去了点击量，势必会分流原始视频网站的客户量，久而久之，利益转化率就会有所影响。而且有的网站使用他人的新闻视频，是出于恶意竞争的目的，有打垮对方之嫌。出于这样的目的，必然构成侵权。

b. 客观：非适当引用的行为。引用，是指在创作的过程中，引用他人的文字和作品等，以表达自己的思想感情、观点或见解。引用的作用是使证据确凿充分，增强说服力，富启发性。根据《中华人民共和国著作权法》的表述，引用是指为介绍、评论某一作品或者说明某一问题，在作品中引用他人已经发表的作品。适当引用有两个层次，一个是量的适度，另一个是质的适度。量的适度是指引用他人作品数量上的适当，质的适度是指使用他人作品时要避免引用他人作品中独具特色甚至是独一无二的思想、表述、形式、结构等。考量质的适度也有两方面的标准，一是是否引用了他人作品中的特色部分，这保护的是作品的独创性；二是是否引用了他人作品中的核心部分，核心部分是一部作品的主体，往往汇集了作者主要的创作思想，也是作者智力成果的主要体现，对核心部分的侵犯更体现出对著作权人的不尊重。另外，引用还应当以适当方式标明被引用内容的来源，这是尊重著作权人署名权的体现。我国著作权法第二十二条第三、第四项中专门规定了新闻报道可以合理使用，但应当注明作者姓名、作品名称等。

网络新闻视频中，权利人为了表明权利，往往在视频上加贴自己的标识，但是恶意侵权人使用他人视频的时候，往往就会采取模糊他人标识的方式而作自用，这种使用肯定是有失“合理”而构成侵权的。

更要注意的是，根据我国著作权法中合理使用的例外规定，如果是有著作权的网络新闻视频，而且权利人特别声明了“不许刊登、播放”的，则不适用合理使用规则；换句话说，这种情形下的使用仍属于著作权侵权。

非适当引用的对立面就是创造性使用。创造性使用是著作权法独创性要求的体现，即一部作品中必须含有作者在思想内容上或结构安排上的特色，且该特色部分是作者独立创作的结果。著作权法中的独创性虽然没有专利法中的创造性要求那么高，但是也要达到一定的程度，足以让大众看到作者的个性和特色，才能被认为是具有创造性。所有对他人享有著作权的作品的使用都必须建立在合理使用制度的基础上，无任何创造性的照搬照抄势必会侵犯著作权人的合法权益。

无创造性地使用新闻视频分为两种，一种是无任何变动的整体盗用，包括盗接信号、盗用视频，另一种是虽然加入了少许创作元素，但该新闻视频无实质性改变，比如，修改视频标题、将新闻视频翻译为时效性文章等。任何对新闻视频作品的无创造性使用都是对原作品的抄袭或盗用，损害了原作品作者的著作权。新闻实践中，盗播为主要侵权方式，盗播主要是通过非法技术手段直接获取他人网站的视频或者盗接他人的卫星信号，是一种不劳而获的行为。

c. 结果：造成危害后果。危害后果是网络著作权侵权的结果条件，如果没有损害他人或社会的危害结果出现，也不能称之为“侵权”。这也是侵权行为中因果关系理论的体现，行为是因，危害是果。造成危害后果应当从以下几个方面来认定：一是侵权行为必须出现在危害结果之前，这是认定危害后果产生的时间标准，符合“前因后果”的逻辑规则。二是侵权行为是客观存在的，而不是人们主观臆造出来的，想象出来的侵权行为不可能产生实际的危害后果，因此网络新闻视频的著作权侵权必须要有实际的非适当使用的行为。三是侵权行为对危害后果的贡献率要足够大，即侵权行为必须是危害后果的充分条件，而不是必要条件。网络新闻视频著作权侵权，要求使用他人的网络新闻视频必然要导致某种损害结果。只要满足了这三个方面的条件，就能够认定该侵权行为造成了一定的危害后果。网络新闻视频的随意使用，可能导致两种危害结果，即对著作权人合法权益的损害和对社会公众利益的损害。

② 网络新闻视频著作权侵权的表现形式。

第一，对著作权人精神权利的侵犯：

a. 署名权侵权。根据《中华人民共和国著作权法实施条例》，署名权就是表明作者身份，在作品上署名的权利。即作者有权决定在自己的作品上署不署名、署什么名以及怎样署名。侵犯署名权的表现形式主要有两种，一是在他人作品上署自己的名字，二是冒用他人的姓名。侵犯新闻视频著作权人的署名权主要体现为侵权人在使用他人视频作品时模糊权利人标识，或者未经权利人同意在他人视频上贴自己的标识。如之前所述，适当引用必须以适当方式标明作品来源，这种模糊权利人标识或恶意在他人作品上署自己名的行为显然违反了著作权法中的合理使用规则。

b. 修改权和保护作品完整权侵权。根据《中华人民共和国著作权法》的规定，修改权是指修改或授权他人修改作品的权利，保护作品完整权是指保护作品不受歪曲、篡改的权利。二者应属于一个问题的正反两方面，修改权侧重保护作品形式的完整，而保护作品完整权侧重保护作者思想和观点的完整；从权利内容和权利行使的出发点来看，修改权是从积极的角度来规定的，作者可以自己修改或授权他人修改自己的作品；而保护作品完整权是从消极的角度来规定的，即一般只有当该权利受到侵犯时，保护作品完整权才显现出来。网络新闻视频的著作权侵权主要表现为修改权侵权，例如，未经权利人授权对视频进行剪辑加工，修改视频标题等。

第二，对著作权人财产权利的侵犯：

a. 复制权和信息网络传播权侵权。《中华人民共和国著作权法》第十条第五项规定，复制权是指以印刷、复印、录音、录像、翻录、翻拍等方式将作品制作成一份或多份的权利。著作权中的复制主要包括三大类，即不改变载体的复制（如文字作品的复印）、改变载体的复制（如从绘画到建筑）和从无载体到有载体的复制（如从演讲到录音）。具体涉及网络视频侵权的复制方式不像纸媒那么复杂，主要是不改变载体的复制，即盗用视频，以及复制后不支付转载报酬。复制权是著作权人实现其他权利的前提，往往与传播权一并论及。我国法律规定了信息网络传播权，信息网络传播权是与网络媒体息息相关的权利，根据《信息网络传播权保护条例》，所谓信息网络传播权，是指以有线或者无线方式向公众提供作品、表演或者录音录像制品，使公众可以在其个人选定的时间和地点获得作品、表演或者录音录像制品的权利。信息网络传播权是网络媒体与广播电台、电视台相比极具优势的一个属性，是互联网站着重维护的权利之一。

网络新闻视频中侵犯著作权人信息网络传播权的主要表现为侵权网站盗播他人视频、盗接他人有权使用的卫星信号后播放相关视频。

b. 改编权侵权。新闻事件中，还有一种较常见的新闻视频作品侵权的形式，即将新闻视频转化为时事性文章。实际上，这种情况应该分类讨论，因为新闻视频转化为时事性文章可能涉及著作权中的复制权和改编权。复制权前边已有论及，这种情况应属于改变载体的复制。改编是指以不同的表现形式再现作品内容的创作活动，主要包括两种情况：一是不改变原作品形式的改编，如将长篇小说简写；二是在不改变作品基本内容的同时将作品由一种形式改编成另一种形式，如将小说改编成剧本、将剧本改编成电影等。而改编权就是将作品进行改编的权利。对于网络新闻视频，如果是未进行任何创作，而将原来的新闻视频内容几乎原封不动地翻译成中文作品，即时事性文章，侵犯的则是著作权人的复制权；相反，如果将网络新闻视频内容，通过自己的独特创作，加入自己的观点和思想，在未经权利人许可的情况下对原作品进行改编，侵犯的就是著作权人的改编权。❶

2. 数据库服务的法律保护

（1）数据库的概念与特征

早些时候，数据库被认为是指按照现代化快速检索方式，组织存放于

❶ 刘佩. 网络新闻视频的著作权问题探究［D］. 北京：中国社会科学院研究生院，2013.

计算机中的信息的有序的集合体，后来拓展到非计算机“数据”的集合。欧盟1996年3月颁布的《数据库指令》第1条第2款规定：“本《指令》所称‘数据库’是指经系统或有序排列，可以通过电子手段或其他方法单独读取的作品、数据或其他独立材料的汇编。”美国1999年10月提出的H·R·354法案将“数据库”（database）称为信息集合体，指的是被收集和组织起来，从分散变为集中在某个供人们访问的处所或来源的信息。这些信息包括事实、数据、版权作品或任何其他能被系统地收集和组织的无形材料。由此可见，数据库不仅包括电子数据库，也包括非电子数据库。无论是电子的还是非电子的数据库，都具有这样一些内在特征：

首先，具有集合性。数据库必须是一个“集合体”，由大量用户可以单独访问的作品、数据或其他材料组成。因此，整体上的单个作品及录音制品不属于数据库。

其次，具有有序性。数据库的“集合性”不是混乱的，而是有序的，即必须按照一定的顺序、结构将“构件”（材料）进行有序的安排，便于用户访问。

最后，具有可访问性。数据库必须让用户能够以电子或非电子手段加以访问。这种“访问”可以自主选择信息类别并进行信息处理。并且必须让用户能够单独访问。

另外，从数据库的制作与应用等“外在”方面来考察，它还具有制作的高成本性、应用的高价值性和复制侵权的简便性。

（2）我国关于数据库法律保护的探索

我国的数据库产业发展还处于初创阶段，借鉴欧美对于数据库的保护措施，对促进我国数据库产业的发展有着十分重要的意义。我国长期以来虽然没有专门的法律规定数据库的版权保护，但对于数据库的版权保护的研究一直比较深入，司法实践也常常突破原有的法律规定。

我国1991年实施的《中华人民共和国著作权法》第十四条规定：“编辑作品由编辑人享有著作权，但行使著作权时，不得侵犯原作品的著作权。”其实，在《中华人民共和国著作权法》修改以前，司法实践已走在前列。如1993年北京市中级人民法院审理的“王继明诉王强华中国大百科全书出版社侵犯著作权案”，被告主编和出版发行的《中国万家书报音像发行单位名录》的二级书刊批发零售单位部分的5180多个名录中，有

4000 多个名录与原告的《全国万家出版发行名录》一书中的内容相同，甚至连笔误也一样。原告认为，被告剽窃了原告“汇编”最实质的部分，侵犯了自己的版权。但法院审理认为，原告对其收集整理的《全国万家出版发行名录》一书主张的版权并不存在，被告的行为并不构成侵权。原告编辑的名录中“邮政编码、详细通信联系地址、单位名称、联系人电话、电挂”的排列是常规型的、显而易见的，不能表现为原告的智力创作，对材料的选择和编排不具有原创性，因此原告对其编辑的名录不享有版权。可见，对数据库的保护，我国的司法审判是要求具有“原创性”的。

然而，大量的数据库并不具有“原创性”，对这类作品要不要提供保护呢？提供什么保护？对于前一个问题没有分歧：理所当然应提供法律保护；但对后一个问题的看法却很不相同。一种观点认为，我国法律应该对数据库设立特殊权利保护。另一种观点主张，对不具有原创性的数据库，可以通过合同法和反不正当竞争法提供保护，没有必要设立专门的“特殊权利保护”。我国《反不正当竞争法》第 2 条第 1 款规定：经营者在市场交易中，应当遵循自愿、平等、公平、诚实信用的原则，遵守公认的商业道德。同条第 2 款规定：“不正当竞争是指经营者违反本法规定，损害其他经营者的合法权益，扰乱社会经济秩序的行为。”这样数据库制作者就可以制止他人未经许可直接利用数据库制作者花费巨大代价收集、整理的数据库中的信息、数据、资料等制作与其进行竞争的相同或相似的数据库的行为。所以，在我国法律体系中考虑确立对数据库的特殊权利保护并非是不现实和不必要的。

3. 互联网出版服务

网络出版（Network Publishing）的定义可以分为广义和狭义两种。从广义上讲，凡是将信息、知识、观念等内容用文字、图像、声音等代码以任何形式在网络上传播，均可称之为网络出版。1995 年美国《知识产权与全国信息基础设施》（下称白皮书）明确写道：“公众通过数字网络获得作品复制本，作品就如同有形复制本在商店出售一样被出版了，法律确认它为出版，只不过是对这一现实的承认而已。”《伯尔尼公约》第三条第三款也规定：“得到作者同意后出版的作品，不论其复制件的制作方式如何，只要从这部作品的性质来看，复制件的发行方式能满足公众的合理需要即可视为已出版的作品。”从广义上界定网络出版的概念比较符合网络出版的现实需要。狭义的出版则指我国《互联网出版管理暂行规定》第五条中的定义：互联网出版，是指互联网信息服务提供者将自己创作或他人创作的作品经过选择和编辑加工，登载在互联网上或者通过互联网发送到用户端，供公众浏览、阅读、使用或者下载的在线传播行为。所称互联网出版机构，是指经新闻出版行政部门和电信管理机构批准，从事互联网出版业务的互联网信息服务提供者。因此，网络出版是指具有合法出版资格的出版机构所进行的出版与传播行为。

（1）网络出版者版权保护的主体与内容

根据《出版管理条例》第九条，在传统出版中，出版的主体是出版单位，包括报社、期刊社、图书出版社、音像出版社和电子出版物出版社等；但在网络出版中，出版主体并不是出版实体简单的物理转移，其主体由两部分构成，一种是开展网络出版的传统出版单位，另一种是互联网服务提供商，前者是合法的出版机构，后者是合法的网络实体，而网络出版的主体远远超出了传统出版主体的范围。

（2）我国网络出版版权保护法律制度的现状

① 我国加入的相关国际条约。

我国自20世纪90年代初确立版权制度以来，积极参加包括世界贸易组织《知识产权协议》在内的各类版权国际条约。1992年10月15日和10月30日，我国分别成为《保护文学和艺术作品伯尔尼公约》和《世界版权公约》的成员国。1993年4月30日，我国成为《保护录音制品制作者防止未经许可复制其录音制品公约》的成员国。1992年9月25日，我国国务院发布了《实施国际著作权条约的规定》。2007年6月9日，我国正式成为《世界知识产权组织版权条约》和《世界知识产权组织表演和唱片条约》的成员国。

另外，我国于2001年12月加入世界贸易组织。在入世谈判中，我国承诺依据世界贸易组织各协定制定和修改国内法，但不直接适用各协定，其中就包括《与贸易有关的知识产权协议》（TRIPS协议）。但我国仍应承担该协议所规定的义务，因此其对我国著作权法仍将产生深刻的影响。

② 我国相关法律的修订和法规的制定。

我国的著作权法随着网络的发展不断修改完善。2001年我国修订了《中华人民共和国著作权法》，增加了信息网络传播权、技术措施、权利管理电子信息等权利保护内容，完善相关权利保护的实体和程序规定。目前，对《中华人民共和国著作权法》第二次修订的调研工作也在进行中。而1997年10月1日起实施的《中华人民共和国刑法》中专门规定了侵犯知识产权罪的罪名。

运用行政法规进行管理是我国版权管理的一大特色。从2002年1月1日《计算机软件保护条例》修订施行；2002年9月《中华人民共和国著作权法实施条例》修订施行；2005年3月1日《著作权集体管理条例》开始实施；2006年7月1日《信息网络传播权保护条例》开始实施，我国已初步建立起了以一法四条例为架构的著作权法律保护体系，使我国著作权法律法规更加符合社会主义市场经济和国际规则的要求。

在规章制度建设上，从1999年12月9日国家版权局颁布《关于制作数字化制品的著作权规定》起，2003年7月16日我国国家版权局公布了新的《著作权行政处罚实施办法》；2005年4月30日，作为我国第一部真正意义上的互联网内容著作权保护法规《互联网著作权行政保护办法》由国家版权局与信息产业部联合发布；2006年国家版权局发布《著作权行政投诉指南》；2007年12月26日新闻出版总署公布新的《电子出版物出版管理规定》[1]。

4.2.2　网络服务法律问题案例分析

案例一：版主网传《甄嬛传》法院首判网站教唆侵权

原告：北京中文在线数字出版股份有限公司

被告：北京智珠网络技术有限公司

原告北京中文在线数字出版股份有限公司（简称中文在线公司）与被告北京智珠网络技术有限公司（简称智珠网公司）侵害作品信息网络传播权纠纷一案被北京市朝阳区人民法院受理。

原告中文在线公司起诉称：我公司经知名作家流潋紫（原名：吴雪岚）授权，取得了小说《后宫甄嬛传》1－6部作品的专有信息网络传播权，能够以自己名义对侵权行为提起诉讼并主张权利。2012年9月，我公

[1] 郑舜钦．网络出版中的版权保护法律问题研究［D］．上海：复旦大学，2008.

司发现智珠网公司在其经营的 Apple 粉丝站（网址为 http：//iFan. 178. com）ePub 电子书区频道专门提供网络用户上传的电子书籍。智珠网公司招募的上述专区论坛版主即管理员“用手抓痒痒”在上述专区整理并发帖提供涉案作品电子书的下载服务。我公司认为，智珠网公司未经我公司许可通过其招募的论坛版主提供涉案作品电子书下载服务的行为严重侵犯了我公司对涉案作品享有的信息网络传播权，给我公司造成了严重的经济损失。故我公司诉至法院，请求法院判令智珠网公司立即停止侵权即删除其网站的涉案作品内容，并赔偿我公司经济损失 161500 元以及为诉讼支出的合理费用 3000 元。

被告智珠网公司答辩称：首先，我公司为了使用户能够更好地实现资源共享与交流，于 2012 年开辟了隶属于 Apple 粉丝站（即 iFan. 178. com）下的 ePub 电子书区，我公司提供的是信息存储空间服务。其次，涉案作品《后宫甄嬛传》确实由 ePub 电子书区的版主“用手抓痒痒”上传，但相关版主的行为不能归属于我公司的行为。因为版主为网站用户自行申请产生，我公司与版主“用手抓痒痒”不存在雇佣关系，也不向其支付任何费用，因此版主行为属于个人行为，其上传涉案作品不会通知我公司，也不需要征得我公司的同意。再次，我公司作为网络服务提供商，无法对用户发布的信息资源进行逐条审核，我公司也没有版权审核的义务，因此我公司没有过错，不应承担侵权责任。最后，我公司在 2012 年 12 月份收到中文在线公司的律师函后，也立即通知相关版主删除了涉案作品，相关行为已经得到制止。综上，我公司不同意中文在线公司的全部诉讼请求，请求法院予以驳回。

经审理查明：2010 年 10 月 11 日，浙江省作家协会类型文学创作委员会出具《证明》，证明吴雪岚（笔名：流潋紫）系浙江省作家协会会员、浙江省作协类型文学创作委员会知名作家、杭州市作家协会第八届委员会委员，其代表作有《后宫甄嬛传》等。

2011 年 11 月 2 日，吴雪岚出具《授权书》，将浙江文艺出版社出版的《后宫甄嬛传》（修订典藏版 1 －6 部）（中文简体和繁体）全球范围内的数字版权专有使用权授予中文在线公司，相关权限包括但不限于信息网络传播权等权利、许可他人合法使用上述权利以及中文在线公司以自己的名义对任何侵犯授权作品著作权行为起诉的权利。授权期限为 2011 年 11 月

2 日至 2016 年 11 月 2 日。

178 游戏网 Apple 粉丝站下的 ePub 电子书区由智珠网公司运营。2010 年 2 月 1 日，ePub 电子书区“用手抓痒痒”发布了名为“后宫甄嬛传/流潋紫著”的帖子，帖子有该书的下载链接并对该书进行了介绍，上述内容位于帖子的首页；该帖子被设置为“取消高亮”，下载链接下方显示有“本帖最后由用手抓痒痒（4627964）于 2010－02－08 10：51 编辑”字样；以普通用户身份注册登录 ePub 电子书区后点击上述下载链接能够直接下载到名为“后宫甄嬛传”的电子书文件。“用手抓痒痒”为 ePub 电子书区版主，拥有将 ePub 电子书区其他用户所发帖子进行提升置顶、删除、编辑整理、添加“高亮”设置的权限，并发布有涉及“版规”的帖子。版规规定“发布资源有奖励，发布多部小说加亮加钱”，并且专门针对版主有“本版置顶主题加高亮规则”，而论坛回复或者发布资源将会获得“银币”奖励。2012 年 11 月 22、23 日，中文在线公司申请北京市中信公证处对包括涉案作品在内的共计 30 部作品通过涉案网站的下载过程进行了证据保全公证，并支出了公证费 3000 元。中文在线公司表示本案中主张的合理支出即为公证费支出。

《后宫甄嬛传》（修订典藏版 1－6 部）共计 1966 千字。上述公证下载的名为“后宫甄嬛传”的电子书文件中使用了《后宫甄嬛传》（修订典藏版 1－6 部）1457 千字的内容。

2012 年 12 月 21 日，中文在线公司向智珠网公司发送律师函，并就包括涉案作品在内的多部作品涉嫌侵权事宜向后者主张权利，并附有地址链接。智珠网公司表示收到上述函件后其立即通知相关版主删除相关帖子，同时智珠网表示至本案诉讼前，该公司已经将整个 ePub 电子书区关闭进行清理。中文在线公司对此表示认可，并表示放弃要求智珠网公司停止侵权的诉讼请求。

另查，智珠网公司对版主申请的考核会给予一个月左右的期限，相关版主的招募最终确认由该公司完成并授予版主较高级别的会员权限用于帖子管理，该公司会备案版主邮箱等注册信息，但不会备案身份证信息，亦不向版主支付经济报酬。

法院认为，根据涉案《后宫甄嬛传》（修订典藏版 1－6 部）图书的署名情况、浙江省作家协会类型文学创作委员会出具的《证明》以及吴雪岚出具的《授权书》，可以确认中文在线公司获得了作品《后宫甄嬛传》（修订典藏版1－6部）在授权期限内的独家信息网络传播权，其有权以自己的名义进行维权。

网络服务提供者在提供网络服务时教唆或者帮助网络用户实施侵害信息网络传播权行为的，人民法院应当判令其承担侵权责任。网络服务提供者以言语、推介技术支持、奖励积分等方式诱导、鼓励网络用户实施侵害信息网络传播权行为的，人民法院应当认定其构成教唆侵权行为。版主权利是智珠网公司经过审查后授予的，版主“用手抓痒痒”将涉案侵权内容发布于帖子的首页，并对涉案载有侵权内容的帖子进行了“取消高亮”和编辑等推介行为，其行使了相应的版主权利；另外，智珠网公司经营的涉案ePub电子书区版规中规定有奖励发布资源者的内容，并且论坛回复或者发布资源将会获得“银币”奖励。因此智珠网公司对涉案侵权行为的发生存在过错，已经构成教唆侵权。

法院判决如下：

一、被告北京智珠网络技术有限公司于本判决生效之日起10日内赔偿原告北京中文在线数字出版股份有限公司经济损失4万元；

二、被告北京智珠网络技术有限公司于本判决生效之日起10日内赔偿原告北京中文在线数字出版股份有限公司为诉讼支出的合理费用100元。

【案例分析】

本案例是首例法院判决网站构成教唆侵权的案件。本案争议的焦点问题有两点：

第一，《后宫甄嬛传》真正的作者是谁；第二，智珠网以“避风港原则”为己辩护：版主的行为不关网站的事，辩护是否成立。

对于焦点问题一，《中华人民共和国著作权法》规定，如无相反证明，在作品上署名的公民、法人或者其他组织视为作者。根据涉案《后宫甄嬛传》（修订典藏版1－6部）图书的署名情况、浙江省作家协会类型文学创作委员会出具的《证明》以及吴雪岚出具的《授权书》，法院当然可以确认中文在线公司获得了作品《后宫甄嬛传》（修订典藏版1－6部）在授权期限内的独家信息网络传播权，所以有权作为原告进行维权。

对于焦点问题二，版主的行为与网站到底有没有关系。被告智珠网公司引用“避风港原则”，主张自己免责。“避风港原则”即根据《信息网络传播权保护条例》第23条的规定，“网络服务提供者为服务对象提供搜索或者链接服务，在接到权利人的通知后，根据本条例规定断开与侵权的作品、表演、录音录像制品的链接的，不承担赔偿责任”。2012年12月21日，中文在线公司向智珠网公司发送律师函并就包括涉案作品在内的多部作品涉嫌侵权事宜向后者主张权利，并附有地址链接。智珠网公司表示收到上述函件后其立即通知相关版主删除了相关帖子，同时智珠网表示至本案诉讼前，该公司已经将整个ePub电子书区关闭进行清理。智珠网认为自己作为网络服务提供者，已经断开相关涉权的链接，不需承担相关责任。

根据被告辩称，作为网络服务提供者主动断开相关链接，可以免除侵权的直接责任，但是是否就没有其他的间接责任呢？2012年12月17日，最高人民法院通过了《最高人民法院关于审理侵害信息网络传播权民事纠纷案件适用法律若干问题的规定》，该规定于2013年1月1日起施行。根据第七条规定，网络服务提供者在提供网络服务时教唆或者帮助网络用户实施侵害信息网络传播权行为的，人民法院应当判令其承担侵权责任。网络服务提供者以言语、推介技术支持、奖励积分等方式诱导、鼓励网络用户实施侵害信息网络传播权行为的，人民法院应当认定其构成教唆侵权行为。

根据此规定，智珠网为了鼓励网友发布信息，共享网络资源，发布“版规”。根据“版规”的规定，网友发布资源将会得到奖励，网站向版主让渡了一定的管理权，并鼓励网友发布资源。进行论坛回复或者发布资源的网友，将会获得一种网上虚拟货币——“银币”的奖励。版主“用手抓痒痒”将涉案侵权内容发布于帖子的首页，并对涉案载有侵权内容的帖子进行了“取消高亮”和编辑等推介行为，其行使了相应的版主权利，而相应的版主权利为智珠网公司经过审查后授予的。

网站上的鼓励措施恰恰就是《信息网络传播权民事纠纷案件适用法律若干问题的规定》中所提到的教唆侵权行为。上述给予版主相应的权利以及提供资源奖励的方式实质上会诱导、鼓励网络用户来实施侵害信息网络传播权的行为。因此智珠网公司对涉案侵权行为的发生存在过错，已经构成教唆侵权，应当承担停止侵权、赔偿损失的民事责任。

鉴于中文在线公司并未举证证明其因智珠网公司侵权行为所造成的损失或者智珠网公司的侵权获利，法院将综合考虑涉案作品的独创性程度、知名度以及智珠网公司的过错程度、侵权情节、传播方式和使用字数等因素，同时参考国家相关稿酬支付标准，对其经济损失数额予以酌定。

因为中文在线公司认可智珠网公司已经关闭了 ePub 电子书区并撤回了要求智珠网公司停止侵权的诉讼请求，因此，法院对此不再处理。

【相关知识拓展】

“版主”的行为与网站并非没有关系。根据《信息网络传播权保护条例》，网站如果作为网络服务提供商以提供链接服务，服务对象在网站上发布了侵权作品，如果在接到权利人的通知书后，及时断开链接就可以免除承担责任，似乎使用其网站的网络用户之间的行为与该网站并没有非常密切的或是直接的关系，所谓“版主”的行为与网站似乎没有关系，其实并非如此。

2012 年 12 月 26 日，最高人民法院全文公布了《最高人民法院关于审理侵害信息网络传播权民事纠纷案件适用法律若干问题的规定》（以下简称《信息网络传播权司法解释》），该解释自 2013 年 1 月 1 日起正式实施。

《信息网络传播权司法解释》区分了作品提供行为和网络服务提供行为，在明确网络服务提供者直接侵权责任的同时，该解释还明确了网络服务提供商教唆、帮助网络用户实施侵权行为的间接侵权责任。所谓教唆侵权，是指网络服务提供者以言语、推介技术支持、奖励积分等方式诱导、鼓励网络用户实施侵害信息网络传播权的行为；所谓帮助侵权，则是指网络服务提供者明知或者应知网络用户利用网络服务侵害信息网络传播权，未采取删除、屏蔽、断开链接等必要措施，或者提供技术支持的。

数字传播技术的运用和发达大大提升了网络用户传播侵权复制品的能力，而网络侵权往往具有高度的隐蔽性，追究直接侵权的网络用户的法律责任在操作上往往不可行，也不经济。越来越多的人将目光转向了为网络用户提供网络传播途径和便利条件，同时也直接或间接从网络用户的侵权行为中获益的网络服务提供商❶。

在此情况下，如何既能保障信息网络产业的高速发展，满足社会公众获取信息自由的权利，又能加强知识产权保护成为重要课题。在这一背景下，《信息网络传播权司法解释》应运而生。该解释一方面明确网络服务提供者对网络上的海量信息是否侵权不具有主动监控义务，坚持了《侵权责任法》《信息网络传播权保护条例》所确立的“避风港原则”，另一方面也明确了网络服务提供者的间接侵权责任。

案例二：亚马逊第三方卖家售影印版图书 涉嫌侵犯著作权

2012 年 12 月 24 日，谢先生在亚马逊的网站上购买了三本书，其中一本名为《一胜九败》，售价为 97.4 元，在谢先生在线付款后，亚马逊提示该书籍“目前暂无库存，是否到货时一起发出”，谢先生随后选择确定。在谢先生发给记者的订单截图中，该订单预计发货时间为“2012 年 12 月 26 日—2013 年 1 月 1 日”。

谢先生对记者称：“客服告诉我购买的《一胜九败》已经没有货了，只有‘影印版’，问我要不要。我以为客服说的‘影印版’是其他出版社或者其他版本的书籍，就同意发货了。”

2013 年 1 月 2 日，谢先生收到了该书籍。“居然是影印版的”，谢先生告诉记者，“除了封面是彩色，内页和封底很明显是影印的图书”。而且该书籍上赫然印着“定价：28.00 元”。

谢先生还在图书中收到了一页来说明影印版和盗版的区别的函件。对于谢先生购买的图书，卖家表示“这是图书馆珍藏的影印版，这本书已经绝版不再印刷”。记者了解到，该书籍的翻译者徐静波在了解到消费者购买到了“影印版”的图书之后，在其认证的微博上表示自己“震惊”，并指这种行为“太过分!”影印版也是侵犯著作权的产品，亚马逊作为网络平台提供者对此是有一定的审慎义务，但这个义务并不严格，一般情况是需要权利人向其提出侵权主张，亚马逊在收到权利人的主张后就应当将相应的产品下架。

---

❶ 版主上传《甄嬛传》网站被判教唆侵权【3】——理论——人民网：http：//theory. people. com. cn/n/2013/0515/c49150－21485556－3. html.

经多次搜索上述图书发现，亚马逊已经将谢先生购买图书的相同版本下架。谢先生购买的图书由进驻亚马逊的第三方卖家所销售和配送，但事发后该卖家——四季文化公司仍在销售不同版本的《一胜九败》，售价为18.2元。对此，亚马逊的公关公司一位相关负责人对记者表示："第三方卖家的配送，亚马逊自身无法监控到，从源头上讲和消费者如何沟通我们并不知情。"

据上述亚马逊公关公司的相关负责人透露，亚马逊已经和消费者取得联系，同意退款，并且在调查第三方卖家是否得到了出版社的授权销售，"如果存在私自影印销售行为的话，亚马逊会马上关掉该商户"。该负责人称："亚马逊不会对消费者予以赔偿，因为亚马逊只能保障自营商品为正品，第三方卖家有太多的不可控因素。"❶

【相关知识拓展】

本案例涉及的是网站第三方平台的侵权问题。案情并不复杂，网络产品提供商也提供相应服务内容，他方人员通过本网络提供侵权作品的，需要承担责任。

《信息网络传播权司法解释》第三条规定，网络用户、网络服务提供者未经许可，通过信息网络提供权利人享有信息网络传播权的作品、表演、录音录像制品，除法律、行政法规另有规定外，人民法院应当认定其构成侵害信息网络传播权行为。

本案中，亚马逊网站上也提供服务让第三方销售商进驻，而影印版是侵犯著作权的产品，亚马逊作为网络平台提供者对此有一定的审慎义务。

什么叫影印版

原来早些时期，出版社要重新出版一本书的时候，如果原书是比较完美的，不需要重新修订，就会直接把原来的底版拿出来送印刷厂印刷。影印的情况是原来的底版找不到了或者毁坏了，但是这本书的原貌又比较有意义，就只好去找留存下来的印刷成品，找到以后每页拍照，翻印成新的。这种影印书多只对封面作一些调整，内容乃至排版都不变（否则就不

---

❶ 中国知识产权律师网：http：//www. ciplawyer. cn/article1. asp？ articleid = 10613.

叫影印了)，但纸张和印刷质量都不可与原版同日而语。

现在，影印版的书通常就是指盗版书，是通过“复印”正版书籍来实现量产的，在阅读上比起那些重新排版的盗版书来，避免了错别字的出现，但字迹不大清晰。

亚马逊引进第三方卖家

在亚马逊的平台上是自己主营，如果有其他商家入驻，就被称为第三方卖家。

在全球范围内，第三方平台为当时的亚马逊贡献的收入超过40%。在亚马逊开放第三方平台当月，时任卓越亚马逊总裁的王汉华公开表示：“引进第三方卖家的时候，我们是非常小心的，商家必须有正式注册经营以及开税票的三证或者五证。商家要么是品牌拥有者，如果做代理的一定要有品牌拥有者的授权，除此之外我们不接受其他的卖家，要保证商品一定是正品。”当时亚马逊的担心，如今变成了现实。

对涉嫌出售盗版的行为，亚马逊（中国）的回应是，等出版商举证再说。

读者在亚马逊上购书时，都确信在那里买到的是正版图书，他们并不能很好地区分这些图书是来自亚马逊的仓库还是来自第三方卖家平台。一旦出现图书质量问题和盗版问题，均怪罪于出版商。

盗版取证很复杂

由于亚马逊（中国）第三方平台上有涉嫌出售盗版书的行为，很多出版社均向亚马逊投诉过，希望查处这些行为。在亚马逊，图书采购团队和第三方审核团队是两个团队，而出版商平时跟亚马逊打交道的对象都是图书采购团队，他们无法干涉同一公司第三方审核团队的业务。亚马逊（中国）方面表示，他们对盗版问题非常重视，会把控好第三方卖家的资质；如怀疑第三方销售盗版，可以购买，然后投诉。多家出版商证实在他们向亚马逊举证投诉之后，第三方卖家会撤下涉嫌盗版的图书，也有商家被关闭。到目前为止，亚马逊方面对于第三方平台上涉嫌盗版的图书，仍然采取先举证再去调查监管的方式。

但出版商感到举证盗版是一件非常复杂的事。他们在向第三方卖家购书时，有些是不提供发票的，发货地址和商家名称也非常含糊，根本无法知道对方是谁，在哪里，这都增加了取证的难度。

4.2.3　我国网络服务法律保护问题对策及建议

我国网络服务包括互联网新闻服务、互联网出版服务及其他互联网信息服务如数据库服务，都存在着一定程度的法律保护问题，其法律制度也存在一定的缺陷。不够完善之处制约、阻碍着我国网络服务的进一步发展与繁荣。下面笔者就我国网络服务法律保护问题提出一些相应的对策及建议。

第一，加强立法，继续完善相关法律，建议制定与国际接轨的网络版权法。

第二，提供网络服务的个人或企业尽量减少网络版权被侵害的可能，减少维权成本。一方面要强化法律意识，了解自身对网络服务产品享有的权利，如遇侵权应依法追究侵权人的责任。

第三，提高社会公众对网络服务法律保护问题的意识。一方面，只有网络服务提供者的权利得到法律的有效保护，网络服务才会得到积极发展，才能创作出更多作品；另一方面，网络提供新闻、出版、数据库等服务给公众，又必须平衡提供方与社会公众合理使用、传播网络内容的问题。

第五章　广告展会产业发展及其相关法律保护问题

5.1　广告

广告文化创意地位及其主要法律保护问题概述

1. 广告与广告创意

广告可以泛指一切不针对特定对象的公告，包括公益广告、旅游广告、商业广告，等等。然而，日常生活中所说的“广告”往往特指商业广告，即用于推广货品、服务或理念的付费公告。美国广告协会对广告定义：广告是付费的大众传播，其最终目的是为了传递情报，改变人们对广告商品的态度，诱发其行动而使广告主得到利益。总而言之，广告即是通过一定的表现形式，将目标对象广而告之。广告的目标在于劝说大众，以引发购买、增加品牌认知或增进产品的区别性。每则广告由讯息与传递信息的媒介构成。

广告的存在对现代经济的发展起着不可估量的推动作用，多项研究表明，一支好的广告及其适当的投放，是拉动商品销售量的重要因素。如我国的海尔系列产品、王老吉凉茶、洋河系列酒等，在广告的作用下，迅速成长为国内行业领军品牌。

根据不同的分类标准，广告可以划分为不同的种类，具体参见下表：

表 5.1 依据不同分类标准的广告分类

分类标准	广告种类
传播媒介	报纸广告、杂志广告、电视广告、电影广告、幻灯片广告、包装广告、广播广告、海报广告、招贴广告、POP 广告、交通广告、直邮广告、电邮广告、网络广告、互动广告、行动广告
广告传播范围	国际性广告、全国性广告、地方性广告、区域性广告
广告传播对象	消费者广告和商业广告
广告主	一般广告和零售广告
广告手法、内容	资讯式广告和诱导性广告

由于广告业是智力密集型创意行业，广告创意一般被认为是广告作品的灵魂。广告创意贯穿于广告作品从构思萌芽到作品完成与发布的整个过程。对于广告公司及广告主而言，广告创意意味着极大的经济价值可能性，是其生存的基础要素；对于广告创意人而言，一个好的广告创意，往往是其学历、经历、行业研究、行业经验及产品市场调查等整体知识构架的产物。与其他创意产业相比，广告创意的保护显得更为迫切。然而，在现实生活中，广告公司的创意被客户非法利用却难以得到法律保护的情形屡屡出现，需要我们从广告创意保护的法律法规体系综合考量。

2. 我国广告业的法律法规体系

我国广告法制建设的起步阶段是中华人民共和国成立初期。中华人民共和国成立初期，我国中心大城市的广告业有了一定发展，各大城市从社会管理的角度提出对广告内容、广告活动依法规范的要求，相继发布了一些广告管理法规，如天津、上海相继发布的《广告管理规则》，另外，西安、重庆也陆续发布了类似的广告法规，明确了广告规范的范围、广告禁止的内容、出证制度、广告经营许可证方面的内容等。

随着经济的快速增长和国家法制的加强，“文化大革命”的前十年，我国广告法制建设进入增强时期。但在“文化大革命”的十年间，我国广告法制建设几乎处于停滞阶段。

“文化大革命”之后，我国广告法制建设才进入实质进展阶段。1982 年 2 月，国务院颁布了《广告管理暂行条例》，国家工商行政管理局制定了《广告管理暂行条例实施细则》及相关的规章。1987 年 10 月，在修改、补充、完善《广告管理暂行条例》的基础上，国务院颁布的《广告管理条例》从宏观上初步确立了依法经营、依法管理、依法追究法律责任的法制化轨道。1988 年国家工商行政管理局颁布了《广告管理条例实施细则》。1995 年 2 月 1 日《中华人民共和国广告法》的颁布与施行，标志着广告管理法制化进程进入了一个新的阶段。1997 年 3 月，我国颁布《广告服务收费管理暂行办法》，规定广告代理费为广告费的 15%，国际通行的现代广告代理制的条文形式被正式确立下来。

《中华人民共和国广告法》2015 年 4 月被修订，经第十二届全国人大常委会审议通过且于 2015 年 9 月 1 日生效。本次《广告法》修订幅度较大而且对违法行为追责也更加严厉细致，主要有以下几方面：

其一，新增对广告代言人的规制。新广告法规定广告代言人必须使用过推荐的商品或服务，但不得代言医疗、药品、医疗器械、保健食品；10 周岁以下未成年人不得代言；代言人与广告主须承担连带损害赔偿责任。

其二，麻醉药品、精神药品、放射性药品等特殊药品以及戒毒药品、医疗器械和治疗方法不允许做广告。上述不得做广告以外的处方药，只能在医药专业刊物上做广告。

其三，保健食品广告不得表示功效、安全性断言或保证，不得涉及疾病预防、治疗功能，不得声称或暗示其为保障健康所必需，不得与药品、其他保健食品进行比较，不得请广告代言人，同时应显著标明“本品不能代替药物”。

其四，农药、兽药、饲料、农种和养殖广告等，不得表示功效、安全性的断言或保证，不得利用科研单位、学术机构、技术推广机构、行业协会或专业人士的名义或形象作推荐证明，等等。

其五，房地产广告面积应标明建筑面积或套内面积，不得对升值或投资回报做出承诺，不得以项目到达某一具体参照物的所需时间表示项目位置，不得对规划或建设中的交通、商业、文化教育设施以及其他市政条件作误导宣传。

其六，新广告法进一步明确了虚假广告的定义并加重虚假广告的法律责任。

广告作为一般意义上的经济活动和传播行为，同样也受到刑法、民法的有关规定及国家某些经济、社会管理法律法规的约束和规范，如《反不正当竞争法》《著作权法》《合同法》《公司法》，等等，还有诸如有关城市建设、交通、环保、医药卫生事业管理的规定。

经过多年的理论和实践，我国的广告法律体系对我国广告业的健康发展、广告市场的成长与规范、消费者合法权益的保护发挥了重要作用。随着广告法的修订，国家从立法层面对当今广告乱象进行了整顿。在广告市场规则的完善、广告诚信建设、对广告市场秩序进行有效维护、进一步推动中国广告业的健康发展方面，广告法制体系在理论和实践上应得到进一步的丰富和完善。

3. 广告产业法律保护现状

（1）广告作品、广告创意的知识产权保护

一般来说，广告的知识产权保护，是指从知识产权角度出发，运用知识产权法律法规，为广告作品及其形成过程中所产生的符合知识产权保护客体条件的内容提供保护。而依据知识产权的一般属性，广告创意作为一种“无形资产”，是可以包括在知识产权客体范围之内的。但另一方面，广告创意与传统知识产权所保护的客体如发明、商标、作品、软件、外观设计等显然存在不同之处，因此从严格意义上来说，广告创意保护并不适用传统的知识产权法律制度。而且，广告创意的真正价值目前也没有通行有效的评估方法，即使按照知识产权予以保护，也缺乏具体操作性。

所以，国内对广告知识产权的保护方面应当进行更加深入的研究，更加有效地弥补在立法上存在的空白。

（2）广告语的著作权保护

广告语又称广告标语、广告口号、广告主题句，是为了加强诉求对象对企业、商品或服务的印象在广告中长期反复使用的简短口号性语句。好的广告语可以作为广告创意的“点睛”之笔，表达消费者的愿望、需求，成为企业与消费者沟通的重要纽带。

广告语因其简明、扼要的特点，字数一般被控制在6～12字以内，因而被划分到名称、标题或标语等短语、短句的范畴。而对于名称、标题或标语等短语、短句能否以著作权法加以保护，存在着不同的认识。法国《知识产权法典》第L. 112 －4条规定，如果作品的标题具有原创的特点，那么可以同作品本身一样受到保护。而英国和美国则不主张给予标题、标语等以著作权保护。在美国，著作权法并不保护广告中使用的标语或其他简短的短语，“即使它们是很有特色的安排或印刷”。

我国著作权法对于名称、标题或标语等短语、短句的保护没有做出特别的规定，因而无论是在理论还是在实践中，对是否应以著作权法保护广告语都存在很大争议。主要存在两种争议观点，一种观点认为，广告语并非著作权法意义上的作品，不受著作权法的保护。根据著作权法的规定，作者对作品享有著作权，著作权法所称的作品是指文学、艺术和科学领域中具有独创性并能以某种有形形式复制的智力创作成果。而广告语虽然是一种智力创作成果，但其从内容和功能上都不能被归于文学、艺术和科学领域内，因而不受著作权法的保护。另一种观点认为，广告语不是著作权法意义上的作品，而是一种商务标语。所谓商务标语是指经营者为了推销商品或者宣传服务项目而使用的宣传用语或口号，它常常和商标同时出现，与商标有密切的联系，商务标语不能由原创人独占使用，而且商务标语稳定性差，常常因时因地调整改变。鉴于广告语的这种特殊性，该观点进一步指出，广告语应和商标结合在一起使用，受商标法的保护。

随着征集广告语的活动日益增多，由此引发的广告语著作权纠纷案件也呈上升的趋势。在广告语著作权侵权纠纷中，被告方通常以广告语不受著作权法保护为其抗辩的理由，法院在审理此类案件时，首先也要明确涉案的广告语是否受著作权法的保护。从司法实践来看，我国法院对作品标题的著作权法保护比较犹豫，如在“五朵金花”案、“中华老字号”案、“娃哈哈”案中，法院均以作品标题不构成作品为由未予保护。

（3）网络广告的法律保护

一般认为，网络广告是利用数字技术设计和制作的发布于网络的商业广告。美国著名的传媒研究者霍金斯曾将网络广告定义为电子广告，是指通过电子信息服务传播给消费者的广告。中国网络广告网把网络广告定义为在网络上传播、发布的广告。网络广告的特征相对于传统广告具有很大的优势，但由于是新兴事物，因而又存在一些不足。网络广告的主体是取得网络广告发布资格的广告主、广告设计制作者和广告发布者，客体是受众。

近几年来，随着互联网技术和各种终端设备的发展，我国上网人数年递增趋势明显。网络时代的到来，推动网络广告的蓬勃发展。根据艾瑞咨询 2016 年度中国网络广告核心数据显示，中国网络广告规模达到 2902.7

亿元，同比增长32.9%。

网络广告发展的同时所带来的负面影响也不断增强。网络广告引发的问题主要有网络广告主体问题、隐性广告问题、违法广告问题、不正当竞争问题和广告骚扰问题等，而由于网络是个新兴事物，目前，我国还没有成熟的网络法体系来规制这些问题。这些问题的解决已成为调整网络广告法律关系的重中之重。

（4）“低点代理”与“零点代理”现象层出不穷

在广告代理制中，广告公司处于主导地位，是作为广告主与广告媒介沟通桥梁的角色，作为双重代理身份而存在的，广告公司的报酬主要分为两部分：广告代理费和设计制作等费用。按照国际惯例，广告代理制实行下的广告代理费以15%为标准，户外广告为16.67%，我国的《广告管理条例施行细则》也规定承办国内广告业务的代理费为广告刊播费的10%，承接外商来华广告的代理费为广告刊播费的15%。

但是值得我们关注的是广告代理制在中国的发展并不顺畅，比如，闹得沸沸扬扬的“零代理”现象，媒介自办广告公司等问题层出不穷，甚至部分广告主甚至开始直接越过广告代理公司来与媒介进行合作购买事宜。广告主的上述变化已经显现出广告代理制目前在具体实施过程中的问题所在，即广告主在参与广告乃至营销活动中并没有按照代理制的规则出牌。这就使广告代理制中广告公司无法完成应有角色功能。但显而易见的是，这些问题的原因，除了整个广告行业不成熟因素和不规范操作在发生作用外，似乎都与经济利益有着分不开的关系。

自办媒介广告公司、客户代理与媒介代理的并存、“零代理现象”、双重代理或多重代理的存在、不仅给广告代理制的实施带来很大的混乱，而且使广告代理公司的利润空间变得日益狭窄。这样夹在两者之间的广告代理公司的生活并不好过，整个广告行业的变动使广告公司处在一个很尴尬的境地。

“零代理”的发起者几乎都是资本实力雄厚、占据广告市场领导者地位的跨国广告公司，它们在国外通常是按国际惯例的代理制度操作运营，但到中国却用其在国际市场上获得的丰厚利润作为资本，以压低价格的方式，使竞争公司无利可图或利润微薄而退出市场，从而获得广告客户。这种价格策略使得越来越多的广告客户向少数跨国广告公司集中，逐渐形成跨国广告公司的垄断格局。“零代理”给本土广告代理公司带来极大威胁，由跨国公司发起的“零代理”风暴已经迅速席卷整个本土广告业，使得本土广告公司也不得不投入这种价格战之中，由此引发广告市场恶性价格竞争愈演愈烈❶。

案例一：关于广告著作权侵权案

原告：刘毅，桂林日报要闻部记者

被告一：广西壮族自治区南宁卷烟厂（以下简称“南宁卷烟厂”）

被告二：南宁真龙伟业广告有限公司（以下简称“真龙广告公司”）

广西南宁卷烟厂与真龙广告公司签订《“拾万元诚征广告用语”活动合同书》，约定由南宁卷烟厂委托真龙广告公司全权代理活动，征集“真龙”香烟广告语，入围广告语著作权归南宁卷烟厂所有，用于“真龙”香烟的广告宣传及广告品制作等相关领域。征集启事中规定了征集广告语的要求、评选办法、奖励规则、截稿日期，并规定：所有来稿概不退还，入围作品的使用权、所有权归真龙广告公司所有。刘毅将创作的“天高几许？问真龙”应征广告语寄给真龙广告公司，此作品获得入围奖。但刘毅称其未见到获奖公告，亦未领取奖金。活动结束后，南宁卷烟厂将广告语修改为“天高几许问真龙”，使用于“真龙”香烟的包装、广告、烟卡、公园门票、车票等，展开促销宣传。

原告刘毅认为，被告南宁卷烟厂和真龙广告公司未依征集启事内容支付奖金，且未与其签订著作权使用许可合同或转让合同就修改其作品，大量复制发表其作品，侵犯了其著作权，因而提起诉讼，请求法院判令被告停止侵权、赔礼道歉并赔偿经济损失 50 万元人民币。被告真龙广告公司辩称：根据刊登的征集广告语启事，原告与南宁卷烟厂之间已形成了委托创作合同关系，入选作品著作权应属于南宁卷烟厂，请求驳回原告的诉讼请求。

一审法院经审理认为，原告根据自己对“真龙”香烟品牌的认识、自己的文化底蕴及社会经验，通过智力劳动创造出“天高几许？问真龙”的广告语，该广告语具有独创性，其著作权依法在创作完成之日即属于原告

---

❶ 王素娟．文化创意产业中的法律问题研究［M］．北京：中国人民公安大学出版社，2013.

刘毅所有。被告刊登的征集广告启事只是一种要约引诱而非要约，依照《中华人民共和国著作权法》的强制性规定和要约引诱的法律特征，真龙广告公司必须在原告作品入围后，与原告另行签订作品许可使用或转让合同，而原告并未与二被告签订委托创作合同，因此不存在委托创作合同关系。根据“真龙”香烟在全国的销售情况以及该广告产品覆盖区域情况，二被告侵权的范围广、时间长，收到了巨大的社会效益和经济效益，因此，在原告受到侵害的损失和被告获利均不能确定的情况下，应当参照广告行业的惯例，并依照《中华人民共和国著作权法》第四十八条第二款之规定确定原告应当得到的赔偿数额。

一审法院做出判决：真龙广告公司和南宁卷烟厂停止使用原告作品，并在相关媒体上发表声明，赔礼道歉，共同赔偿原告经济损失 48 万元，二被告互负连带责任。

南宁卷烟厂和真龙广告公司不服一审判决，提起上诉。上诉人称，其在广告语征集启事上明确载明，入围作品使用权、所有权归本公司所有。启事具备要约的要件，虽然刘毅是原创作者，但只要投稿参选，就构成承诺，与上诉人形成了“委托创作合同”关系。由于讼争作品是委托作品，所以著作权属于上诉人所有，故将广告语用于宣传活动并不构成侵权。被上诉人则认为，这种面向公众的征集启事不能构成委托创作合同，因为它没有明确双方的权利和义务。征集启事中对所有权、使用权的约定不明确，应视为无约定，著作权本身包含著作人身权，不能约定包含人身权的著作权的归属，无约定，著作权归上诉人所有。

二审法院经审理认为：“天高几许？问真龙”系委托作品。真龙广告公司在媒体上刊登征集广告语启事符合要约的构成要件，依法认定为委托创作合同的要约，而且是一个附生效条件的要约，即应征作品按约定被评选之后，委托创作合同成立并生效。广告语的著作人身权、财产权各有所属。真龙广告公司在征集广告语启事中约定入围作品的使用权归其所属，应该认定为对入围作品著作财产权中的使用权归属做出明确约定，该约定具有法律效力，所以涉案作品著作财产权按合同约定属于委托人真龙广告公司所有。著作人身权因委托合同没有做出明确约定，应属于受托人刘毅所有，南宁烟厂和真龙广告公司的行为并没有侵犯刘毅的著作人身权。法院认为，南宁烟厂和真龙广告公司在委托创作的特定范围内使用涉案作品行为不构成侵权，可以继续在特定范围内使用。

二审法院做出判决：撤销桂林市中级人民法院民事判决；驳回原告刘毅的诉讼请求❶。

【案例分析】

本案诉讼双方的争议焦点有两点：1. 争讼作品“天高几许？问真龙”是否为委托作品，著作权属于谁所有？2. 南宁卷烟厂和真龙广告公司使用争讼作品的行为是否构成侵权？如果构成侵权，应如何承担民事责任？

对于争议焦点一，争讼作品是否为委托作品，应首先看真龙广告公司向公众发出的广告在法律上是什么性质的行为？是要约行为还是要约邀请？

2002 年 8 月 22 日，南宁卷烟厂与真龙广告公司签订一份《“拾万元诚征广告用语”活动合同书》。双方约定，入围广告用语的著作权从公告之日起归南宁卷烟厂所有，入围广告用语可用于南宁卷烟厂产品“真龙”香烟的广告宣传及广告品制作等相关领域。

按照南宁卷烟厂委托，真龙广告公司于 2002 年 9 月 13 日在《南国早报》《八桂都市报》《广西政法报》等媒体上刊登“拾万元诚征‘礼品真龙’广告用语”启事。说明“所有来稿概不退还，入围作品的使用权、所有权归南宁真龙伟业广告有限公司所属。”刘毅于 2002 年 9 月 29 日将自己创作的 12 条应征广告语寄给真龙广告公司，其中第 3 条应征广告语的内容是“天高几许？问真龙”，在应征函件中，刘毅对真龙广告公司在媒体上刊登的征集广告语启事没有提出异议或声明保留应征广告语的著作权，仅要求真龙广告公司收妥应征广告语并注明作者，将作品提供给评委会挑选。

真龙广告公司在《南国早报》《八桂都市报》《广西政法报》等媒体上刊登的征集广告语启事符合要约的构成要件，依法应认定为委托创作合同的要约。《中华人民共和国合同法》第十四条规定：“要约是希望和他人订立合同的意思表示，该意思表示应当符合下列规定：（一）内容具体确定；（二）表明经受要约人承诺，要约人即受该意思表示约束。”真龙广告

❶ 杏红梅. 广告语的著作权保护［D］. 重庆：西南政法大学，2010.

公司在媒体上刊登的征集广告语启事做出了希望和他人订立委托创作合同的意思表示。虽然真龙广告公司是受南宁卷烟厂的委托而向社会征集“礼品真龙”香烟广告语，但由于真龙广告公司不是以南宁卷烟厂的名义，而是以自己的名义委托不特定的人创作广告语作品，且约定委托创作作品的所有权和使用权属于真龙广告公司，故在委托创作合同中系委托人。该意思表示内容具体确定，明确了合同履行期限、地点和方式，即投稿的日期，所以该条款表明，征集广告语启事是一个附生效条件的要约，只有条件成就，要约才生效。

《中华人民共和国民法通则》第五十四条、第六十二条规定，民事法律行为是公民或者法人设立、变更、终止民事权利和民事义务的合法行为。民事法律行为可以附条件，附条件的民事法律行为在符合所附条件时生效。民事法律行为所附之条件必须是特定的事实，且具备下列特征：未来性、可能性、不确定性及合法性，即作为条件的事实应当是当事人进行法律行为时尚未发生的事实，且是有可能发生的事实，发生与否尚不能肯定的事实，还必须是合法的事实。

真龙广告公司在征集广告语启事中约定，应征用语评选出二十句入围，只有入围者才能获得相应的奖金及奖品。如上所述，该约定既是对委托创作合同标的数量及质量条款的约定，亦是委托创作合同要约生效所附的延缓条件，因为作者应征投稿后，作品是否被评为前二十名，具有可能性和不确定性，且为当事人进行法律行为时尚未发生的事实，具有未来性，当事人约定只有进入前二十名才与之缔结合同，该约定没有违反法律的规定，具有合法性。该征集广告语启事是一个附生效条件的要约。

《中华人民共和国合同法》第十五条第二款之规定“商业广告的内容符合要约规定的，视为要约”来看，要约是可以向不特定的人发出的，因为商业广告本身就是向不特定的人发出。向不特定的人发出要约，是要约人在市场竞争中择优选择合同对象以使效益最大化的一种方式。要约人愿意向不特定的人发出要约，并且自愿承担由此产生的后果，法律是允许的。综上，某些广告如果具备要约的构成要件，则可认定为要约。本案真龙广告公司征集广告语启事具备要约的构成要件，且附有生效条件，应认定为附生效条件的要约。

《中华人民共和国著作权法》第十七条规定，受委托创作的作品，著作权的归属由委托人和受托人通过合同约定。合同未作明确约定或者没有订立合同的，著作权属于受托人。真龙广告公司在2002年9月13日发布的征集广告语启事对应征作品的著作权归属并没有做出约定，次日之后发布的征集广告语启事第五条补充声明“所有来稿概不退还，入围作品的使用权、所有权归南宁真龙伟业广告有限公司所属”。如前所述，征集广告语启事是要约，要约到达受要约人时生效，本案征集广告语启事于2002年9月13日发布，应认定为于当日到达受要约人。2002年9月14日刊登的征集广告语启事中，真龙广告公司对第五条做了修改，应认定为对13日要约的撤销，并发出新要约。《中华人民共和国合同法》第十九条规定，“要约人确定了承诺期限”的要约不得撤销，立法精神在于保护受要约人的信赖利益，但本案原告刘毅并没有在2002年9月14日投稿，而是迟至2002年9月29日才投稿，因此，在要约到达刘毅后的第二天，真龙广告公司的撤销要约通知就到达，刘毅并无信赖利益，真龙广告公司仍然可以撤销要约，同时发出新要约❶。

换言之，2002年9月14日刊登的征集广告语启事第五条补充声明“所有来稿概不退还，入围作品的使用权、所有权归南宁真龙伟业广告有限公司所属”是要约的内容之一，在刘毅投稿时没有提出异议的情况下，对刘毅具有约束力。

著作财产权就是指著作权人自己使用或者授权他人以一定方式使用作品而获取物质利益的权利。可见，作品的使用权是著作财产权的内容之一，是指以复制、发行、出租、展览、表演、放映、广播、信息网络传播、摄制、改编、翻译、汇编等方式使用作品的权利。真龙广告公司在征集广告语启事中约定“入围作品的使用权归南宁真龙伟业广告有限公司所属”，应该认定为对入围作品著作财产权中的使用作品的权利归属做出明确约定，该约定没有违反法律的规定，具有法律效力，因此，涉案委托作品“天高几许？问真龙”的使用权属于委托人真龙广告公司所有❷。

由此内容来看，因为作品的所有权与著作权不同，讼争作品“天高几许？问真龙”系委托作品，而著作人身权由刘毅享有，而著作财产权按照

---

❶❷　刘毅与广西壮族自治区南宁卷烟厂、南宁真龙伟业广告有限公司著作权侵权纠纷案 - 判裁案例 - 110网：http：//www.110.com/panli/panli_17004.html.

约定应由真龙广告公司享有。

对于焦点二，南宁卷烟厂、真龙广告公司的行为是否侵犯被上诉人刘毅对涉案作品的著作权，如果侵权，是否应当承担侵权民事责任。

由对焦点问题一的分析，刘毅对涉案作品“天高几许？问真龙”享有著作人身权，即发表权、署名权、修改权和保护作品完整权。

刘毅诉称中，征集广告语活动结束后，南宁卷烟厂按照其与真龙广告公司的约定，将其获奖作品“天高几许？问真龙”中的问号删掉，修改为“天高几许问真龙”，使用于其生产的“真龙”香烟的包装、广告、烟卡、公园门票、车票等，并以此展开对“真龙”香烟的促销宣传。在广西南宁市、桂林市、柳州市等城市街头及南宁至桂林的高速公路上树立起了许多包含“天高几许问真龙”广告语在内的“真龙”香烟广告牌，等等，其行为侵犯了著作权人的权利。

由于真龙广告公司未尽合理注意义务，在履行其与南宁卷烟厂签订的《“拾万元诚征广告用语”活动合同书》过程中，刊登征集广告语启事时没有写明“入围作品的著作权属于南宁卷烟厂所有”，而是载明“入围作品的使用权、所有权归南宁真龙伟业广告有限公司所属”，也没有将入围作品的奖金和奖品及时寄给作者，从而引起本案纷争，真龙广告公司履约有瑕疵，但本案是侵权之诉，而不是违约之诉。如上所述，涉案委托作品“天高几许？问真龙”著作权中的著作财产权属于委托人真龙广告公司所有，著作人身权属于受托人刘毅所有。故刘毅指控南宁卷烟厂及真龙广告公司侵犯其复制权、发行权、广播权和摄制权四项著作财产权的理由不能成立。

刘毅对涉案作品“天高几许？问真龙”享有著作人身权，即发表权、署名权、修改权和保护作品完整权。但南宁卷烟厂和真龙广告公司的行为没有侵犯刘毅的著作人身权。

首先，南宁卷烟厂和真龙广告公司没有侵犯刘毅对涉案作品的发表权。发表权是决定作品是否公之于众的权利。如前所述，涉案作品是委托创作作品，著作财产权按约定应认定属于真龙广告公司享有，既然刘毅将著作财产权转让给真龙广告公司，就应推定刘毅允许或授权真龙广告公司发表该作品，因为不发表作品，就无从使用作品，就无法行使著作财产权。真龙广告公司按照其与南宁卷烟厂的约定，将涉案作品交给南宁卷烟厂发表使用于“真龙”香烟广告宣传活动中，这是真龙广告公司行使其著作财产权的体现，没有侵犯刘毅的发表权❶。

其次，南宁卷烟厂和真龙广告公司没有侵犯刘毅对涉案作品的署名权。署名权是表明作者身份，在作品上署名的权利。真龙广告公司在媒体上公布入围获奖作品的名单时，注明了“天高几许？问真龙”的作者是《桂林日报》要闻部刘毅，已表明了刘毅的作者身份，没有侵犯其署名权。南宁卷烟厂使用该作品制作“真龙”香烟宣传广告时虽然没有署上刘毅的名字，但委托创作合同已约定，入围作品将由南宁卷烟厂使用于其生产的“真龙”香烟广告宣传及广告品制作等领域，而根据商业惯例，上述使用一般均不署作者之名，南宁卷烟厂在委托创作的特定目的范围内使用该作品，这种使用方式应视为已取得刘毅的默许，故南宁卷烟厂也没有侵犯刘毅的署名权。

最后，南宁卷烟厂和真龙广告公司没有侵犯刘毅对涉案作品的修改权和保护作品完整权。修改权是指修改或者授权他人修改作品的权利。保护作品完整权是指保护作品不受歪曲、篡改的权利。南宁卷烟厂确实将刘毅的作品“天高几许？问真龙”中的问号删掉，使之成为“天高几许问真龙”，并使用于其生产的“真龙”香烟的包装、广告、烟卡、公园门票、车票上等，南宁卷烟厂对作品的上述改动是按照作品的性质及其使用目的和状况所做的不得已的改动，这种改动无损刘毅作为“天高几许？问真龙”作者之声誉和人格利益，并未侵犯刘毅对该作品的修改权和保护作品完整权。❷

案例二：王老吉再诉加多宝广告语不正当竞争

“王老吉”与“加多宝”之间的“恩怨情仇”在新近一起不正当竞争纠纷之中再度升级。

2013 年 8 月 6 日，在广州市中级人民法院，广州王老吉大健康产业有限公司（下称广州王老吉）及其母公司广州医药集团有限公司作为原告及申请人一方，又一次与作为被告及被申请人一方的广东加多宝饮料食品有

---

❶❷　刘毅与广西壮族自治区南宁卷烟厂、南宁真龙伟业广告有限公司著作权侵权纠纷案 - 判裁案例 - 110 网：http：//www. 110. com/panli/panli_17004. html.

限公司（下称广东加多宝）及其两家经销商展开激烈辩论。王老吉诉加多宝的广告语涉嫌虚假宣传，构成不正当竞争。

这起围绕“中国每卖10罐凉茶，7罐加多宝，怕上火，更多人喝加多宝，配方正宗，当然更多人喝”“全国销量领先的红罐凉茶加多宝”“加多宝凉茶，全国销量遥遥领先”“加多宝凉茶连续六年蝉联中国饮料第一罐”等广告语而起的不正当竞争诉讼案，广州王老吉方面提出诉中禁令申请。当日的开庭，正是针对这起诉中禁令申请进行听证。

据介绍，这已是近一年以来，双方间第4起广告语侵权纠纷以及第二次提出诉中禁令申请。此前的2013年1月31日在最早一起纠纷中，广东加多宝因“王老吉改名为加多宝”“全国销量领先的红罐凉茶改名加多宝”等广告语，被法院裁定实施了虚假宣传、误导消费者的行为，广州中院一纸诉中禁令，让“全国销量领先的红罐凉茶改名加多宝”不得不更改广告词，给加多宝方面在广告方面的巨额投入予以沉重打击。

本案的被告之一广东加多宝称，原告提出的所有的广告发布，都不在自己公司的权限范围内。市场上生产、销售红罐凉茶的企业不只是加多宝（中国）公司，还有广东加多宝公司、武汉加多宝公司、福建加多宝公司等企业。王老吉方面在全国其他省市以同样的理由提起过诉讼，根据民事诉讼一事不再理的原则，应当交给有管辖权的法院审理。在管辖权未确定的情况下，应中止诉中禁令程序。

对此，原告王老吉方面认为，本次诉讼中，原告提供的证据都是在以广东地区、广州地区的媒体为主的广告宣传，被告中国加多宝、武汉加多宝、福建加多宝，一共有十几个加多宝，而广东加多宝是它的主要生产商，在广东地区、广州地区媒体 上出现的这些广告语，不可能是武汉加多宝、福建加多宝、北京加多宝来替广东加多宝做宣传。其次，在加多宝产品、包装上打出了“全国销量遥遥领先”这样字眼的，下面署名的生产商是广东加多宝。而且，对于广告的发布人是谁这个问题，应当适用举证责任倒置，由广东加多宝自己说明。

听证期间，原告诉称，涉案4则广告语中尤以“中国每卖10罐凉茶，7罐加多宝，怕上火，更多人喝加多宝，配方正宗，当然更多人喝”这句广告语属于虚假宣传，构成不正当竞争，因为“中国每卖10罐凉茶，7罐加多宝”这一数据来源和真实性是否可靠，值得怀疑。

广州王老吉方面表示，根据《国家工商行政管理局广告审查标准》等相关法律规定，只有经过国家专门机构检测的相关数据才能作为广告宣传的依据，而被申请人的上述广告语来源于中国行业企业信息发布中心。据其介绍，今年4月，国家统计局统计资料管理中心则通过一份公开告知书指出，加多宝公司该“10罐凉茶，7罐加多宝”广告内容的依据并非来自国家统计局，并且《统计用产品分类目录》没有单设“凉茶”这一指标。

据介绍，该则涉案广告中注明的数据信息来源取自该信息发布中心于2012年12月8日发布的2012年前三季度《中国饮料行业运行状态分析报告》（下称分析报告）。该分析报告原文为：“从销售量市场份额分布情况看，在重点监测的品牌中，有一个品牌的份额超过70%，为加多宝（加多宝生产并销售的凉茶）72.96%；一个品牌的份额在5%至10%之间，为王老吉8.9%。”

广州王老吉方面认为，被告在广告发布过程中擅自将该报告中“加多宝集团生产并销售的凉茶”替换为“加多宝”品牌凉茶，刻意曲解事实；将其在2012年6月之前所生产的王老吉品牌凉茶全部混同为加多宝，从而得出所谓“中国每卖10罐凉茶，7罐加多宝”这一完全与客观事实相违背的错误结论。

针对广州王老吉方面的观点，广东加多宝方面虽否认其系该广告语发布者，但仍就广告语涉及数据的来源有效性及真实性予以维护。该公司辩称，涉案广告发布时，加多宝集团早已不再生产王老吉商标的凉茶，“中国每卖10罐凉茶，7罐加多宝”当中全部指的是加多宝集团生产的标有“加多宝”商标的凉茶。

同时，广东加多宝亦举证表示，中国行业企业信息发布中心是国家统计局下属单位，具有相当的权威性。

广东加多宝还表示，目前市场上存在的标有王老吉商标的凉茶，与广东加多宝公司生产经营的红罐凉茶不是同一个产品，而此前数据中所指出的占有70%以上市场份额的红罐凉茶，其产品实际均系加多宝公司负责生产的。“中国每卖10罐凉茶，7罐加多宝”广告内容真实、形式合法。

此外，加多宝还以调查公司尼尔森公司在非全部重合涉案时间段内的其他数据进行佐证，根据其2012年7月至2013年6月的滚动年度报告，加多宝罐装凉茶市场份额高达81.7%，其代理律师在庭外还向媒体表示，广告法只要求对此类广告标明出处，来源要真实，并未要求一定权威。

针对另外3则广告语，双方亦进行了相应辩论。广州王老吉方面指出，“全国销量遥遥领先”这一说法毫无事实根据，“加多宝凉茶连续六年蝉联中国饮料第一罐”则更令人费解，“出生才1年多，就‘连续六年蝉联中国饮料第一罐?’”广东加多宝则回应称，数据来自第三方统计，并无失实之处；“中国每卖10罐凉茶，7罐加多宝”及“加多宝凉茶连续六年蝉联中国饮料第一罐”中的“加多宝”并不特指商标，而代表生产商名称。

诉中禁令，又称为诉中行为保全。据介绍，根据我国民事诉讼法的相关规定，人民法院对于可能因当事人一方的行为或者其他原因，使判决难以执行或者造成当事人其他损害的案件，根据对方当事人的申请，可以裁定对其财产进行保全、责令其做出一定行为或者禁止其做出一定行为。诉中禁令做出与否取决于是否会给申请人造成难以弥补的损失，以及可能对被申请人造成的损害是否明显超过申请人所面临的损害。而针对损失和损害问题，广州王老吉方面与广东加多宝各有各的说法。

广州王老吉方面表示，被申请人方面通过虚假广告宣传实施不正当竞争，这种行为贬低了申请人形象，又导致申请人无形的损失难以通过金钱来计算。一旦“中国每卖10罐凉茶，7罐加多宝”“连续六年蝉联中国饮料第一罐”这种虚假事实通过广告对广大消费者产生实质影响，其很难通过诉讼的手段去改变消费者已经产生的这种观念和认同，如不及时加以制止，让损失进一步扩大，对于“王老吉”这一经过一百多年成长起来的中华老字号、驰名商标所造成的损失是难以弥补的。

而对于广州王老吉提出的诉中禁令申请，广东加多宝认为，禁令的下发并不存在紧迫性。该公司代理律师表示，第一，涉案广告宣传行为没有实际损害影响消费者选择商品的权利，没有影响消费者选择，进而不会影响正常的市场竞争；第二，广州王老吉没有提出证据证明受到权益损害；第三，同样的案件在其他地区此前已经提起过，如果确实有难以挽回的损失，有急迫需要救济的，早在几个月之前就可以提出禁令，没有必要等到广州法院提出立案以后才提出申请。

对此，广州王老吉方面则回应称，其各地案件代理人不一样，人们对法律的理解及做出的相应诉讼的策略存在不同。同时，诉中禁令只需要在一个地方做出，没有必要通过几个地方同时作诉中禁令。

此外，广东加多宝还质疑广州王老吉就其诉中禁令所提供的担保额并不充分，并在此基础上提出企业商誉评估及反担保请求；广州王老吉则回应表示评估商誉的请求也意在进一步证明是本案申请人方面存在难以弥补的损失，并坦言愿意就对方提出的反担保请求奉陪到底。

广州市中院一审判决，相关广告语被法院认定属于虚假广告语。

广东加多宝饮料食品有限公司在判决发生效力之日起立即停止在广东地区媒体和产品包装上发布“中国每卖 10 罐凉茶，7 罐加多宝，怕上火，更多人喝加多宝，配方正宗，当然更多人喝”等虚假广告语，并立即销毁含有上述虚假广告语的宣传物品；广东加多宝饮料食品有限公司在判决发生效力之日起 30 日内在南方日报、羊城晚报、广州日报头版刊登声明消除影响（内容经法院审定，刊登的字体不得小于头版正文字体）；广东加多宝饮料食品有限公司于判决发生效力之日起 10 日内赔偿原告 1000 万元[1]。

【案例分析】

关于“王老吉”与“加多宝”的诉讼起起伏伏，跌跌宕宕，备受大家关注。在本则案件争论过程中，双方主要有 3 个争议焦点：第一，广东加多宝作为被告的主体适格问题；第二，加多宝涉案广告语是否构成虚假广告，是否会给王老吉造成难以弥补的损失；第三，如果采取“诉中禁令”，对加多宝造成的损害是否明显超过不采取“诉中禁令”给王老吉带来的损害。

针对焦点一：适格主体之辩

根据法律规定，广告主是广告承担责任的主体。但针对被告广东加多宝的主体适格问题，双方却在各方意见发表伊始便存在分歧。

广东加多宝否认其为涉案广告语的制作者或发布者，并表示涉案广告语或由其母公司加多宝（中国）饮料公司制作发布，或无法确认制作发布主体，但均无实质证据指向其系广告主，其只系相关广告利益受益人。

广州王老吉方面则表示，涉案 4 则广告语均系广东加多宝所为，因为涉案产品包装标志有“全国销量遥遥领先”等字眼，下面署名的生产商则为广东加多宝；同时，在广东地域内的销售场所及户外广告中出现

[1] 中国知识产权律师网：http：//www. ciplawyer. cn/article. asp？Articleid = 10648.

涉案广告语，作为当地的产品生产销售商，广东加多宝理应被追究侵权责任。

针对焦点二：虚假广告之辩

对于第二个争议焦点，即“10 罐凉茶，7 罐加多宝”的宣传可信度，可从以下几方面分析。

2013 年 4 月，国家统计局统计资料管理中心的一份公开告知书显示，加多宝的数据并非来自权威的数据发布主体国家统计局。《统计用产品分类目录》没有单设“凉茶”这一指标，国家统计局没有对凉茶品牌及销量进行统计。

在数据的真实性上。加多宝称广告数据来源为《2012 年前三季度中国饮料行业运行状况分析报告》，而据报告显示，分析报告统计的对象不仅包括加多宝销售的凉茶，还包括加多宝生产的凉茶，但涉案广告语并未体现该信息。此外，法院认为加多宝将其 2011 年 11 月到 2012 年 5 月生产的罐体一面印有“王老吉”一面印有“加多宝”的凉茶称为“加多宝凉茶”与事实不符。

而加多宝将所生产的王老吉品牌凉茶全部混同为加多宝，得出“7 罐加多宝”的结论，是将“代加工生产数据”即本属于王老吉品牌的销量数据混同于“品牌销量数据”，此举严重误导了消费者。

客观事实是，2012 年 1 到 9 月份中的前 6 个月，加多宝公司生产的凉茶基本上都是冠以王老吉品牌的。若按照上述分析报告，加多宝生产并销售的凉茶，平均每季度占全国 1 ~ 9 月凉茶行业销售额 24. 32% 计算，2012 年前两季度仍冠名为“王老吉”品牌的占 48. 64%，加上统计所显示的“王老吉”凉茶占 8. 9%，共计 57. 54%；而加多宝 7 ~ 9 月所销售的产品主要还是前两个季度所生产的冠有“王老吉”品牌的凉茶，即其销售的还是前几个月的库存产品。可见，即使按这份统计分析报告，1 ~ 9 月份加多宝销售的主要还是冠名为“王老吉”，而非冠名“加多宝”的凉茶。

因此，即便根据这份统计分析报告的数据，不但得不出“中国每卖 10 罐凉茶，7 罐加多宝”的结论，反而应得出“全国销量领先的红罐凉茶——王老吉”“中国每卖 10 罐凉茶，至少 7 罐是王老吉；怕上火，更多人喝的还是王老吉”的结论[1]。

针对焦点三：是否采取“诉中禁令”之辩

对于第三点争议焦点，诉中禁令其实就是诉中保全，也叫诉讼中财产保全，是指人民法院在受理案件之后、做出判决之前，对当事人的财产或者争执标的物采取限制当事人处分的强制措施。

根据我国《民事诉讼法》的相关规定，人民法院对于可能因当事人一方的行为或者其他原因，使判决难以执行或者造成当事人其他损害的案件，根据对方当事人的申请，可以裁定对其财产进行保全、责令其做出一定行为或者禁止其做出一定行为。诉中禁令做出与否取决于是否会给申请人造成难以弥补的损失，以及可能对被申请人造成的损害是否明显超过申请人所面临的损害。

加多宝方面通过虚假广告宣传实施不正当竞争，这种行为贬低了申请人形象，又导致申请人无形资产造成难以计算的损失。一旦“中国每卖10罐凉茶，7罐加多宝”“连续六年蝉联中国饮料第一罐”这种虚假事实通过广告对广大消费者产生实质影响，其很难通过诉讼的手段去改变消费者已经产生的观念和认同，如不及时加以制止，可能损失会进一步扩大，因此可以采取诉中禁令。

【相关知识拓展】

营销专家指出：“加多宝的一系列广告都是在延续‘王老吉’的品牌红利，改名广告是通过消费者对王老吉‘全国销量领先的红罐凉茶’的认可，与消费者玩文字游戏，销量广告则又将‘全国销量领先的红罐凉茶’名头转而冠至于加多宝之上，借用王老吉的销量与消费者玩起了文字、数字的双重游戏。游戏的后果是消费者被蒙蔽、王老吉则蒙受重大的声誉及经济损失。这样的游戏即便玩得再‘炫’，但却超出了基本的道德底线，超越了法律的界限，是不能被社会和公众认可的。”[2]

这种行为也应当引起社会的警醒和反思。在社会主义市场经济下，企业间的竞争必不可少，但只有遵纪守法，公平竞争，诚信经营，才能让企

[1][2] http://news.kf.cn/2014/0110/78227.shtml，王老吉诉加多宝“10罐7罐”案开庭 真实数据还原双方市场份额。

业在健康有序的环境下良性发展。

通过以上有代表性的广告应用过程中的案例分析，大家可以清晰地看出我们应当进一步完善广告法律法规体系，建立健全针对广告知识产权保护的法律法规和政策体系。我国已经制定了《著作权法》《专利法》《商标法》《反不正当竞争法》等一系列知识产权法律体系，但其中缺乏针对广告的知识产权的专门规定，为广告的知识产权保护留下了真空地带，因此应构建以著作权法为主，辅以《商标法》《专利法》《反不正当竞争法》《合同法》等法律为辅的立体保护模式，实施对广告的知识产权的交叉和重叠保护，以兼顾广告所涉及的不同权利属性❶。

2015 年新修订的《广告法》已经对医药、医疗器械、房地产、保健食品等具体广告做了严格的限制规定，当今社会一些广告乱象势必得到严厉整治，只是从法律实施到产业良性运行需要一些时间，各级行政管理部门和司法部门应当严肃严格执法、公正司法，推动我国广告业整体水平的实质提升。

5.2 展会

5.2.1 展会文化产业相关问题及我国知识产权保护现状

1. 展会的概念

展会是指会议、展览（Exhibition，Trade Show，Exposition，Trade Fair 或 Trade Events 等）、大型活动等集体性的商业或非商业活动的统称。其概念内涵是指在一定地域空间，许多人聚集在一起形成的定期或不定期、制度或非制度的传递和交流信息的群众性社会活动，其概念的外延包括各种类型的博览会、展销活动、大中小型会议、文化活动、节庆活动等。特定主题的展会是指围绕特定主题集合多人在特定时空的集聚交流活动。狭义的展会仅指展览会和会议；广义的展会是会议、展览会、节事活动和各类产业/行业相关展览的统称。会议、展览会、博览会、交易会、展销会、展示会等都是展会活动的基本形式，世界博览会为最典型的展会活动，目

❶ 吕渊．论广告的知识产权保护［D］．武汉：华中科技大学，2008．

前国内展会产业链已经相当完善[1]。

2. 展会文化产业法律的主体

展会文化产业中应用较多关系较为紧密的仍然是知识产权保护。前文已有述及，知识产权是一项专有性的民事权利，相对债权而言，它同所有权一样，具有排他性和绝对性的特点。知识产权的专有性主要表现在两个方面：一是知识财产权利人所独占，权利人垄断这种专有权利并受到严格保护，没有法律规定或未经权利人许可，任何人不得使用权利人的知识产品；二是对同一项知识产品，不允许有两个或两个以上同一属性的知识产权并存。例如两个相同的发明物，根据法律程序只能将专利权授予其中的一个，而以后的发明与已有的技术相比，如无突出的实质性特点和显著性的进步，也不能取得相应权利。展会中可能包含知识产权的物品主要是展会名称、展会标志、展台、参展产品、宣传册等，其对应的知识产权权利主体可以分为以下三类。

（1）展会主办方

展会主办方作为展会的组织者，本身就拥有很多自主知识产权。首先展会主办方是展会名称的拥有者，其次展会的标志和会徽也可以由主办方依据著作权法及商标法的相关规定取得权利，最后展会主办方也是展会项目创意、商业秘密等无形资产的权利人。

（2）参展方

参展方是展会知识产权的主要权利人。参展商在展会上展出的各种新产品、新技术包含着种类众多的知识产权，如专利权、著作权、商标权等。

（3）第三方

展会知识产权权利主体的第三方是指在展会上既不属于展会主办方，也不属于参展方的那一部分知识产权的权利人。这些知识产权的数量也非常多，例如展会现场播放的音乐、参展商电脑里安装的软件等。

3. 展会知识产权保护的对象

（1）展会名称、标志

展会的名称和标志作为展会主办方独具创意的智力成果，与展会知识产权密切相关，应该纳入展会知识产权保护的对象范围。展会名称直观地

---

[1] 百度百科：http：//baike. baidu. com/view/246991. htm？ fr = aladdin.

反映了展会的定位、展览内容和展会的时间、地点等，如中国进出口商品交易会、中国国际建筑装饰博览会等。这些展会的名称反映了主办方独特的组展理念和项目创意，理应受到相关知识产权法律的保护，但目前我国尚未有此方面的法律规定。

展会标志是区别展会项目或展会主办方的一种标记，它一般包括展会的会徽、吉祥物、展会主题、会歌等。这些标记依附于展会而存在，使参展商或参观者能够很容易识别。展会标志作为主办方的智力成果，虽然不具有直接的经济内容，但主办方却可以通过展会标志间接地取得经济效益。首先，通过标志的知名度吸引更多的参展商参展，同时也会吸引更多的参观者参观展会；其次，参展方可以授权其他企业或组织使用展会标志，在扩大宣传的同时也带来了可观的经济收益。由此，展会标志也是一种无形资产，具有知识产权保护的价值。

（2）参展商所展出的展品

展会的主要功能就是为参展商搭建一个展示自己产品的平台，这些产品代表着一定时间和一定范围内的最新科技成果或最前沿的设计理念。参展商参加展会的目的就是期望通过自己产品的展示，吸引更多的潜在客户购买自己的产品。同时一件展品可能同时包括了多项知识产权的内容，如汽车参展商展出的新款汽车就涉及发明专利、外观设计专利、商标、计算机软件等众多知识产权。参展商在展示自己产品的同时，也通过各种手段尽量防止自己的知识产权被竞争对手所抄袭。作为展会组织者的主办方，更是通过一系列措施保护参展商的知识产权。因此，对展会知识产权保护来说，参展商所展出的展品是重要的保护对象。

（3）参展商的展板和宣传册

在展会现场，参展商为了更好地展示自己的产品以吸引潜在客户，往往制作独具特色的展板或宣传手册。这些展板或宣传手册制作精良、外观新颖、内容丰富，会给参观者留下深刻的印象，从而更有效地促进交易的达成。因此，个别参展商就抄袭别人的展板或宣传册，略加修改，再换成自己产品的内容。由此看来参展商的展板和宣传册也应当是展会知识产权保护的内容。

（4）展具、展位设计

首先，展具是指在展会中参展商为了展示产品而使用的展柜、模型、展架等参展设施，这些展具设计独特，外观精美，能够很好地展示参展商的产品，从而吸引更多潜在客户的眼球。同时，这些展具也涉及了众多的知识产权，如外观设计专利、商标权等。因此，展具也是展会知识产权所要保护的对象。其次，展台设计是指参展商为了展示产品而特意制作的展台效果。随着现代展会业的发展，参展商已经不满足于将自己的展品简单地陈列于展台之上，而是希望通过设计精良的展台来使产品展示取得更好的效果。这一需求的产生，也催生了大量以展台设计为经营范围的公司，如德国奥克坦姆公司，其已发展成为世界展展会台设计业的领军企业。与展具一样，展台设计也是设计者独具匠心的智力成果，同样包含了外观设计专利、商标权等众多知识产权。因此，展台设计也应当是展会知识产权的保护对象。

（5）计算机软件

计算机软件一般是指计算机程序以及与此相关的文档。根据我国法律规定，计算机程序和相关文档因其原创性，都是计算机著作权所保护的对象。在当今信息时代，计算机软件已经在各行各业得到了广泛的运用，展会业也不例外。在展会上，参展商可以通过计算机更加形象地展示自己的产品，一些高科技的展品也需要相关计算机软件的支持。一些参展商在用计算机展示产品或在设计产品时，虽然对硬件设计拥有知识产权，但对安装于硬件上的软件却不享有权利，这就容易导致侵权现象的发生。因此计算机软件也是展会知识产权所应当保护的内容❶。

4. 我国展会知识产权保护的现状

（1）我国现阶段对于展会知识产权的司法和行政保护

现阶段，我国的展会知识产权司法和行政保护主要依据的是2006年由商务部、国家工商行政管理总局、国家版权局、国家知识产权局颁布实施的《展会知识产权保护办法》以及《中华人民共和国专利法》《中华人民共和国商标法》《中华人民共和国著作权法》中的相关法律规定。与此同时，一些地方政府也相继出台了一系列有关展会知识产权保护的政策、法规，其中比较有代表性的是《北京市展会知识产权保护办法》和《广州市展会知识产权保护办法》。

❶ 王宗银．展会知识产权保护研究［D］．武汉：华中师范大学，2011.

(2) 我国当前展会知识产权保护中的不足

首先，相关立法不够完善。目前，我国的展会知识产权保护主要依据的是上面提到的四部委颁布实施的法律法规中的相关内容。但是，随着展会知识产权侵权问题的日益复杂，这些法律在实际运用中出现很多与实际脱节的地方，应当引起我们的重视，进而加以完善。首先，就《展会知识产权保护办法》而言，第一，其保护范围过窄。依据该法第 2 条规定，仅将专利权、商标权和版权纳入保护范围，这是明显欠妥的。随着科技的发展，各种新型知识产权不断出现，如植物新品种权、集成电路布图设计权、地理标志权等。这些新型权利因其创造性和获益性而被公认为是新型的知识产权并被相关法律加以保护，如《专利法》《著作权法》等。但是《展会知识产权保护办法》却没有将它们纳入保护范围，这是值得商榷的。第二，其规定的现场投诉处机构组成过于复杂，如第 7 条规定投诉机构由展会主办方、展会管理部门、专利、商标、版权等知识产权行政管理部门的人员组成，这就给各部门的协调处理带来了困难。此外，该办法对展会主办方权利义务的规定以及侵权人的权利保障等方面也存在问题。其次，就《专利法》《商标法》《著作权法》中有关展会知识产权侵权的诉前禁令和诉前证据保全问题而言，在实际运用中也缺乏一定的可操作性，应用率和应用效果不理想。

其次，主办方缺乏主动性。我国展会行业主办方在知识产权保护中依据有关法律的规定，已经起到了一定的作用，但是总体而言，缺乏保护知识产权的主动性。究其原因主要有以下几点：第一，当前展会行业竞争激烈，主办方不遗余力地招揽更多的参展商参展，从而将知识产权保护放在了次要位置。第二，除了像广交会等几个大型展会有政府的鼎力支持外，其余多数展会主办方并没有很强的实力，也就没有相关能力去处理知识产权问题。第三，相关知识产权行政管理部门对展会主办方的知识产权保护工作监督不严，导致一些展会的知识产权保护机构形同虚设。

最后，行业协会未起到应有的作用。纵观国际上展会业发达国家和地区的知识产权保护工作，行业协会在其中发挥了积极作用。如在被称为国际展会之都的香港，各行各业、门类齐全的行业协会对于展会知识产权的保护起到了非常重要的作用。但是，反观我国的展会知识产权保护工作，行业协会发挥的作用非常欠缺，至今我国也没有全国性的展会业行业协会。这一方面是因为在我国行业协会的力量非常薄弱，另一方面是因为多数行业协会尚未正确认识到自己在本行业中所应当发挥的作用，只是简单地停留在组织会议、联络通信等表面工作阶段❶。

5. 我国实践中存在的侵犯展会标志权行为表现及种类的分析

随着2010年上海世博会在我国的举办，展会业在我国的发展被推向一个高潮，与展会相关的各种侵权案件也随之增多，侵犯展会标志权就是其中的一种典型的侵权形式。展会标志权，前文已有介绍，就是指展会标志所有人依法对其展会标志所享有的使用、收益和处分等权利，其客体主要包括展会的名称、徽标、主题词、口号等能够代表展会精神或特点的各种标志。目前实践中主要存在以下几种展会标志侵权形式：

（1）仿冒展会名称举办展会

仿冒展会名称主要是指未经展会标志权利人的同意，擅自对展会名称稍做变化用于自己举办的展会，造成公众误认的行为。

2007年3月22日，由中国纺织工业协会主办，中国纺织信息中心、中国国际贸易促进委员会纺织行业分会和法兰克福展览有限公司（香港）联合承办的“第13届中国国际纺织面料及辅料（春夏）博览会”于北京展览馆开幕。这个展会是在我国北方纺织行业内规模最大、影响最广的品牌展会。在此展会举办的同时，出现了一个仿冒其展会名称的展会，即于北京会议中心举行的名为“2007年中国纺织品面料、辅料贸易博览会”的展会。据报道，在后一展会开幕半天后，就发生了全体参展商攻击展会组委会并要求其退款赔偿的一幕❷。

在此案例中，后一展会正是仿冒了前一展会的名称，并且造成了混淆视听、使参展商做出错误参展判断并要求损害赔偿的恶劣结果。

（2）将展会标志用于广告宣传及其他活动

将展会标志用于广告宣传的侵权行为是未经展会标志权利人的同意，擅自将比较有名气的展会标志用于销售商品或所举办活动的广告宣传中，从而增强自己商品或活动的知名度，吸引公众眼球，达到一定商业目的的行为。被称为“上海世博第一案”的上海世博局诉上海某房地产开发有限

---

❶ 王宗银．展会知识产权保护研究［D］．武汉：华中师范大学，2011.

❷ 王素娟主编．文化创意产业发展中法律问题研究［M］．北京：中国人民公安大学出版社，2013.

公司侵犯其著作权、特殊标志所有权、专有名称权的案件即属于此类纠纷。实践中存在很多将展会标志用于其他活动的行为，如利用世博会标志组织大规模经营活动的行为（某交通卡公司为了祝贺申博的成功，发行了“申博如愿”纪念卡），各种促销活动（上海某商厦曾举行以“城市，让生活更美好”为主题的大型服饰促销活动；某涂料企业举办“让生活更美好”产品促销活动等）

（3）抢注域名侵犯展会标志权

抢注域名侵权行为主要是指将与他人展会标志相同或近似的文字注册为域名，并通过该域名进行商品交易的电子商务，非常容易使公众产生误解。表现形式一为出售其抢注的相关展会域名获取经济效益，其二为混淆与知名展会标志之间的区别，误导互联网用户访问其网站，以达到增加其浏览量和点击率的目的。例如，世博会的中文域名标志在中国互联网信息中心进行“. cn”域名备案的有 20 个，“上海世博会 . cn”“世博会 . cn”“城市让生活更美好 . cn”被世博会权利人所注册，列入限制注册名单，但是还是有一些近似的域名被抢注，例如“2010 世博会 . cn”“上海世博. cn”“世博 2010. cn”等近似标志均被非世博会权利人持有，而且长期空置，给世博会的举办带来不良影响。

（4）假冒、仿冒展会徽标举办展会

假冒、仿冒展会行为是未经权利人许可将与展会标志相同或近似的标志用于自己所办展会的行为，造成参展商和观众的误认，减弱了展会标志的识别价值，同时也损害了展会标志权人经过努力建立起来的信誉，侵害了展会标志权人的利益。例如，2003 年中国国际贸易促进委员会建筑材料行业分会、中展集团北京华港展览有限公司诉北京中仕达展览有限公司不正当竞争纠纷案等，以下案例将进行详细分析。

案例：假冒、仿冒展会徽标举办展会

原告：北京中仕达展览有限公司

被告：中国国际贸易促进委员会建筑材料行业分会（中国国际商会建筑材料行业商会）

被告：北京华港展览有限公司

原告北京中仕达展览有限公司（以下简称中仕达公司）与被告中国国

际贸易促进委员会建筑材料行业分会（中国国际商会建筑材料行业商会，以下简称建材分会）、被告北京华港展览有限公司（以下简称华港公司）不正当竞争和商标侵权纠纷一案，诉至北京市海淀区人民法院。

原告中仕达公司诉称：我公司是依法注册成立以举办展览为主营业务的企业法人。2001 年初我公司与被告建材分会建立合作举办建筑材料展览会的关系，2002 年 7 月建材分会单方解除合作关系，而后我公司与他方合作继续举办展览会。2003 年初至今，被告以文件、建材贸促函、郑重通告、声明、公开信等方式通过邮寄、传真、网络等手段在全国乃至国外范围内对参展商和其他有意向参展的客户多次散布虚假信息，诋毁原告的商业信誉。2000 年 12 月 7 日，经国家工商行政管理局商标局核准，原告以一扇门窗的图形及“W，I，N，D，O，O，R”七个英文字母的立体组合依法取得注册商标专用权，有效期至 2010 年 12 月 6 日。核定服务项目范围是：组织商业或广告展览，组织技术展览，组织商业或广告交易会，贸易业务的专业咨询，商业信息。2003 年初，被告未经原告允许在即将举办的“第六届中国国际建筑门窗及门窗加工设备的安防产品展览会”的招展广告上使用了与原告注册商标极为近似的商标，故原告诉至法院，请求判令被告：①停止对原告商业信誉的损害；②在国内外消除影响为原告恢复名誉；③停止借助假冒原告注册商标进行招揽展会业务的行为；④销毁带有与原告注册商标相同或近似的商标的招展用具及资料；⑤以下列三种方式在国内外向原告公开赔礼道歉：a. 以中英文书写的公开致歉信发给原告和国内外的参展商；b. 在《中国日报》《北京日报》《文汇报》《广州日报》《中国建材报》《石材杂志》等刊登致歉声明，为原告恢复名誉；c. 在被告的网站 www. ccpitbm. org、www. chinabuilding. cn、www. stonetech-fari. com、www. ciec－exhibition. com. cn，《中国建材杂志》及《中国建材报》上刊登公开致歉声明；⑥赔偿经济损失 25 万元。

被告建材分会辩称：建材分会是原国家建筑材料工业局申请、经中国国际贸易促进委员会批准设立的行业贸促机构，系法人单位，并同时使用中国国际商会建筑材料行业商会名称，二者系同一主体，原告将两者列为两个不同的被告存在错误。建材分会认为：①政府部门确已对中仕达公司主要股东、分会有关领导以公款注册中仕达公司、侵吞国有资产进行立案调查，且调查结论已经确认：中仕达公司虽名义上个人持股，该公司股东都是建材分会工作人员，实质上系建材分会投资设立的公司，该公司资产全部为国有资产，应由建材贸促分会收回。因此称中仕达公司及其主要股东已被政府部门立案调查、中仕达公司是建材分会的下属公司符合客观事实，不属于不正当竞争行为。②中仕达公司确有冒名举办所谓 ChinaBuilding 2003 第八届国际建筑建材贸易博览会、ChinaBuilding 2004 第九届国际建筑建材贸易博览会和 Stonetech 2004 第十一届中国国际石材产品及石材技术装备展览会的行为，建材分会致函有关单位的目的是为了澄清事实，维护自身和参展商的合法权益，不属于不正当竞争行为。建材分会在 ChinaBuilding 99 第五届国际建筑建材贸易博览会招展活动中就已经使用 WINDOOR 商标，此后一直使用，被业界所认可，中仕达公司在此后注册该商标属于恶意抢注，该注册商标应予撤销。

华港公司辩称，其公司发表的郑重声明是合法的行为，是维护其公司的正当权益，原告指控其公司的不正当竞争行为不能成立，故请求驳回原告诉讼请求。

法院经查明，对案件事实确认如下：

一、2002 年 8 月 19 日，北京市对外经济贸易委员会批准中国国际贸易促进委员会北京市分会举办“2003 北京国际建筑建材贸易博览会”，时间为 2003 年 3 月，地点为中国国际展览中心，主办单位为中国国际贸易促进委员会北京市分会，承办单位为北京国际展览中心、北京中仕达展览有限公司。原告的证据 26 可证明此事实。

二、2003 年 5 月 28 日，北京市对外经济贸易委员会批准中国国际贸易促进委员会北京市分会举办“第九届北京国际建筑建材贸易博览会”，时间为 2004 年 2 月 22 日 ~25 日，地点为北京展览馆，主办单位为中国国际贸易促进委员会北京市分会，承办单位为北京国际展览中心、北京中仕达展览有限公司、北京佰世通和展览有限公司。原告的证据可证明此事实。

三、2000 年 12 月 7 日，中仕达公司在国家商标局注册了第 1487658 号图形商标，有效期十年，核定服务项目为第 35 类——组织商业或广告展览，组织技术展览、组织商业或广告交易会，贸易业务的专业咨询，商业信息。

四、自 2003 年 5 月 27 日起，建材分会对外散发致“中国国际建筑建材贸易博览会”展商的公开信等宣传资料，称“我会遗憾地通知贵公司，由于我分会有关领导挪用公款注册了全部股份在私人名下的‘北京中仕达展览有限公司’，并由1998年成立的‘北京中仕达展览有限公司’承办过2001年及2002年‘中国国际石材产品及石材技术装备展览会’。国家经贸委已立案调查‘北京中仕达展览有限公司’主要股东、我会有关领导涉嫌经济犯罪案。经请示，国家经贸委纪检监察部门同意，去年七月我会已经收回‘中国国际石材产品及石材技术装备展览会’等四个国际展会的承办协议，终止了有关委托协议”。同时，建材分会与华港公司亦在《中国建材报》（2003年8月26日）、《中国建材》（2003年7月刊）广告及建材分会的网站（网址为www. ccpitbm. org/chinabuilding）及其散发的宣传资料中，使用了中仕达公司的第1487658号注册商标，但未经中仕达公司许可。

五、建材分会为隶属于中国国际经济贸易促进委员会的组织，并同时使用中国国际商会建筑材料行业分会的名称，分会财政实行自负盈亏。

六、2002年10月10日，国家经济贸易委员会就中仕达公司产权问题致函财政部，财政部就此下达财企函［2003］6号文件，明确中仕达公司所有者权益应属国有资产，国家经济贸易委员会就此下文通知中国建筑材料工业协会，监察部驻国家经贸委监察局亦发出（2003）监建字第002号监察建议书。

法院认为：

一、商标权人对其注册商标享有专有权利，中仕达公司在取得了第1487658号图形商标注册证后，即对该商标享有专有权利，建材分会与华港公司未经中仕达公司许可，在其展会广告宣传中使用此商标，行为显属侵权；

二、经营者在市场竞争中应遵循诚实信用原则，不得以捏造、散布虚假信息的方式谋取市场竞争优势，虽然国家经济贸易委员会、财政部已对中仕达公司产权问题正式下发意见和通知，但在此文件中并未明确出现含有“挪用公款”“涉嫌经济犯罪”等内容的词语，建材分会在其致展商的公开信中使用此词语，未经有关部委授权，对上述部委文件进行扩大性的解释，有损于中仕达公司的商业信誉，行为构成侵权，

法院判决如下：

一、自本判决生效之日起，被告中国国际贸易促进委员会建筑材料行

业分会（中国国际商会建筑材料行业商会）、被告北京华港展览有限公司停止使用原告北京中仕达展览有限公司的第1487658号注册商标，同时被告中国国际贸易促进委员会建筑材料行业分会（中国国际商会建筑材料行业商会）停止散发公开信；

二、自本判决生效之日起10日内，被告中国国际贸易促进委员会建筑材料行业分会（中国国际商会建筑材料行业商会）、被告北京华港展览有限公司在《中国建材报》上刊登声明，向原告北京中仕达展览有限公司公开致歉（致歉内容须经本院审核，若被告拒不履行此义务，本院将根据判决书的内容自行拟定一份公告刊登在《中国建材报》上，费用由被告负担）；

三、自本判决生效之日起10日内，被告中国国际贸易促进委员会建筑材料行业分会（中国国际商会建筑材料行业商会）、被告北京华港展览有限公司赔偿原告北京中仕达展览有限公司经济损失1万元；

四、驳回原告北京中仕达展览有限公司的其他诉讼请求。

【案件分析】

本案争议焦点问题有两点：第一是建材分会的行为是否构成不正当竞争；其二是华港公司和建材分会是否侵犯了中仕达公司的商标权。

对于争议焦点一：

原告认为，从国资委等主管部门的相关文件可以看出，主管部门在下达的文件中未出现“挪用公款”“涉嫌经济犯罪”的词语，也没有司法机关对原告及股东的行为予以定性，建材分会对外宣称中仕达公司是由建材分会的领导挪用公款出资设立，中仕达公司及其主要股东因涉及经济犯罪被政府立案调查等，明显与真实客观事实不符，属于虚假信息，损害了中仕达公司的商业信誉。

被告建材分会称，政府部门确已对中仕达公司的主要股东、分会有关领导就公款注册、侵吞国有资产立案调查，确认实质上系建材分会投资设立的公司，该公司资产为国有资产，应由建材分会收回。所以所述事实并非捏造。

根据法院调查的事实显示，建材分会与华港公司利用主管部门调查中十大公司的事实，夸大事件性质，对外宣称中仕达涉嫌刑事违法犯罪被立案调查，此种行为符合《反不正当竞争法》关于捏造、散布虚伪事实的行为规定；建材分会与华港公司在举办展会期间实施这些行为，明显有故意损害中仕达公司商业信誉、获取市场竞争地位的意图，符合《反不正当竞争法》关于损害竞争对手商业信誉、实施不正当竞争、扰乱市场经济秩序的规定。在商业活动中以捏造客观事实诋毁竞争对手或同行，会给他人的商业信誉造成损害，并造成市场机会的倾斜，构成不正当竞争，应当承担赔偿责任。

对于争议焦点二：

原告认为本公司在 2000 年 12 月 7 日，经国家工商行政管理局商标局核准，原告以一扇门窗的图形及“W，I，N，D，O，O，R”七个英文字母的立体组合依法取得注册商标专用权，有效期至 2010 年 12 月 6 日。原告对此商标享有专有权，建材分会和华港公司未经原告允许将 WINDOOR 商标用于展会宣传，是对原告商标权的损害，应当承担相应的法律责任。

被告称建材分会在 ChinaBuilding 99 第五届国际建筑建材贸易博览会招展活动中就已经使用 WINDOOR 商标，此后一直使用，被业界所认可，中仕达公司后来的注册行为属于恶意抢注，该注册商标应予撤销。

按照我国商标法，以保护注册商标为基本原则，商标权人对其注册商标享有专有权利，中仕达公司在取得了第 1487658 号图形商标注册证后，即对该商标享有专有权利，建材分会与华港公司未经中仕达公司许可，在其展会广告宣传中使用此商标，行为显属侵权。他人在先使用并有一定影响的商标被抢注的，可以依据商标法相关规定向工商局申请异议或者在规定期限内向商标评审委员会请求撤销。本案中建材分会称中仕达公司抢注其在先使用的未注册商标，应在该商标公告期内向国家工商行政管理局商标局申请异议，超过异议期的，应向商标评审委员会申请撤销并请求案件中止审理。建材分会在本案中并未提起撤销申请，法院根据商标法给予中仕达公司商标法保护，认定两被告商标侵权。

2013 年 8 月 30 日修改通过 2014 年 5 月 1 日实施的《中华人民共和国商标法》相关条文规定：

第十三条　为相关公众所熟知的商标，持有人认为其权利受到侵害时，可以依照本法规定请求驰名商标保护。

就相同或者类似商品申请注册的商标是复制、模仿或者翻译他人未在中国注册的驰名商标，容易导致混淆的，不予注册并禁止使用。

就不相同或者不相类似商品申请注册的商标是复制、模仿或者翻译他人已经在中国注册的驰名商标，误导公众，致使该驰名商标注册人的利益可能受到损害的，不予注册并禁止使用。

第十五条 未经授权，代理人或者代表人以自己的名义将被代理人或者被代表人的商标进行注册，被代理人或者被代表人提出异议的，不予注册并禁止使用。

就同一种商品或者类似商品申请注册的商标与他人在先使用的未注册商标相同或者近似，申请人与该他人具有前款规定以外的合同、业务往来关系或者其他关系而明知该他人商标存在，该他人提出异议的，不予注册。

被告建材分会和华港公司如果认为自己在先使用相似商标，可以根据新商标法的规定，或者证明自己是驰名商标，或者在商标公告期提出异议。现原告商标已经注册，根据第三十二条，申请商标注册不得损害他人现有的在先权利，也不得以不正当手段抢先注册他人已经使用并有一定影响的商标。

建材分会可以继续在原使用的业务范围内继续使用涉案商标，但需要附加区别标识以区分相同商标的不同使用人。

本案法院判决赔偿额是 1 万元，适用的是法定赔偿，因不正当竞争和商标侵权所获得的利润和被侵权损失均难以计算和获取，法院需根据一般行业市场盈利状况、侵权情节、损害范围及影响等确定赔偿额度。

5.2.2 展会主要法律保护问题梳理及其对策建议

1. 完善展会知识产权保护的相关立法

明确对知名展会名称的保护；完善四部委《展会知识产权保护办法》中的相关规定；进一步完善诉前禁令的运用。

2. 发挥行业协会的积极作用

在完善我国的知识产权保护体系时，同样不应忽视行业协会的力量。目前，针对展会业重复办展、无序竞争等乱象，一些展会业发达城市，如上海、广州等已经建立了自己的展会行业协会，希望通过行业协会的力量促进展会业的健康发展。结合我国展会业实际，可以通过以下三个方面来充分发挥行业协会在知识产权保护中的积极作用：第一，加强与主管部门的沟通交流；第二，培养所属行业企业的知识产权保护意识；第三，通过行业自律打击侵权行为[1]。

3. 完善展会知识产权纠纷解决措施

第一，完善展会知识产权现场综合保护措施，如成立展会投诉机构，降低行政执法和诉讼成本。参展项目侵权发生最主要的原因就是参展商意在追求一种非法、高额利益，而由于展品侵权具有时间短，取证难，采取一般的行政执法措施和通常的诉讼方式成本高、处理难等特点，使得参展商有强烈的逃避制裁的侥幸心理。目前，可供选择的解决参展项目侵权纠纷方法主要有向主办方设置的专门处理机构投诉；向当地知识产权保护局投诉；向当地法院提起诉讼三种措施。其中向主办方设置的专门处理机构投诉是最为快捷、成本支出最低的处理措施，但目前的问题是展会主办方设立的展会投诉接待机构的成员构成上还不够健全。展会应当设立由展会管理机构、地方知识产权局、公安、专职律师与展会主办方多方联合组成的展会投诉接待机构，以提高现场展会知识产权保护能力。投诉接待机构在接到投诉请求时，享有行政执法权的执法人员能及时调查取证，查阅、复制与案件有关的文件，询问当事人，采用拍照、摄像等方式进行现场勘验；专职律师提供专业的知识产权服务，为提起诉讼准备必要的证据；认定侵权的，对侵权假冒产品采取暂扣、没收、封存、责令撤离展位等措施；对涉嫌构成犯罪的案件，及时依法移送有关部门追究刑事责任。由此解决展展会品侵权查处难的问题，既给众多参展企业提供全面的知识产权服务，又对侵权参展商产生极强的威慑性，有效抑制各种侵权行为。

第二，通过合同或书面承诺形式明确参展商的知识产权保护义务。展会侵权纠纷发生和难以处理的一个原因就是由于参展商知识产权法律知识的缺乏，过失造成侵权或因没有能够及时地提出侵权主张和提供权利证明，造成展品侵权难以尽快处理。应通过合同或承诺的形式要求参展商做到：参展前，参加主办方举行的展会知识产权法律知识的培训，增强知识产权保护意识。参展中，对展出项目采取事前的知识产权保护措施，并携带相关证书及有关证明材料；不得将他人已享有商标、专利等知识产权的

[1] 王宗银. 展会知识产权保护研究［D］. 武汉：华中师范大学，2011.

产品或权属不明的产品拿来参展，在现场演示参展品时不要使用侵犯他人知识产权的软硬件等产品；参展商必须采取恰当的措施搜索展品被侵权信息并实施零报告制，做到第一时间向展会方设立的知识产权侵权处理机构投诉。为此，我们可以借鉴国外一些参展商的做法，在展会期间雇佣专门的人员进行巡视，查看是否有侵犯自己知识产权的行为，一旦发现侵权现象，立即采取保护措施。

第三，明确主办方对展会知识产权保护不力的，承担违约责任。从现在的研究成果及展会的实际操作来看，比较通行的展会知识产权保护做法是：展会主办方制定和公告展会知识产权保护管理规定；在筹展期间，对参展者涉及知识产权的项目、产品备案审核，防止侵权行为的发生；在展会期间设立知识产权投诉机构，专利、商标、版权等行政执法部门进驻会场成立驻会知识产权保护部门。这些措施都是极有价值的，目前存在的问题是：监督或促使展会主办方真正实施相应的知识产权保护规则的措施不力。解决以上存在的问题的关键在于：应明确在展会活动期间发生的知识产权纠纷，展会主办方要承担违约责任，加强对展会主办方的制约。并且这种责任不能通过免责形式任意地免去展会主办方的责任，除非有证据证明展会主办方履行了相应的知识产权保护义务。承担违约责任的法律依据在于，展会主办方和参展商实际上形成的是一种有偿服务合同。主办方提供场地及其他服务，参展商交付参展费用，展会主办方应具有严格的注意义务，保证其提供的服务没有瑕疵。现由于举办者的疏忽，导致侵权行为的发生，展会主办方具有主观上的过错，根据合同法的相关规定，展会主办方应承担违约责任。显然，参展项目侵权，展会主办方承担违约责任，展会主办方责任加重，展会主办方才会尽可能地在整个展会活动期间认真切实地施行展会知识产权保护措施。

第四，建立展会主办方知识产权保护能力评价体系。展会主办方为了追求近期的政治效益、经济效益和社会效益，提供的知识产权保护往往缺乏执行力度，有的甚至为了保证参展率，降低参展商的资格。展会主办方的不作为或保护不力是导致展会知识产权群起侵权、反复侵权发生的重要原因。目前我国展会的主办方有政府组建的展会单位、展览公司、各种群团组织等，展会主办者良莠不齐。展会管理部门建立对展会主办方知保护产权能力评价体系，并将主办方知识产权保护能力作为展会主办主体资格的资质，对于展会知识产权保护的全面构建有着重要作用。展会主办方知识产权保护能力评价内容主要包括：展会主题知识产权程度，主办方对参展项目（包括展品、展板及相关宣传资料等）的知识产权状况的审查能力、主办方对参展项目侵权的现场知识产权保护能力、参展商对展会知识产权服务的满意程度、展会知识产权保护信息统计和分析能力，并根据不同档次的展会要求确定知识产权保护能力档次。评价的方式包括展前评价和展后评价。对于不具备相应展会知识产权保护能力档次的，展会管理部门对其申请不予批准；对于承办后主办方知识产权保护不合格的，展会管理部门对主办方给予警告，并视情节依法对其再次举办相关展会的申请不予批准；对于展会本身侵犯他人享有知识产权的展会名称、展会项目创意与展会品牌的或接纳有展会侵权经历的参展商的，展会管理部门将该主办方纳入黑名单，禁止其主办任何类型的展会[1]。

[1] 陈博．展会知识产权保护问题［J］．生产力研究，2010，11：142－143、181．

第六章　艺术品交易类文化创意产业法律问题

6.1　艺术品拍卖服务

艺术品是人类艺术思想的展现，具有极高的艺术价值和经济价值。与此相对应，艺术品的拍卖活动也渐趋勃兴。我国艺术品拍卖的现代格局取法于西方，然而至今仍处于比较落后的阶段，加之艺术品拍卖又有自己的特殊性，因此在拍卖过程中存在诸多纷争与歧见。

在我国的拍卖市场上，人们经常选择用“潜规则”回避问题，一般情况下虽相安无事，但这一做法并不科学合理，而且也容易滋生流弊。

6.1.1　我国艺术品拍卖法律制度的现状

1. 拍卖行为的法律规范

拍卖是一种特殊的买卖行为，在现实生活中发挥着重要的作用。从分析法学的视角看，其法律关系的内容主要涉及两个层面：其一是委托人与拍卖人之间的委托法律关系；其二是拍卖人与应买人之间的买卖法律关系。析言之，前一法律关系属于拍卖内部法律关系，其内容主要包括委托人与拍卖人之间关于委托事项的约定，以及委托人与拍卖人之间权利义务的约定；而拍卖人与应买人之间的买卖法律关系又称为拍卖外部法律关系，在拍卖法律关系中处于主体地位。可见，拍卖行为的目的在于转移拍品的所有权，因此，拍卖法律关系本质上是民事法律关系，作为民事基本法的《民法通则》对其当然适用。另外，不论是作为原因法律关系的委托关系，还是作为主体法律关系的买卖关系，都是一种合同关系，自然要受到《中华人民共和国合同法》关于买卖合同法律规则的制约。但是拍卖又是一种特殊的买卖方式，具有一般买卖所没有的特性，正因如此，在《合同法》之外，我国立法机关还另行制定了《拍卖法》。另外，为了规范拍卖市场，我国拍卖行业协会还参照《拍卖法》的相关规定制定了《中国拍卖行业拍卖通则（文化艺术品类）》，对与拍卖活动有关的程序性与实体性问题做了较为详细的规定。

2. 拍卖人法律地位分析

要准确界定拍卖人的法律地位，首先要对拍卖法律关系进行分析。按照法律的规定，拍卖是指在规定的时间、地点，按照一定的章程和规则，公开叫价，将拍品卖予出价最高的应买者的一种买卖方式。拍卖法律关系涉及三方主体，即委托人、拍卖人和应买人。其中委托人是真正的卖主，也就是拍品的原所有人。拍卖人是依法设立的专门从事拍卖业务的企业法人，其与卖主之间是一种委托法律关系，因此，从本质上讲，拍卖人是卖主的委托代理人。依据民法理论，根据受托者是否以自己的名义与第三人实施法律行为不同，可将代理区分为直接代理和间接代理，前者是指代理人以委托人的名义从事法律行为，并且行为的法律效果直接归属于被代理人，而后者是指受托人以自己的名义与第三人从事法律行为，并且行为后果由受托人移转给委托人的代理。拍卖行为属于间接代理之一种，更准确地说，它是一种行纪行为。可见，作为行纪人的拍卖人与买受人之间的法律关系和一般的买卖合同并没有本质区别，买卖合同的效力对于它们也同样适用。既然如此，拍品如果经鉴定被确认为是赝品，拍卖人应当对买受人承担瑕疵担保责任。对此，《拍卖法》也予以认可，该法第六十一条第一款规定："拍卖人、委托人违反本法第十八条第二款、第二十七条的规定，未说明拍卖标的的瑕疵，给买受人造成损害的，买受人有权向拍卖人要求赔偿。属于委托人责任的，拍卖人有权向委托人追偿。"

3. 拍品真伪的认定

艺术品拍卖瑕疵纠纷案件中的一个关键因素是拍品真伪的认定。只有确认拍品存在着质量瑕疵问题，才能适用《拍卖法》的相关规则，而艺术品真伪的辨别在实践中是一大难点，尤其是一些年代久远的书画作品的真伪更是需要繁杂的鉴定技术、长期的言传身教和经验积累作为支撑。因此，对同一件艺术品的鉴定结论就往往见仁见智，不同的鉴定专家得出的鉴定结论差别很大。所以，在法律上确立一个权威的鉴定标准对于纠纷的解决甚为重要。尽管《拍卖法》第四十三条以及《中国拍卖行业拍卖通则（文化艺术类）》第二十六条对艺术品鉴定的效力做出了规定，但是这些规定并没有对鉴定主体予以明确。在实践中，我国的“国家文物鉴定委员会”是目前在文物和艺术品鉴定方面最权威的机构，但是该机构主要侧重于文物真伪的鉴定，而艺术品和文物在鉴定的技术方面存在重大区别。而且，除了“国家文物鉴定委员会”之外，全国其他地方并无相应的权威鉴定机构，所有的涉案艺术品都要去北京鉴定也实在不现实。因此，当事人对拍品的鉴定一般多以民间鉴定为主，而民间鉴定的结论往往存在较大差异，尤其在我国文物和艺术品界历来有尊老和流派对峙传统的情况下，不同的民间鉴定机构和鉴定专家的鉴定结论常常大相径庭。例如，1995 年浙江国际商品拍卖中心举办的“杭州 95 秋季书画拍卖会”上，浙江中澳纺织有限公司总经理王定林以 105.5 万元拍得第 89 号拍品《张大千仿石溪山水图》，此图旁有上海国家元老级书画鉴定权威谢稚柳的题识，谢老亦一直认为此图为真迹，而北京的国家级鉴定权威徐邦达却认为此作品为赝品，由此也引发了买方王定林与浙江国际商品拍卖中心之间的一场旷日持久的诉讼。在原告一直不能提供有力证据的情况下，一审、二审法院均判定原告败诉。直至谢稚柳去世后，案件依审判监督程序被最高人民法院提审。

4. 关于“不保证条款”的相关问题

《拍卖法》规定了拍品的瑕疵担保责任，该法一方面规定了委托人、拍卖人的瑕疵担保责任，另一方面又规定了所谓的“不保证条款”。在拍卖实践中，几乎所有的拍卖人都引用该条款对抗买受人的瑕疵责任请求权，这也成为艺术品拍卖法律纠纷双方当事人争议的焦点之所在。

“不保证条款”诞生的背景。拍卖是一种特殊的买卖形式，《合同法》关于买卖合同的规定同样适用。换言之，瑕疵担保责任是一个法定责任，只不过其内容会因当事人是否对标的物的质量要求做出特别约定而有所区别。同时，因为买卖法律关系在性质上是私法关系，因此，在出卖人事先对标的物的瑕疵做出说明，买受人仍然接受的情况下，出卖人就不再承担瑕疵担保责任。鉴于《合同法》与《拍卖法》之间一般法与特别法的关系，《拍卖法》在规定委托人、拍卖人瑕疵担保责任时，应与《合同法》的上述规定一脉相承。

拍卖标的是一种非常特殊的商品，其多样性和复杂性可能会导致即使尽到努力亦难辨真伪和品质。以艺术品为例来说，“从古至今，还没有一套公认的、科学的仪器来鉴别真假，完全凭有经验的大师来鉴定，即使是著名的专家、权威，其鉴定结果也不能作为‘终审’，往往几位专家鉴定就会有几种说法”。面对这一情况，如禁止此类拍卖标的出售，则拍卖市场定会遭受严重的打击；如允许此类拍卖标的出售，则拍卖人、委托人始终处于担保责任的威胁之下。综合考虑，从保护拍卖当事人合法权益的角度出发，《中华人民共和国拍卖法》第六十一条第二款才规定：“拍卖人、委托人在拍卖前声明不能保证拍卖标的真伪或者品质的，不承担瑕疵担保责任。”

吴冠中亲自鉴画案（以下简称“吴冠中案”），引起了人们对艺术品拍卖“潜规则”的广泛争论。

2005 年 12 月，在北京翰海拍卖公司的一场拍卖会上，苏小姐以 230 万元的价格买下了号称吴冠中真迹的名为《池塘》的画品，加上支付拍卖行的佣金 23 万元，苏小姐一共支付了 253 万元。拍卖时，瀚海拍卖公司在拍卖图录上对《池塘》的笔法、年代、背景等内容做了详细的介绍。《池塘》买回来半年后，一家拍卖行就找到苏小姐，说吴冠中的画作已大幅度升值，建议她出手。可是令苏小姐万万没想到的是，对方看到画以后就告诉她，这幅画是假画。苏小姐随即找到瀚海拍卖公司理论，就在双方争论不休的时候，这个案件也惊动了吴冠中本人。经过鉴定，吴老亲自在画上写下了“这画非我所做，系伪作”的说明。一气之下，苏小姐将瀚海拍卖公司和委托卖画人萧先生一同告上法庭，请求法庭判令两被告退还拍卖款及佣金共计人民币 253 万元。在法庭上，争论的焦点集中在“拍卖人瀚海公司要不要负责”这个问题上。瀚海公司强调，根据《中华人民共和国拍卖法》第六十一条的规定可知，拍卖人与委托人在拍卖物品之前，做出声明表示不能保证拍卖标的之真伪或者品质的，则依法不再承担此拍卖物的瑕疵担保责任。法院经审理后认为，没有证据认定瀚海公司和卖画人在拍卖时知道《池塘》是赝品，并做出了虚假宣传。法院最后认为，拍卖公司的事前不承诺保真，事后也不承担瑕疵责任的免责条款是成立的，因此做出驳回原告诉讼请求的判决。

改革开放之后，拍卖这一传统的交易业态在我国重新获得了发展的生机，艺术品拍卖作为其重要组成部分更是在20世纪90年代一度达到了巅峰。例如，北京的“瀚海”拍卖行、上海的“朵云轩”拍卖行，分执我国艺术品拍卖之牛耳。随着拍卖机构的日益增多和老百姓可支配收入的增加，涉足艺术品收藏领域的消费者群体也日益庞大。与此同时，不法分子（也包括部分拍卖机构）仿制并销售名家书画的行为也就愈发猖獗。从另外一个角度来看，社会中总是存在一些买不起真品，又想通过一两幅所谓“名家字画”装点门面以彰显其文化品位的虚荣之人，如此一来，也给赝品本身创造了一定的生存土壤。而且，随着科技的进步，赝品的仿制水平也大大提高，早先的赝品通过一般手段即可辨明真伪，到了20世纪90年代末，某些高质量的赝品已达到真假难辨、以假乱真的高水准❶。

5.“不保证条款”之质疑

由上观之，“不保证条款”之所以被《拍卖法》所接受，有着特殊的立法意图，其适用也有着严格的条件，即以拍品的真伪难以辨别为前提。但是，该条款近年来的实施效果却并不理想，立法者希望平衡当事人权利义务的主旨，被一些别有用心的市场手段所扭曲，与此相反，那些刚性的法律规定又在这些缺失诚信的市场手段面前显得无能为力。在现实中，人们应对这一问题的手段之一是，明知拍卖标的为赝品或者品质有瑕疵却故意隐瞒，并做出一个带有中性色彩的“不保证声明”，将可能的损失和所有的责任统统留给竞买人。如果竞买人也看出了其中的瑕疵，可以避免或减少损失；如果竞买人不能看出其中的瑕疵而硬买，则必将遭受损失，且无补救的机会。这种做法明显违背《拍卖法》“不保证条款”的初衷，因为这种情况下委托人、拍卖人是明知拍品有瑕疵而故意掩盖事实，属典型的欺诈行为。手段之二是，拍品的真伪确实真假难辨，也就是说符合“不保证条款”的适用条件，但是拍卖人却同时做出内容上相互矛盾的两种声明，一方面强调拍品为真品，没有品质瑕疵，并以真品的市场价格起拍；另一方面却又做出对其真伪或者品质瑕疵不能保证的声明。综上，以上两种手段均具有市场诈欺的性质，与《拍卖法》中所规定“不保证条款”的立法宗旨相违背。因此有学者认为，上述两种手段均以《拍卖法》中“不

❶ 李海龙. 论我国艺术品拍卖法律制度的完善［J］. 浙江工业大学学报（社会科学报），2012（2）.

保证条款”作为后盾，有此坚强后援就无瑕疵担保责任之虑，从而使得我国《拍卖法》中的瑕疵担保责任形同虚设[1]。

6.1.2　我国艺术品拍卖法律保护案例

案例一：艺术品真伪侵权案频发，拍卖市场亟待规范

北京琴岛荣德拍卖公司在其举办的 2012 春季拍卖会“当代书画·齐鲁名家书画专场”中上拍了 14 幅署名“赵建成”的作品，但经赵建成确认其中 10 幅并非其本人所作（即赝品），于是，赵建成就以“被告虽经原告通知，却执意拍卖假冒原告署名的假画，侵犯了原告的著作权，其行为扰乱了市场、损害了原告的声誉和原告作品的市场形象”为由，将北京琴岛荣德拍卖公司告上了法庭。赵建成表示，在正式拍卖前，自己已分别通过邮件和电话方式通知公司其将要上拍的 10 幅画定为赝品并要求撤拍，但公司方面未对此给予任何回应，仍照常举办了此次拍卖活动，这些作品在拍卖会上也全部成交，成交金额共计 30 余万元。这些赝品不仅在品质和艺术手法等方面与原作相去甚远，而且成交价格也与其原作的拍卖行情大相径庭：如原作《齐白石》已于 2012 年在北京翰海春拍上以 115 万元拍卖成交，原作《徐悲鸿》也在 2012 年保利春拍中以 126 万元拍卖成交，而仿造的两幅伪作在琴岛荣德拍卖公司则均是以 3 万余元的起拍价成交。赵建成认为，这一既成事实已严重损害了自己的学术声誉和市价行情。据悉，他已提出了判令被告收回侵权赝品并在法庭主持下销毁、消除影响并在部分媒体公开赔礼道歉、赔偿损失 30 万余元等诉讼请求。赵建成表示，案件开庭时他会亲自出庭，并不会接受任何形式的庭外调解。

此外，被告还提出拍卖会结束后已将赝品收回，并因此认为没有造成损失。原告律师分析指出，赝品收回是侵权行为完成以后的动作，由于赝品已经在市场上对原告的声誉和作品形象造成不可挽回的影响，就如同杀人之后拨打 120 急救电话一样，只能算是酌定从轻处罚考量的情节。在法律上来看，收回赝品这个行为不能改变侵权的事实。

---

[1] 李海龙. 论我国艺术品拍卖法律制度的完善［J］. 浙江工业大学学报（社会科学报），2012（2）.

法院认为，虽然赵建成在拍卖前曾向拍卖公司发送了电子邮件，但不足以推定拍卖公司已查看该邮件并知晓涉案画作系赝品，而且琴岛荣德拍卖公司在得知赵建成的质疑后，于拍卖结束的次日主动撤销了交易，故不构成侵权。

法院最终认定画家对其画作的鉴别结论具有较高权威性，判令委托拍卖人赵某在网上刊登声明消除影响，并向赵建成赔偿其合理诉讼支出 1.6 万元。

【案例分析】

本案涉及的焦点问题有两点，其一是琴岛荣德拍卖公司作为拍卖人在拍卖标的证明是赝品后，是否承担赔偿责任；其二是琴岛荣德拍卖公司已将赝品收回是否就可以认为是对原告和买受人没有造成损失。

针对焦点问题一，《中华人民共和国拍卖法》第六十一条规定“拍卖人、委托人在拍卖前声明不能保证拍卖标的的真伪或者品质的，不承担瑕疵担保责任”，这样的免责条款就是大家所公认的拍卖法中的“不保证条款”，如果原告主张被告琴岛荣德拍卖公司承担瑕疵担保责任，被告可以此条款进行抗辩；但是本案原告赵建成是告其著作权侵权，而且其侵权行为是明知的和有恶意的，因此并不适用于拍卖免责。

不过，在案件审理过程中，法院认为，虽然赵建成在拍卖前曾向拍卖公司发送了电子邮件，但不足以推定拍卖公司已查看该邮件并知晓涉案画作系赝品，而且琴岛荣德拍卖公司在得知赵建成的质疑后，于拍卖结束的次日主动撤销了交易，所以不构成侵权。

对于焦点问题二，尽管拍卖会后琴岛荣德拍卖公司已将赝品收回，但是赝品已经在拍卖会当场展出，对原告在市场上的声誉和作品形象造成了不可挽回的损失和影响，所以依然认定琴岛荣德拍卖公司侵害了原告著作权，只是可以酌定从轻处罚。在法律上来看，回收赝品这个行为不能改变侵权的事实。

所以，法院没有完全支持原告损失 30 万元的赔偿金额，而是最终判定被告拍卖人赵某在网上刊登声明消除影响，并向赵建成赔偿其合理诉讼支出 1.6 万元。

【相关知识拓展】

拍卖行免责　艺术家打假

有许多人认为，《中华人民共和国拍卖法》第六十一条的免责条款使得当前国内的拍卖行业对拍假画已变得“司空见惯”，很多买受人买到假画往往是“打掉牙往肚子里咽”，而当代画家看到自己作品的赝品上拍，也多半是“敢怒不敢言”，选择听之任之、息事宁人的态度。这种“知假卖假”的行为如果不依法惩治，将会阻碍良性文化市场秩序的建立。

事实上，近年来在艺术品拍卖中涉及作品真伪和侵犯作者著作权的案件时有发生，很多案件的案情和性质也十分相似。如2006年7月，原告史国良从雅昌艺术网的拍卖预展信息中得知，被告北京传是国际拍卖有限责任公司在“2006年夏季中国书画精品拍卖会”上拍卖的三幅自己的作品中有两幅系伪作，并通过传真、致电等方式要求其撤拍，但8月20日的拍卖会上还是出现了这两幅作品。双方最终通过调解达成协议，被告也在有关媒体上刊发了致歉声明。

如果买受人在拍卖会上买到假画，且拍卖行不存在误导行为，没有艺术家的赝品认定，法院则难以判定赔偿，早年的“吴冠中假画案”就是判例。而在其中，艺术家维护自己的合法权益也是维护藏家的合法权益。

艺术家维护自身合法权益是艺术维权的重要项目，很多艺术家在不知情的情况下被侵犯了权益。赵建成维权案由艺术家本人鉴定作品被认定是判断作品真伪的主要依据，此举也为艺术家维权树立了榜样。艺术家维权要有主动意识，如果在侵权面前，自己不站出来维护自身合法权益，只能让造假者逍遥法外。

中国拍卖行业协会副秘书长欧阳树英说：“中拍协非常重视行业自律问题，其中，拍卖企业有意将赝品和质量低劣的假冒物品进行包装后拍卖，蒙骗竞买人，谋取暴利，给拍卖市场带来破坏性后果。”《标准化报告》显示，经过几年的行业自律监督，该行为已经得到明显改善，44家企业成为达标企业，行业自律进一步加强。但是，一些没有资质的小拍卖公司的问题依然明显，中拍协所接到的投诉也多集中在这些公司，例如，缺乏资质进行拍卖、骗取图录款等。建议买受人和竞买人首先查询拍卖行资质，慎重选择拍卖公司。

作品真伪鉴定惹争议

除此之外，作品真伪的鉴定也存在着一些争议。据介绍，在我国一般有司法机构鉴定和作者本人鉴定等不同方式，如果作者去世，其有鉴定能力的近亲属做出的鉴别意见也可作为证据。由于司法机构还没有鉴定书画作品的能力，我国目前又尚无一个具有法律意义上的合格资质的鉴定机构，因此往往是由作者自己鉴定为主。然而，作者是否一定能准确鉴定署名为自己的作品？作者是否会出于某种原因有意做出虚假鉴定？作为当事人，作者的自我鉴定结果能否作为正式的鉴定结论？这些问题在司法实践中也都需要考虑。如2010年北京九歌国际拍卖公司在春拍中以7280万元拍出了所谓“徐悲鸿”油画《裸女：蒋碧薇像》。在拍卖之后，中央美术学院首届油画研修班10位同学公开发表声明表示，这件作品只是当年他们的习作❶。

中央财经大学拍卖研究中心名誉主任、人大律师学院兼职教授王凤海称：文物艺术品拍卖中，标的和买受人是不应该受《消费者保护法》保护的。因为《消费者保护法》针对的是购买生活消费品的人群，而拍卖指向的是做投资和收藏的，把拍品等同于一般消费品是不恰当的。文化艺术品收藏中不要盲目跟风，收藏者在买东西前要提高自己的专业能力，也可以找懂行的人来参考。文化艺术品在拍卖前作两天以上的展示，七天前就会发布公告，这给竞买人提供了充分的考察、鉴定的时间。这种风险有点像股市的风险，而且竞价买卖，价格高低就要自己判断了。在遇到纠纷时，可以以国家的《拍卖法》、商务部的《拍卖管理办法》和工商局的《拍卖监督管理办法》中的法规为依据去处理。如果拍卖是以欺诈为目的，属于经济诈骗活动，出现这种情况，拍卖公司应该承担刑事责任，由拍卖主管部门、工商主管部门或执法机关进行查处❷。

案例二：艺术品拍卖违规收取展览费

据投诉人浙江嘉兴的陶先生提供的“服务合同书”和“2012年秋季大型艺术品拍卖会”的拍品图录，2012年下半年，其所委托的拍品先经上

---

❶ 《文艺报》：http：//www. chinanews. com/cul/2012/09 －28/4221455. shtml.

❷ 艺术品市场，巧用法律手段维护权益：http：//www. cb. com. cn/jinrongkuaixun/2013_0313/453075_2. html，中国经营网 2013－03－13.

海比德文化传播有限公司和上海成昊展览服务有限公司请来的文物专家鉴定，为“清代乾隆年制瓷枕”。委托时估价为1000万元，因被要求按评估价或起拍价的1%收取“展览费”，陶先生只好将起拍价下调至260万元，保留价550万元。该标的由上海国石拍卖有限公司上拍，但因最高应价仅300万元而未能成交。后来，陶先生愿意以200万元卖给举牌人，但上海比德文化传媒有限公司迟迟未安排见面。

【案例分析】

此案例案情并不复杂，并且未以诉讼的形式呈现，我们可以从中略晰一二。上述三家公司均不具有经营或拍卖文物主体资格，无从提及拍卖。同时，正规拍卖企业没有提前收取1%“展览费”之说，这不符合中拍协规定。此种行为可以归纳为经济诈骗的范畴。

在行业协会加强拍卖行业自律的同时，收藏者、投资者也要摆正心态，选择有资质的大拍卖行或者业内口碑好的拍卖行，同时可以通过工商局网站查询该拍卖公司是否在工商局备案并具有拍卖资质，若没有，可以直接向工商局进行举报。

6.1.3　我国艺术品拍卖法律保护问题的对策和建议

1. 制定鉴定规则，成立权威的国家鉴定机构

对于文物艺术品的鉴定，应该制定专门的详细的鉴定规则，使鉴定标准客观化，从而增加鉴定结论的可信度。对此，苏富比、佳士得拍卖行的做法值得借鉴：专家鉴定要运用仪器进行测试，而不能仅靠“肉眼鉴别”；并且采用双盲法，即该文化艺术品的任何信息及他人鉴定结果都是处于未知状态，专家只能凭借自己的知识独立判断；体制上采取“一票否决、全票通过”制度来决定该拍品是否上拍。成立国家的权威的鉴定部门，把著作权人的说明作为辅助性判断拍品真伪的材料，这样在文化艺术品拍卖市场上才能日渐减少赝品的存在。

2. 行业自律、制定鉴定专家职业道德规范

虽然在源头上减少了赝品进入拍卖行的机会，但是仍然应该严格执行法律关于每个文物艺术品拍卖公司必须具备一定数量的一定级别的具有丰富经验的鉴定师的规定，对于那些不符合要求的拍卖公司就应该清除出拍

卖市场。中国拍卖行业协会可以制定鉴定专家职业道德规范，并且辅之以违法违规行为的处理办法。一旦该行为成立，将在拍卖行业协会公告中公示，从而遏制鉴定专家为了利益而不惜牺牲职业道德进行假鉴定的行为。

3. 建立赝品召回制度及双倍赔偿制度

即使拍卖公司能够做到自律，鉴定方法也很科学，但是文物艺术品的鉴定确实非常复杂和艰难，精良的鉴定团队难免也会出现失误，可能将赝品鉴定为真品上拍。但这时的拍卖公司不能袖手旁观，一经查实，就应该启动赝品召回程序，从赔偿基金中优先赔付买家，以保全拍卖公司的形象。而一些小型拍卖公司为了征集到优质的拍品，往往会妥协于委托人并联合其进行“一搭一”的赝品拍卖，即一件优良拍品，一件赝品。同时，一些拍卖行采用不重视鉴定、只重数量、不求质量的拍卖模式。一旦出现赝品纠纷，拍卖行对此便具有重大过失或者故意隐瞒甚至欺诈的故意行为，对于买主购买赝品所受到的损失就应该进行双倍赔偿。

4. 修改《拍卖法》关于诉讼时效的规定

《中华人民共和国拍卖法》第六十一条第三款规定：“因拍卖标的存在瑕疵未声明的，请求赔偿的诉讼时效期间为一年，自当事人知道或者应当知道权利受到损害之日起计算。”《中华人民共和国拍卖法》第五十四条规定：“拍卖人应当妥善保管有关业务经营活动的完整账簿、拍卖笔录和其他有关资料。前款规定的账簿、拍卖笔录和其他有关资料的保管期限，自委托拍卖合同终止之日起计算，不得少于五年。”《中华人民共和国拍卖法》所规定的保管期限为五年，而请求赔偿的诉讼时效期限则为一年。既然所有的拍卖资料在五年内都可以查询，国际上知名拍卖公司的赝品退货期限也是五年，买主也需要有充分的时间来发现自己竞买到的拍品实际为赝品，我们是否可以尝试把诉讼时效延长到五年。这样竞买人的利益才能得到充分保护，文物艺术品投资者才会更热衷于拍卖市场，拍卖行业的发展才能日益壮大以及良性发展❶。

5. 强化拍卖法规的实施

一个健全的法律制度，不仅要做到有法可依，更重要的是要做到有法必依，违法必究。我国有着完整的拍卖法规体系，但相比之下，拍卖法规

---

❶ 周维. 我国文物艺术品拍卖市场的法律问题研究［J］. 法制与社会，2011（3）：121－122.

的实施却较为薄弱。这需要在两方面得以加强。一方面，提高守法意识，加强拍卖法规的宣传和围绕拍卖法规的培训，其中宣传拍卖法规有利于提高全民守法意识，而围绕拍卖法规进行培训有利于提高拍卖从业人员的守法意识。另一方面，加强执法力度，特别需要在司法方面加强执法力度问题，因为司法是法治社会设置的最后救济手段，理应在法的实施过程中表现出及时、准确、有力的特点❶。

6.2　艺术品销售

6.2.1　艺术品销售的法律保护问题

1. 艺术品的定义

在对艺术品进行定义时，文献中往往有用“造型艺术作品”一词来与之进行互释的。该词最早由德国哲学家莱辛使用，在新中国成立初期由苏联传入，并与美术互用，指用一定的物质材料（如绘画用颜料、墨、绢、布、纸、木板等，雕塑用木、石头、泥、玻璃、金属、综合材料等多种建筑材料）占据空间，制作可视的平面浮雕或立体形象，显示客观存在的具体事物，诱使与视觉发生密切关系的一种艺术。通常指绘画、雕塑以及建筑和工艺美术。造型艺术习惯上分为视觉艺术和空间艺术两种，前者指以绘画、雕塑等表现自然或现实社会以及人的心里活动和想象；后者多半指建筑艺术与图案花样、工艺美术制品等。

艺术品在法律上的界定，更多地出自政治与经济上而非仅仅从美学上的考虑。各国法律对艺术品在技术上的定义，与该术语在什么情况下使用有很密切的关系。艺术品往往与民族文化有千丝万缕的联系，各国基于保护民族文化遗产和文化财产的考虑，制定了一些涉及艺术品的特别的文化财产的法律体制，比如文物保护的法律，对艺术品的进出口管理的法律等；同时，艺术品作为人类智力、人类知识创作的产品，是知识产权的典型对象，被纳入到各国的知识产权保护的法律，特别是版权法中❷。

❶ 何名. 我国拍卖法律制度完善问题研究［D］. 长沙：湖南大学，2011.
❷ 张函. 国际艺术品贸易中的法律问题［M］. 武汉：华中科技大学出版社，2010.

2. 艺术品交易的构成要素

(1) 艺术品交易主体要素的构成

从艺术品交易市场的主体上看，艺术品交易市场的主体，是由艺术品创作者、艺术品购买者或投资者、经营性中介机构以及评估鉴定等服务机构、监管机构所组成的。

(2) 艺术品交易客体要素的构成

艺术品交易的客体，是指艺术品交易双方权利与义务共同指向的对象，即艺术品以及艺术品的临摹作品、复制品，还可能涵盖着赝品的交易行为。标的物为艺术品的，是指凝聚有人们各种形式的艺术劳动，具有合法性和经济、文化、审美、科学价值且可依法用来交易的物品。标的物为临摹艺术品的，如果临摹者临摹作品的目的是增长个人才干，提升学习能力或者临摹古人的作品，并明确表明是临摹作品，此两类作品通常被视为法律意义上的艺术作品。另外，临摹者使用临摹作品冒充原作者作品，原作者已声明其作品不允许被临摹，则此两类临摹作品不是合法的艺术作品，著作权法不对其保护。标的物为复制品的，不可能产生新的著作权。所以在著作权法上，艺术作品的复制品不是法律意义上的艺术作品，只能算是一种产品。标的物为赝品的，由于赝品是以假冒他人署名为前提而产生的，具有明显的违法性，赝品的交易不受法律保护。

(3) 艺术品交易法律关系内容要素的构成

艺术品的创作者、购买人或投资者、艺术品交易的中介机构、评估机构与鉴定者、市场的监管者等组成一个完整的艺术品交易市场主体的权利与义务的法律结构。艺术品在生产者或创作者通过对自己作品的展览、销售等方式与投资购买人或投资人之间形成买卖权利与义务法律关系；艺术品评估与鉴定者作为市场的服务和辅助机构，是艺术品市场鉴定与评估体系的组成部分。艺术品本身价值评估和真伪的鉴定直接涉及艺术品所有人和购买人买卖价值的实现、艺术品评估和鉴定结论正确与否，直接在艺术品所有人和购买人之间产生权利与义务法律关系和法律责任。此外，艺术品的创作者、购买人或投资者、艺术品交易的中介机构、评估与鉴定者与市场的监管者，由监管而产生监管与被监管的权利与义务的法律关系❶。

---

❶ 于维同，袁宗苗. 艺术品交易的法律规制 [J]. 商场现代化，2013 (22)：157－158.

3. 我国艺术品交易存在法律的问题

我国规范艺术品交易的法律有《中华人民共和国著作权法》《中华人民共和国拍卖法》以及间接相关的法律法规，但两部法律与我国日益发展的艺术品交易及其需要的法律规制相差甚远。于维同、袁宗苗所述《艺术品交易的法律规制》中罗列了我国艺术品交易市场尚存的问题。

（1）缺乏对艺术品交易规制的专门立法

目前，我国艺术品交易市场人为地在形成，然而，法律对其交易主体的主体资格、准入市场的条件、艺术品评估鉴定中介机构资质条件和法律责任、市场的监管与责任，等等，都缺乏具体的立法规定。导致艺术品交易权责不清，画廊同拍卖行关系错位等现象时有发生。

（2）艺术品交易的法律责任制度不健全

首先，缺少对艺术品制假、售假者承担民事、刑事责任的具体规定。其次，缺少对艺术品评估鉴定师的机构资质和责任的具体规定。对艺术品交易中的评估与鉴定人员的专业、法律资格认证和道德品质认证未建立完善的评估机制，对艺术品交易中的评估与鉴定人员的不作为，以及违法行为、过失行为造成的损害，其民事责任和刑事责任缺少规制。对艺术品交易中评估与鉴定人员的诚信义务和说明义务缺少规定。

（3）缺少对艺术品交易的具体监管制度

我国在对艺术品交易的具体监管上，监管的主体授权哪个部门、监管部门的权力与责任、监管的强制措施以及强制措施的行使都缺少具体规定，致使艺术品交易市场售假、造假、欺诈、假评估或假鉴定现象不断，交易缺乏有效的法律保障。

（4）缺少诚信制度

现今艺术品交易市场面临的一个严峻问题就是诚信机制的缺失，诚信危机成为制约中国艺术市场发展的瓶颈。艺术品交易市场中出现的艺术家包装炒作、人为造市，画廊的制假贩假、拍卖机构的拍假和假拍，甚至评论和鉴定专家也受利益驱使而对艺术品给出虚假的结论等，以上种种都可以归责于艺术品交易市场缺失诚信机制。

（5）艺术品拍卖法律制度存在缺陷

《中华人民共和国拍卖法》第六十一条第二款规定：拍卖人、委托人在拍卖中声明不能保证拍卖标的真伪或者品质的，不承担瑕疵担保责任。

该条款可能造成一些拍卖行滥用这一瑕疵免责便利，获取不正当利益，将免责条款当作其非法行为的保护伞❶。

6.2.2 艺术品销售的法律保护案例

案例：京艺斋戏剧工艺品被指抄袭侵权

2013年1月15日，下午，翰墨青衣戏曲动漫工作室的设计师魏国卿发微博称，工作室设计的三款戏剧人物形象，在未经允许的情况下被京艺斋作为工艺产品公然销售。京艺斋公司总经理赵永岐称，这三款商品与设计稿并不完全相同，同时自己只是该商品的销售方，对此并没有责任。

1月3日晚上7点左右，魏国卿女士和朋友去长安大戏院看川剧，在等候戏剧开场时发现，自己工作室设计的三款戏剧人物形象被用在“磁性贴”上，在京艺斋公然销售。“当时我们惊呆了，和工作室设计的有百分之九十以上的相似度，居然还被申请了专利。”魏国卿称，不仅如此，工作室的企业文化宣传语也被印在产品包装上。

魏女士表示，工作室原创形象都会被开发成衍生产品在市场上销售，对于京艺斋未经许可就公然销售的行为，要求对方做出合理解释，同时保留对此事起诉的权利。

据了解，京艺斋是由著名生物学家、京剧史论研究者刘曾复的入室弟子赵永岐先生创办的私营独资企业，在北京有多家直营销售店。记者探访时发现，三款侵权的戏剧人物形象还在销售中，分别为《贵妃醉酒》中的杨贵妃，销售价为158元；《奇双会》中的赵宠和李桂芝，售价都为98元，这三款产品包装上并没有生产单位的任何信息，在卡通形象背后，贴有“京艺斋”的标识，同时该商品的宣传语的确与魏女士所称的企业文化宣传语一致。而店员卢女士称，京艺斋的工艺品都是由京艺斋自行创作销售。

京艺斋总经理赵永岐对此做出回应，并在新浪博客发出声明，“翰墨青衣戏曲动漫工作室”成员魏国卿在其新浪微博“青衣动画魏国卿”上发表：“为何工艺美术大师要窃取我们几个青年人仅有的一点成果为自己谋

❶ 于维同，袁宗苗. 艺术品交易的法律规制［J］. 商场现代化，2013（22）：157－158.

利？我们很不明白这位大师为何要偷别人的作品做成自己的作品，大师就可以违法么？”等不实信息，攻击本人侵犯其所谓美术作品的著作权。该微博内容中不但使用了“窃取”“偷”“抄袭”“坐享其成”等字眼，还将本人身份信息和照片予以公开。同时，翰墨青衣（北京）文化传媒有限公司在其新浪微博“翰墨青衣_青衣动画工作室”对上述不实信息进行传播并发表评论对本人进行诋毁。

“负面影响波及全国，使本人的名誉受到了极大贬损。”“所有产品均来自正规厂家，并要求厂家提供相应的专利权利证书、著作权登记证书、商标授权证书等相关文件。”“美术作品是否存在侵权行为，是一个很复杂的法律问题，双方作品在独创性方面是否存在实质性相同，双方作品的先后完成时间，以及在绘画、构图方面是否存在不同手法等一系列问题，都需要权威的司法机关最终给予认定。本人作为销售方不能听信单方之词，就轻易认为‘Q 版京剧人物磁性贴’是侵权产品，否则这也是对产品制造者的不负责任。”❶

记者查询三款产品的专利号 201130483070.4 时发现，该专利号的确存在，申请人名为李小园，地址是江西赣州，另外在该专利号授权保护下的 18 个套件视图中，被指侵权的 3 款卡通形象并不在其中。

【案例分析】

虽然本事件并未以法律诉讼的形式呈现，但是也给艺术品设计师和广大艺术品爱好者敲响了警钟。

北京市中盾律师事务所吴颂立律师表示，三款戏剧人物作品属于美术作品，著作权归作者所有。人物美术作品侵权认定，主要看侵权作品与原作品的人物面部特征是否构成实质性相似。目测两作品比较，两作品面部特征有一定相似，属于法律规定的实质性相似，因此盗版作品应被认定为侵权作品。同时，吴律师还表示，若销售方在被告知侵权后继续售卖，也属于侵权行为❷。

美术作品分为纯美术作品和实用美术作品。纯美术作品是指以美术技

---

❶ 赵永岐 严正声明：http：//blog. sina. com. cn/s/blog_4b9da927010150v9. html.

❷ 《京华时报》2013 年 1 月 17 日 016 版：http：//epaper. jinghua. cn/html/2013 – 01/17/content_1963263. htm.

术制成的只具有欣赏价值的造型艺术。而实用美术作品则是指以美术技术制成的各种与实用相结合，并具有欣赏价值的造型艺术。从 1886 年《伯尔尼公约》第 2 条第 1 款中可以看出已将实用艺术作品与美术作品一同作为文学艺术作品的不同形式给予法律保护。因此，实用艺术作品是不可能完全等同于实用美术作品的。只有为实际使用或者创作成功后被实际上付诸使用的艺术作品，才能够被视为实用艺术作品。

《中华人民共和国专利法实施细则》对工业品外观设计所下的定义为："工业品外观设计是指对产品的形状、图案或者其结合以及色彩与形状、图案的结合所作出的富有美感并适于工业应用的新设计。"对于这两个概念，郑成思先生认为："工业品外观设计是实用艺术品中的一部分，实用艺术品可以是手工制品，也可以是大工业批量生产的制品所采用的设计，只有后一种情况才能称之为工业品外观设计。"

不过笔者认为，两个作品是否被认定为相似或是实质性相似，应以专业的角度去具体审定，无论本事件结果如何，对于艺术品的创作者或销售经营者来说，在艺术品的创作和销售中，都应该建立相应的著作权保护意识和名誉权保护观念，避免侵权事件发生。

6.2.3 艺术品销售的法律保护对策及建议

近年来，我国市场经济不断发展，人民生活水平也在不断提高。随着人均可支配收入的增加，人们对艺术品的价值和功能有了全新的认识，认识到其实用、珍藏乃至升值的价值，于是很多人竞相对艺术品进行投资，这极大地推动了艺术品拍卖和销售市场的发展。同时，由于完善的艺术品市场交易机制尚未建立，且对艺术品交易保护的法律法规不尽规范、完善，造成了在艺术品交易过程中常有纠纷发生，对艺术品交易的法律保护非常欠缺。

因此，对艺术品销售法律保护提出建议和对策，促进其建立起完善的法律保护制度，建立成熟有效的艺术品市场交易机制，规范艺术品销售行为，对于促进我国艺术品交易市场健康、有序、高效运转就显得尤为重要了。参照于维同、袁宗苗在《艺术品交易的法律规制》中的相关观点，笔者就对艺术品销售的法律保护提出以下相应的对策和建议。

（一）强化交易主体的法律意识，了解自身被侵权的可能性并减少维权成本，如遇侵权，要积极地寻求法律保护，依法追究侵权人的责任。

（二）提高社会公众对艺术品交易法律保护问题的意识。

（三）完善相关法律制度。

（1）在专门法中确立艺术品交易主体的准入制度。从实践上看，对艺术品的创作者或销售经营者来说，应设定法定的资质条件：一是应具有一定的创作或经营能力，体现在知识技能的认证或经营资本（注册资本）上的认证；二是取得国家或地方政府颁布的艺术品交易（中介经营）的资格证书；三是艺术品交易主体经营章程；四是艺术品交易经营场所；五是具有一定的经营项目或范围；六是其从业人员须取得艺术品交易（中介）资格证书。考虑到艺术品中介交易的款项数量和交易的安全，也可采取严格准入主义，实行注册审批制。

（2）在专门法中确立艺术品交易评估与鉴定制度。艺术品交易的评估鉴定人对艺术品真伪的鉴定结论关乎于艺术品的价格和行情。建议在专门法中确立艺术品交易评估与鉴定制度、鉴定人执业证书制、执业资格审查制、诚信等级评估制等。将评估与鉴定机构和鉴定师的资质等级、工作程序等纳入到法制管理中，从法律程序上保证艺术品鉴定的公开、公正和透明。

（3）在专门法中确立艺术品交易责任制度。首先，确立对制假、售假中的侵权行为和违约行为竞合的现象，采用两种民事责任方式。其次，增加《刑法》中的相关规定，对艺术品交易中的评估与鉴定师或机构故意或过失出具虚假艺术品评估与鉴定结论的，违法所得数额较大或者有其他严重情节的，处 3 年以下有期徒刑或者拘役，并处或单处罚金，吊销执业资格 5 年；违法所得数额巨大或者有其他严重情节的，处 3 年以上 7 年以下有期徒刑，并处罚金，吊销营业执照。

（4）在专门法中确立艺术品交易监管机制。在专门法中确立艺术品交易监管制度，明确地将监管的主体授权给各级文化主管部门，同时法定监管权力与责任。其中应赋予现场检查权、询问权、查账权、账簿以及经营资料复印权、查封权，以及强制措施执行的权利；明确规定监管的强制措施可以采取限制人身自由、限制出入境，以及开户银行查询封存权力；同时规定上述权利行使的方法和步骤。

（5）在专门法中确立艺术品交易信用制度。目前，我国艺术品交易市场的诚信危机已成为制约其市场发展的瓶颈。有鉴于此，建议在专门法之中确立信用制度，对征信机构的定位、权限、不良信息的保存年限、违反信用行为的处罚等做出具体规定。

（6）修订《中华人民共和国拍卖法》有关条款。针对一些拍卖行人滥用拍卖法瑕疵免责条款，建议将第六十一条第二款做出细化规定，明确义务，拍卖行应谨慎鉴定拍品真伪，如果确因拍卖行故意、过失或未尽职责造成错将赝品按真品拍卖的行为，拍卖行应配合买方退还赝品，并与卖方同时承担拍卖款的连带返还责任，确保拍卖法真正发挥正义的作用❶。

---

❶ 于维同，袁宗苗．艺术品交易的法律规制［J］．商场现代化，2013（22）：157－158．

第七章　设计服务产业发展及其相关法律保护问题

7.1　概述：设计服务产业文化创意地位及其主要法律保护问题

根据北京市统计局、国家统计局北京调查总队公布的北京市文化创意产业分类表，设计服务类文化创意产业主要包括建筑设计、城市规划及其他设计三类别。其中建筑设计主要涉及工程勘察设计方面，城市规划主要指的是规划管理方面，其他设计在分类表中主要指的是其他专业技术服务等。根据这些类别的已有划分，接下来笔者将先梳理建筑设计、城市规划及其他专业技术服务三方面的概念，然后探讨在这些领域出现的主要法律保护问题。

7.1.1　建筑设计行业发展及其主要面临的法律问题

一般来说，建筑设计指的是建筑物在正式建造之前，设计师根据拟好的建设任务，事先通盘设想好施工与使用过程中可能会发生的问题，并将这些问题的解决方法、方案，用图纸和文件表达出来。这些图纸和文件将作为备料、施工组织工作或各工种在制作、建造工作中相互协作配合的共同依据。同时，事先拟好的建筑设计有利于整个工程在预定的投资限额范围内，按照周密考虑的预定方案，统一步调，顺利进行，从而使建成的建筑物达到使用者的要求和社会的期望。

建筑设计的发展也经历着一个过程，在古代，建筑设计和建筑施工的界限并不明显，建筑设计者即施工的组织者和指挥者。近代以来，建筑设计和建筑施工才分离开来，各自成为专门学科。我国建筑设计是清代后期逐步形成的。建筑设计工作的核心，就是建筑设计师要寻找解决在进行建筑设计时面临的各种矛盾的最佳方案。其中，最主要的矛盾包括内容和形式之间的矛盾；需要和可能之间的矛盾；投资者、使用者、施工制作、城市规划等方面和设计之间，以及它们彼此之间由于对建筑物考虑角度不同而产生的矛盾。

建筑设计工作有其自己的一般性工作规定和工作指南。其中，根据工作特征及建设任务，设计好工作阶段及各阶段的工作任务是关键。除此之外，还包括由政府或立法机关颁布的对新建建筑物建筑设计所做的最低限度技术要求的规定，即建筑设计规范，这是建筑法规体系的重要组成部分。

《建筑设计规范》是“工程建设常用规范选编”之一。建筑设计规范是广大工程建设者必须遵守的准则和规定，在提高工程建设科学管理水平、保证工程质量和安全、降低工程造价、缩短工期、节能、节水、节材、节地、促进技术进步、建设资源友好型社会等方面起到了显著的作用❶。

建筑设计规范是建筑法规体系的组成部分。一般来说，建筑设计规范的内容和体例主要分为行政实施和技术要求两部分。行政实施部分规定了建筑主管部门的职权，建筑设计审查和施工、使用许可证的颁发、争议、上诉和仲裁等内容。有些国家的建筑设计审查规范由政府主管部门组织专家编制，由政府审查批准后对外公布；而在另一些国家，则由学术团体或民间组织编写出“示范本”，由中央或地方立法机关颁布专门法令，对其全部或部分采用。美国属于后者，各州或大城市的立法机关对编写好的“示范本”进行选择采用。建筑设计规范一旦制定公布后，一般由执行机构监督实施。这项工作在许多国家是由城市建设主管部门负责，设置专门人员按规范审查施工图，可以要求设计人修改不符合要求的设计，然后颁发施工许可证。

完善建筑设计活动及建筑作品的法律保护对我国建筑设计水平的提高有很大的促进作用。完善的法律保护体系不仅有利于规范行业市场秩序，而且有益于鼓励创新。当前我国的建筑设计法律保护主要集中于两方面，

❶ 百度百科：http：//baike. baidu. com/subview/65218/7665590. htm.

一是对建筑设计活动的法律规范和规定。包括相关的设计规范、设计标准，其中主要涉及的法律纠纷有因质量问题导致倒塌的房屋，其法律追究责任的承担是否包括建筑设计人员，设计人员是否有严格遵守国家设计规范；二是对建筑设计作品（包括设计图纸、设计说明、建筑模型等）、建筑实物的版权纠纷。目前，我国对建筑设计作品、建筑实物的版权保护主要依据《中华人民共和国著作权法》及《反不正当竞争法》来进行法律判定。《中华人民共和国著作权法》第三条第（四）项规定，美术、建筑作品享有版权。《中华人民共和国著作权法实施条例》第四条第（九）项将建筑作品解释为指以建筑物或者构筑物形式表现的有审美意义的作品。

截至目前，除借鉴《著作权法》《反不当竞争法》等其他法律对建筑设计进行法律援助外，我国建筑设计行业现有的法律规范、条例、地方规章（以北京市为例）主要有（见表7.1）：

表7.1　我国建筑设计行业主要的法律规范、条例、地方规章（以北京市为例）

	法律规范/条例	施行时间
1	《中华人民共和国城乡规划法》	2008年1月
2	《中华人民共和国建筑法》（修订版）	2011年7月
3	《建筑工程勘察设计管理条例》	2000年9月
4	《建筑工程质量管理条例》	2000年1月
5	《房屋建筑和市政基础设施工程施工图设计文件审查管理办法》	2004年6月
6	《北京市建筑市场管理条例》	1996年9月
7	《北京市城市规划条例》	1992年10月
8	《北京市建筑工程施工图设计文件审查暂行办法》	2001年9月

7.1.2　城市规划行业发展及其主要面临的法律问题

城市规划是研究城市的未来发展、城市的合理布局和综合安排城市各项工程建设的综合部署，是一定时期内城市发展的蓝图，是城市管理的重要组成部分，是城市建设和管理的依据，也是城市规划、城市建设、城市运行三个阶段管理的龙头。[1]

不同社会背景的国家对城市规划有不同的概念界定。苏联在《城市规

[1] 百度百科：http：//baike. baidu. com/view/25963. htm.

划原理》中提到，在社会主义条件下的城市规划就是社会主义国民经济计划工作与分布生产力工作的继续和进一步具体化。英国《不列颠百科全书》中明确，城市规划与改建的目的，不仅仅在于安排好城市形体——城市中的建筑、街道、公园、公用事业及其他的各种要求，而且更重要的在于实现社会与经济目标。美国国家资源委员会曾公开表示，城市规划是一门科学、一种艺术、一种政策活动，它设计并指导空间的和谐发展，以满足社会和经济的需要。而在我国，明确说明城市规划为了实现一定时期内城市的经济和社会发展目标，确定城市性质、规模和发展方向，合理利用城市土地，协调城市空间布局和各项建设所做的综合部署和具体安排。但无论如何，各国的城市规划都有一个共同的基本任务，即通过空间发展的合理组织，满足社会经济发展和生态保护的需要。

城市规划主要包括两方面含义：城市规划与城市建设。所谓城市规划即根据城市的人文条件、地理环境、经济发展状况等客观条件制定适宜城市整体发展的计划，从而协调城市各方面发展，并进一步对城市的空间布局、土地利用、基础设施建设等进行综合部署和统筹安排的一项具有战略性和综合性的工作。所谓城市建设是指政府主体根据规划的内容，有计划地实现能源、交通、通信、信息网络、园林绿化以及环境保护等基础设施建设，是将城市规划的相关部署切实实现的过程，一个成功的城市建设要求在建设的过程中实现人工与自然完美结合，追求科学与美感的有机统一，实现经济效益、社会效益、环境效益的共赢[1]。

统一的、科学的城市规划对于建设好一个城市很有必要。严格按照规划来进行建设的城市，更能为人民的居住、劳动、学习、交通、休息及各种社会活动创造良好的条件。而其中严格践行城市规划相关的法律规范是建设智慧城市、生态城市等现代化城市重要的法律保证。目前，我国城市规划方面最重要的法律规章是《中华人民共和国城乡规划法》，这也是我国在城市规划、城市建设和城市管理方面的第一部法律，是涉及城市建设和发展全局的一部基本法。《中华人民共和国城乡规划法》原名《中华人民共和国城市规划法》1990 年首次颁布施行。2007 年 10 月 28 日第十届全国人民代表大会常务委员会第三十次会议通过新颁布的《中华人民共和国

[1] 百度百科：http：//baike. baidu. com/view/25963. htm.

城乡规划法》，自 2008 年 1 月 1 日起施行，《中华人民共和国城市规划法》同时废止。

国外城市规划管理一般都比较注重社会参与和全民参与，即在规划编制、实施和管理过程中，公众全程参与，并通过立法和机构设置保障全民监督的实施❶。如法国《城市规划法》规定，地方当局在进行城市规划和建设之前须先征求市民的意见。而我国的《城市规划法》及各地的城市规划管理法规，偏向于行政管理法功能的立法定位，对公众行使权利的规定比较缺失，并且在实际工作中公众的权利也没有得到充分的保护。

7.1.3　其他设计行业发展及其主要面临的法律问题

根据维基百科的解释，设计即"设想和计划，设想是目的，计划是过程安排"，通常指有目标和计划的创作行为、活动。具体而言，设计就是指预先描绘出工作结果的样式、结构及形貌，通常要绘制图样。设计除了在建筑、城市规划方面功能显著，在服饰、产品开发以及艺术等领域也起着重要的作用。从设计系统上划分，设计主要分为环境设计、工业设计、视觉传达设计、流行时尚设计这几大类型。其中，除建筑设计、城市规划的其他专业技术设计主要体现在工业设计、视觉传达设计两方面（参见表 7.2）。❷

表 7.2　设计的几大类型及其具体内容

设计类型	主要内容	
环境设计	• 建筑设计； • 展示设计； • 景观设计；	• 室内设计； • 公共艺术设计； • 舞台设计；
工业设计	• 计算机自动设计； • 交通工具设计； • 软件设计； • 玩具设计；	• 家具设计； • 产品设计； • 文具礼品设计； • 系统设计；

❶ 朱文华．谈我国城市规划管理体制改革［J］．规划师，2003（5）：10－11.

❷ 维基百科：http：//zh. wikipedia. org/wiki/，设计.

续表

设计类型	主要内容	
视觉传达设计	• 广告设计； • 插画设计； • 网页设计；	• 包装设计； • 动画设计；
流行时尚设计	• 剧装设计； • 珠宝设计；	• 服装设计；

工业设计是以工业产品为主要对象，综合运用科技成果和工学、美学、心理学、经济学等知识，对产品的功能、结构、形态及包装等进行整合优化的创新活动。工业设计的核心是产品设计，广泛应用于轻工、纺织、机械、电子信息等行业。一般认为，工业设计属于工业知识产权的范畴，在工业设计里主要涉及版权保护、设计产权归属等法律问题。知识产权是对智力创造成果的一种肯定，包括发明、文学和艺术作品，以及商业中使用的符号、名称、图像和外观设计。在学界，知识产权一般分为工业产权与版权两类，工业产权包括发明（专利）、商标、工业品外观设计和地理标志，版权则包括文学和艺术作品。知识产权主要包括专利权、商标权、著作权三类，其中工业设计主要涉及专利权和商标权。

视觉传达设计是透过可视形式以传达某种事物为目的的主动行为。视觉传达主要或部分仰赖于视觉且以二度空间的影像呈现，包括：标示、字形编排、绘画、平面设计、插画、颜色及电子设备，它作为一个信息—影像伴随着文字的组合对于传达、教导、说服观众而言具有更大的影响力[1]。同工业设计类似，视觉传达设计方面主要需要的法律保护是对相关设计作品的版权保护，以及知识产权方面的法律鉴定。

案例一：“短命建筑”暴露设计规范危局

2014 年 4 月 4 日 8 点 45 分左右，浙江省奉化市锦屏街道大成路居敬小区 29 幢部分楼房突然坍塌，事故致使 7 人被埋。当天下午 5 点 50 分，7 人全部被救出，但其中 1 名女子经抢救无效死亡。据悉，这栋楼建成于 1994 年，房龄仅不到 20 年。

[1] 维基百科：http：//zh. wikipedia. org/wiki/，视觉传达设计.

4月8日，奉化官方通报，启动事故追责程序，3名嫌疑人被采取强制措施。据媒体报道，3名嫌疑人是居敬小区29幢的施工方——象山第一建筑公司的相关负责人。

对于这一结果，宁波籍的中国工程院资深院士陈肇元表示："每次出事，责任人都是施工一方。"他认为施工方的责任固然不可推卸，但绝不是全部的责任所在。一段时间以来，这样的"灭顶之灾"在各地时有发生。

2009年6月27日5时30分，上海市闵行区莲花南路一在建楼盘工地发生楼体倒覆事件，致1名工人死亡。

事故调查组最终虽认定该事件是一起重大责任事故，但同时认定，原勘察报告、结构设计等均符合规范要求。

这一结果与发生于2003年的湖南衡阳大火事件类似。当年11月，衡阳市衡州大厦发生大火，消防人员在楼外灭火过程中，楼房突然发生连续倒塌，导致16名消防战士牺牲。事后在对大厦主体结构设计进行复核时，结果同样认为"基本满足要求，无大的过错"。

这些发生垮塌的建筑大多只建成20～30年。而按照我国《民用建筑设计通则》，一般性建筑的耐久年限为50～100年。它们因此而拥有了一个共同的名字——短命建筑。

"一般房子的设计使用年限都是50年，国外也一样，只有英国是60年。这是指在50年之中，对一般房子来说，只需要正常维护、维修就可以了，不需要大修。"陈肇元介绍说："而为了实现只需要一般维护就能达到50年，那是需要有保证率或者说需要有安全系数的。也就是说，必须保证有95%以上的房子能够使用100年以上，相当于安全系数是2。主要建筑物的设计使用年限规定为100年，那就要求其中的95%以上房子能够实际安全使用到200年以上。这也是国际通行的一个要求，即实际使用年限应该是设计年限的两倍。"

"也就是说，设计使用寿命，国家规定的只是最低的标准。"清华大学建设管理系工程管理研究所副所长邓晓梅补充解释[1]。

---

[1] 案例来源：法制网－法制日报：http：//www.legaldaily.com.cn/index_article/content/2014－04/15/content_5447989.htm.

【案例分析】

此则事例固然未以诉讼形式呈现，但我们可以从中作以简短剖析。

对于浙江奉化这次出现的倒楼事故，陈肇元认为："设计规范、标准的滞后是其中的一个大问题。"

《中华人民共和国建筑法》第六十条规定，建筑物在合理使用寿命内，必须确保地基基础工程和主体结构的质量。这要求建筑物设计使用年限和结构耐久性能必须有足够保证。长期以来，我国的国家规范中大梁、楼板、钢筋、混凝土等都有要求，但对于房屋整体牢固性要求模糊，直到2011 年 7 月开始实施的新规范，才对房屋整体牢固性提出要求。

另一方面，我国的设计仅有原则性要求，没有具体细则这一现实仍然存在。陈肇元"一个普遍的现象是，设计施工人员唯规范、规定是从，将技术规范视为法规，以为只要符合规范或不违反规范条文，即使出了事故，设计或施工人员也可不负法律责任。"这里面，其实存在很大的误区，设计人应当首先向工程的具体业主和使用人负责，满足业主和用户对工程的功能需求，如果建筑出了问题，设计人当然不能免责。对技术规范地位认识不到位，直接影响并抑制设计人员的创造性，阻碍新技术的进步，并让黑心开发商偷工减料、钻规范空子找到依据，而最终受到伤害的是建筑物的质量和老百姓的利益。

类似"短命建筑"的悲剧应引起官方警醒，化悲痛为力量，将事故教训变为完善建筑物设计施工规范和技术标准改进的依据。

1968 年，英国伦敦 Ronan Point 地区一幢 22 层公寓楼因煤气爆炸引发连续倒塌。起爆点发生在 18 层一个住户的厨房间，爆炸压力破坏厨房间两侧的外墙板和局部楼板，使得上一层的同侧外墙板失去支撑后连同楼板一起坠落，依次撞击下层引发连续破坏，使得高楼的一个很小角区从上到下连续倒塌，一直到底层的现浇混凝土结构为止，压死 4 人。Ronan Point 公寓的连续倒塌事故引起国际结构工程界高度重视，并引发了广泛讨论。

"为吸取这次教训，国外的设计规范几乎都相继做出修订，提出房屋结构的整体牢固性要求。"陈肇元接受《法制日报》采访时提到，正是这次事件，促进了建筑结构设计思想的重大进展。我们希望我国设计业也从类似多起事件中吸取教训，从设计规范和工程标准上严把质量关，减少类似事件发生。

案例二：紫峰绿洲“傍”大楼，是不正当竞争

2011年，南京“紫峰大厦”状告邻近的“紫峰绿洲国际会所”侵权，“紫峰大厦”认为“紫峰绿洲国际会所”借“紫峰”的知名度为其宣传，系不正当竞争行为，要求“紫峰绿洲国际会所”立即停止使用“紫峰”字号并赔偿经济损失。经一年多的审理后，2012年9月6日，南京市鼓楼区法院做出一审宣判，法院认定被告攀附“紫峰大厦”的知名度，系不正当竞争行为，应当停止使用“紫峰”字号并赔偿经济损失8万元。

南京紫峰大厦由南京国资绿地金融中心有限公司（以下简称南京国资绿地公司）和上海绿地集团共同出资打造，是南京的新地标建筑。

从2004年起，南京国资绿地公司陆续向国家工商总局申请注册了“紫峰”系列商标，之后又将大厦的经营模式设计成南京顶级的购物中心，即“紫峰购物广场”，另设六星级“紫峰绿地洲际酒店”。原告还注册了两个分公司，分别负责上述经营项目的管理。然而，一个打着“紫峰绿洲国际会所”招牌的企业在“紫峰大厦”附近出现，该会所由江苏紫峰绿洲酒店管理有限公司租用他人建筑经营，且在外观装修、门店招牌、开业时间、广告宣传中都模仿“紫峰大厦”，使消费者误以为两家“紫峰”为同一主人。

2011年2月，南京国资绿地公司将江苏紫峰绿洲酒店管理有限公司告上南京市鼓楼区法院，要求其停止侵权并赔偿由不正当竞争行为给原告造成的损失10万元，赔偿律师费、公证费、调查费等合理费用53300元；判令被告承担本案的诉讼费。

2012年9月6日下午，鼓楼区法院公开开庭，对该案敲下一审判决的法槌。法院综合考虑本案的基本事实，认为被告对原告的侵害主要表现在其攀附“紫峰大厦”的知名度而构成不正当竞争。

首先，“紫峰大厦”的名称在南京市享有相当的知名度；其次，原告对“紫峰大厦”名称享有相应的知识产权权益，并有权禁止他人攀附使用。被告使用“紫峰”在后，其使用该字号的正当性缺乏证据支持和相应的法律依据；第三，被告攀附使用“紫峰大厦”名称的行为足以造成市场

混淆。

最终法院依据查明的事实，判决被告于本判决生效之日起在企业名称和招牌中停止使用“紫峰”字号，并于判决生效之日起三十日内到工商登记部门办理名称变更登记；被告一次性赔偿原告经济损失及合理费用人民币 8 万元；驳回原告的其他诉讼请求❶。

一审宣判后，“紫峰绿洲”不服，上诉到南京市中级人民法院。南京中院认为，“紫峰绿洲”在企业名称和店招中使用“紫峰”字样，明显具有攀附“紫峰大厦”商誉的主观意图，紫峰绿洲公司在企业名称中使用“紫峰”字样，足以导致公众将该公司与紫峰大厦的建设经营主体混淆，或产生不恰当的联想。这一点，紫峰大厦还特意委托独立的第三方进行了市场混淆性调查，并将结果作为证据提交给法庭。因此，紫峰绿洲的行为损害了紫峰大厦的合法权益，扰乱正常的市场竞争和经济秩序，构成不正当竞争；一审判决并无不当。

据此，2013 年 4 月，二审法院认定“紫峰绿洲”攀附“紫峰大厦”的知名度，属于不正当竞争行为，驳回其上诉，维持原判。

【案例分析】

本案争议的焦点问题为“紫峰绿洲”国际会所在名称使用和店面装潢及宣传中是否侵犯“紫峰”大厦的企业名称权，是否构成不正当竞争行为。

本案中紫峰绿洲名称权纠纷在现今司法实践中属于新型的知识产权纠纷，紫峰绿洲认为，紫峰大厦有名称权，但是权益不可能扩及装潢和不存在竞争关系的其他主体的经营范围。

对照紫峰绿洲公司的行为看，其并没有侵犯国资绿地金融中心的商标专用权，紫峰绿洲公司的建筑外观装饰也没有侵犯绿地金融中心的建筑物著作权，紫峰绿洲发布的广告也不构成虚假宣传，即从单行法规的条款中无法认定紫峰绿洲与紫峰大厦存在不正当竞争关系，无法直接认定紫峰绿洲公司实施了侵害国资绿地金融中心的具体侵权行为。

但是，经营者在市场交易过程中，都应该遵循公众所公认的道德标

---

❶ 案例来源：现代快报：http：//kb. dsqq. cn/html/2012 －09/08/content_208040. htm.

准、交易规则，在法院一、二审的审理中都有相同的认识，都认为紫峰绿洲在企业名称和店招中使用“紫峰”字样，明显具有攀附紫峰大厦商誉的主观意图，紫峰绿洲公司在企业名称中使用“紫峰”字样，足以导致社会公众将紫峰绿洲公司与紫峰大厦的建设经营者主体相混淆，或产生不恰当的联想。因此，紫峰绿洲的行为损害了紫峰大厦的合法权益，扰乱了正常的市场竞争和经济秩序，其行为构成不正当竞争❶。

根据我国《反不正当竞争法》的规定，不正当竞争是指从事商品经营或者营利性服务的法人、其他经济组织和个人违反《反不正当竞争法》的规定，损害其他经营者的合法权益，扰乱社会经济秩序的行为。

一般认为，不正当竞争的主要行为种类包括：（1）假冒他人的注册商标。（2）擅自使用知名商品特有的名称、包装、装潢或者使用与知名商品近似的名称、包装、装潢，造成和他人的知名商品相混淆，使购买者误认为是该知名商品。（3）擅自使用他人的企业名称或者姓名，引人误认为是他人的商品。（4）在商品上伪造或者冒用认证标志、名优标志等质量标志，伪造产地，对商品质量作引人误解的虚假表示。（5）经营者不得利用广告或者其他方法，对商品的质量、制作成分、性能、用途、生产者、有效期限、产地等作引人误解的虚假宣传。广告的经营者不得在明知或者应知的情况下，代理、设计、制作、发布虚假广告。

案例中“紫峰大厦”的名称在南京市已经享有相当高的知名度，且南京“紫峰大厦”对该名称享有相应的知识产权权益，并有权禁止他人攀附使用。“紫峰绿洲国际会所”给其会所冠名“紫峰”，属于使用与知名商品近似的名称、包装、装潢，造成和他人的知名商品相混淆，从而使消费者误买误消费，是很明显的一种不正当竞争行为。

而据《反不正当竞争法》的规定，经营者只要实施了各种不正当竞争行为以及与不正当竞争有关的违法行为，就要承担相应的法律责任，包括民事责任、行政责任和刑事责任。

民事责任：《反不正当竞争法》规定，如果经营者的不正当竞争行为给其他经营者的合法权益带来损害的，经营者应承担赔偿责任，被侵害的

---

❶ “傍大楼”，也是不正当竞争——南京“紫峰绿洲”被诉侵权案审判纪实：http://www.360doc.com/content/13/0805/13/4076270_304882172.shtml.

经营者的损失难以计算的，赔偿额为侵权人在侵权期间因侵权所获得的利润；并应当承担被侵害的经营者因调查该经营者侵害其合法权益的不正当竞争行为所支付的合理费用❶。

行政责任：《反不正当竞争法》规定的行政责任，要通过不正当竞争行为的监督检查部门对不正当竞争行为的查处来实现。行政责任的形式主要包括责令停止违法行为、责令改正、消除影响以及吊销营业执照等形式❷。

刑事责任：刑事责任适用于那些对其他经营者、消费者和社会经济秩序损失严重、情节恶劣的不正当竞争行为。《反不正当竞争法》只对经营者承担刑事责任作了原则规定，确定具体的刑事责任要适用我国《刑法》的相应规定❸。

案例三：大黄鸭引发知识产权纠纷

2013 年 9 月 16 日至 2014 年 10 月 17 日，风靡全球的大黄鸭在北京颐和园展览，吸引很多游客前来观看。其间，大黄鸭不幸在颐和园中泄气，之后工作人员用刀具将皮划开，将大黄鸭切割分解。据现场工作人员解释，这是为了保护设计方的知识产权，展完了必须进行破坏性拆除。

早在大黄鸭项目启动时，北京设计周组委会办公室副主任曾辉就表示，“大黄鸭”设计版权的维护将成为重要项目，以此也将推动知识产权的保护工作。但是随着大黄鸭的知名度不断提升，全国多地出现“山寨鸭”及相关衍生品。2013 年 5 月以来，我国东莞、天津、武汉、上海、成都等城市出现“非霍夫曼版”的“山寨鸭”。2013 年 9 月 6 日，北京某公园惊现穿着绿马甲、拖着一串鸭蛋的黄鸭。除了景观跟风外，其他行业也想要分一杯“鸭羹”，某知名饰品企业推出大黄鸭饰品，以至于在北京设计周召开期间，就发出了维护展览权及衍生品知识产权保护的通告函。

【案例分析】

据大黄鸭版权保护法律顾问、北京市盈科律师事务所律师王军介绍，

---

❶❷❸ 国家法律法规全库——《中华人民共和国反不正当竞争法》：http：//www.zdal.cn/zdal/front/find_by_idDetailDemos.do？id＝1000526.

大黄鸭山寨类型主要有三："一是版权侵权；二是依靠虚假、混淆、误导性宣传来进行不正当竞争，例如某著名地产公司的广告'国际范儿大黄鸭空降某某城'；三是跟风、低劣模仿、不正当利用、消费霍夫曼版大黄鸭的设计价值及公众关注度，如北京某公园的绿马甲黄鸭。"

我国设计行业中存在"山寨文化"，已是业界普遍共识。在国际上，中国设计师的抄袭风气成了国人设计师的痛点，在第50届米兰国际家具展上，Fendi等一些大牌的展位入口设置了关卡，拒绝中国设计师入内参观，成为中国设计师和设计行业的尴尬之痛。

北京设计周组委会办公室副主任曾辉表示过：接下来中国的设计要想形成产业，还有很长一段路要走，第一个要解决的问题，就是有效地推动知识产权的保护工作，希望可以推出更有效的政策，而国内设计师也要加强约束自己，监督业内不要抄袭。

设计是一个创造性很强的职业，应该受到全社会的尊重。根据国际知识产权局调查，曾经独立承揽过设计业务的设计师当中，90%左右遭受过侵权。利用招标、比稿以及设计作品交易的特殊性，不履行承诺或者不按照合约履行付款义务就非法使用设计师的劳动成果这种现象屡见不鲜，长期对知识产权的不重视直接导致我国设计作品的知识产权不能得到有效的保护，还间接致使我国设计的创造力被严重削弱和消磨。因为设计师的劳动成果一旦不能得到尊重，其作品的合法权利不能得到很好的保护，对设计师的创作积极性是一个很大的伤害，而设计师的创作积极性和创作环境是创造能力彰显的必要土壤。另一方面，市场创造力的缺失对于广大消费者也是一种极大的损失。

例如，现如今很多家装公司推出了"免费设计"的服务，针对免费设计，很多设计师都表示，实际上客户是"免费设计"的最大受害者，他所失去的是自身的工程质量保证和不断返工造成的浪费；室内设计师是"免费设计"的第二受害者，毁掉的是整个行业的声誉，也损害了设计师的利益，而设计师利益一旦受损，直接影响其创作能力的发挥。

而相比国外发达国家，一旦设计师的设计方案获得通过，这个方案就相当于法律文件，是必须严格遵守的规则，而监督者就是设计者本人。这是中国设计师不曾有的权利，也是我国设计原创市场乱象普遍存在的原因之一。

案例四：山西一玻璃店侵犯外观设计专利 被判赔一万元

郑州恒昊玻璃技术有限公司是一家专门从事高档工艺装饰玻璃的研发、生产和销售的高新技术企业。“恒昊玻璃”被三度授予“全国艺术玻璃十大品牌”的荣誉称号。2006年2月，郑州恒昊将其研制的“玻璃（金玉满堂)”向国家知识产权局申请了外观设计专利。国家知识产权局于2006年12月进行了授权公告，郑州恒昊获得了“金玉满堂”的专利权。

这一专利产品投入市场后，受到了消费者的青睐。郑州恒昊在日常经营过程中获悉，临汾一家玻璃店经营有类似图案的玻璃。2012年2月，郑州恒昊委托代理人钟某，向临汾市华尧公证处申请办理保全行为公证。当天，公证员随同钟某等人，一起来到位于临汾市普国装饰城的某玻璃店。在公证人员的监督下，钟某在此店购买了品名为“金玉满堂”“发财树”和“花好月圆”的玻璃各6片。在购买过程中，钟某取得了盖有该店专用章的收据，花费600元。公证人员将购买的玻璃进行了拍照并包装，然后加贴封条。临汾市华尧公证处对此过程进行了公证，并出具了公证书，公证费800元。

郑州恒昊向太原市中院提起诉讼，要求被告（临汾市普国装饰城的某玻璃店）停止侵权，赔偿损失两万元，并承担诉讼费。法院审理后认为，郑州恒昊的“金玉满堂”已获外观设计专利权，应受法律保护。任何单位和个人未经许可，不得为生产经营目的制造、销售专利产品。法庭认为，被告被控侵权产品的图案、构图等基本要素与“金玉满堂”类似，容易使普通消费者产生误认和混淆。

但至于赔偿问题，按照相关法律规定，侵犯专利权的赔偿数额，按照权利人被侵权所受到的实际损失确定。实际损失难以确定的，可以按照侵权人因侵权获得的利益确定。权利人的损失或者侵权人获得的利益难以确定的，参照该专利许可使用费的倍数合理确定。

案件中，郑州恒昊并没有提供因被告侵权所受到的损失，以及被告因侵权所获利益的证据。综合考虑相关因素后，2014年4月14日法院判决临汾某玻璃店店主王某立即停止销售侵权产品，赔偿损失1万元[1]。

---

[1] 案例来源：陕西新闻网：http：//news. sxrb. com/sxxww/xwpd/shxw/3780837. html.

【案例分析】

本案案情并不复杂，涉案对象是大家可能在工作生活中并没太留意的玻璃制品。本案争议焦点就是临汾市普国装饰城的某玻璃店是否侵害了恒昊玻璃公司的专利权。

根据法院查明的信息可知，恒昊玻璃公司对玻璃作品“金玉满堂”依法享有外观设计专利权。恒昊玻璃公司在专利有效期内按时交纳了年费，该专利权应受法律保护。任何单位和个人未经专利权人许可，都不得实施其专利，即不得为生产经营目的制造、销售、进口其专利产品。

《中华人民共和国专利法》第五十六条第二款规定：“外观设计专利权的保护范围以表示在图片或者照片中的该外观设计产品为准。”即判断一项侵犯外观设计专利的行为是否成立，主要是判断被控侵权产品与专利图片中表现的专利产品的外观是否相同或相似。本案中，被控侵权产品与恒昊玻璃公司的专利产品均为玻璃，属相同产品。将临汾市普国装饰城的某玻璃店销售的被控侵权玻璃的图案与涉案专利授权公告的图案相对比，两者各单元图案均是由垂直相交的放射状线条无规则地组成，整体图案均由多个单元图案构成。不同的是各单元图案中放射状线条的数量不同，但这细小的差别不足以显著引起消费者的视觉变化，两者整体图案的视觉效果仍然相似，因此两者构成相似的外观设计。临汾市普国装饰城的某玻璃店王富广未经恒昊玻璃公司许可，以生产经营为目的销售与恒昊玻璃公司外观设计专利图案相同的图案玻璃的行为，侵犯了恒昊玻璃公司的专利权，且其未提交证据证明侵权玻璃的合法来源，所以恒昊玻璃公司请求临汾市普国装饰城的某玻璃店立即停止销售侵权产品，赔偿损失的理由成立。

外观设计专利是专利权的客体，是专利法保护的对象，是指依法应授予专利权的外观设计。《中华人民共和国专利法》第二条中规定：“外观设计，是指对产品的形状、图案或者其结合以及色彩与形状、图案的结合所做出的富有美感并适于工业应用的新设计。”因此，一般而言，外观设计专利应符合以下要求：

（1）是指形状、图案、色彩或者其结合的设计；

（2）必须是对产品的外表所作的设计；

（3）必须富有美感；

（4）必须是适于工业上的应用。

工业品的外观设计需要保护，这在世界范围内是一个共识。一般认为，工业品外观设计的法律保护模式既可以采用著作权法模式，也可以采用专利法模式，还可以单独立法进行保护。本案例中郑州恒昊玻璃的外观设计采用的就是专利法保护模式。另一方面，据世界知识产权组织的看法，工业品外观设计需要保护，但是又不要过度保护。因为如果保护过度的话，可能会使得工业品外观设计所有人的权利强于专利权人、外观设计权人和著作权人，不利于社会公共利益。由于我国目前还没有制定专门的工业品外观设计法，因而专利法模式是我国现行的保护工业品外观设计的基本法律模式。

外观设计专利产品是比发明和实用新型专利产品更具有日常生活性的商品，对于其中某些相似产品的细微差别，普通消费者往往会忽略，一般只有专业人员可以很容易辨别出来。因此，进行外观设计专利侵权判定时，有人提出应当以普通消费者的审美观察能力为标准，不应当以该外观设计专利所属领域的专业技术人员的审美观察能力为标准。他们认为对于类别相同或者相近似的产品，如果普通消费者施以一般注意力不致混淆，则不构成侵权，如果普通消费者施以一般注意力仍不免混淆，则构成侵权。

正因为外观设计专利产品与相近似产品间差别不显著，且普通消费者往往会忽略，乃至我国频发类似郑州恒昊玻璃外观专利权被侵犯的法律纠纷事件。对此，山西华坛律师事务所主任李春华律师提醒，销售者要加强对有关知识产权法律法规的学习，了解相关政策，尽可能避开侵犯他人知识产权的“雷区”。日常经营中，销售者应从正规厂家或批发商处进货，并尽可能审查对方是否有生产或销售相应商品的资质，取得相应的证明文件，如营业执照、商标（著作权或专利）权利证明等。对于进货单据、进货发票等也要妥善保管。销售者在知道自己被起诉时，应及时到法院领取涉案应诉材料，并立即将涉嫌侵权的商品下架停售。

7.2 主要法律保护问题梳理及其对策建议

如前所述，依据北京市统计局、国家统计局北京调查总队公布的北京市文化创意产业分类表，文化创意产业中的设计服务主要包括建筑设计、城乡规划和其他专业技术服务。

7.2.1　建筑设计面临的主要法律问题及其对策建议

在建筑设计方面，我国当前主要面临的法律问题是：一是对建筑设计活动的法律规范规定；二是对建筑设计作品（包括设计图纸、设计说明、建筑模型等）、建筑实物的版权保护。其中，更应关注到的是后者。而当前，我国对建筑设计作品、建筑实物的版权保护主要依据《中华人民共和国著作权法》及《反不正当竞争法》来进行法律判定。《中华人民共和国著作权法》第三条第（四）项规定，美术、建筑作品享有版权。《中华人民共和国著作权法实施条例》第四条第（九）项将建筑作品解释为指以建筑物或者构筑物形式表现的有审美意义的作品。

故此，对于当下建筑设计的法律保护，笔者提出以下几点建议：

（1）最大限度地用好现行建筑法律、法规对建筑工程设计法律责任的规定，尊重《中华人民共和国建筑法》的法律权威。《中华人民共和国建筑法》第五十六条规定，建筑设计单位不按照建筑工程质量、安全标准进行设计的，责令改正，处以罚款；造成工程质量事故的，责令停业整顿，降低资质等级或吊销资质证书，没收非法所得，并处以罚款；造成损失的，承担赔偿责任；构成犯罪的依法追究刑事责任。应积极发挥建筑法的这些法律效力。

（2）说服教育建筑设计人员重视国家制定的相关的建筑技术标准，督促设计机构及设计人员严格贯彻，适当惩罚那些以各种理由搪塞、拒绝执行消防监督机构提出的修改意见，从源头上防范“短命建筑”悲剧的发生。另外，国家相关部门要认真落实认证管理制度，严禁无证的企业队伍承接工程设计项目。

（3）完善著作权法，或者制定建筑设计作品版权保护的相关法规，明确建筑设计作品版权保护的主体和客体，具体说明建筑设计作品版权保护的详细内容，缩小法律空白。同时加强对设计合同的法律规制，充分发挥设计合同对建筑设计作品的法律保护。

7.2.2 城市规划面临的主要法律问题及其对策建议

《中华人民共和国城乡规划法》由第十届全国人大常委会第三十次会议2007年10月通过并公布，2008年1月1日起实施，1990年4月1日施行的《城市规划法》同时废止。2015年4月第十二届全国人大常委会对《城乡规划法》做出修改。城市规划方面，目前我国最重要的法规是《中华人民共和国城乡规划法》，但就其性质而言，其偏向于行政行政法功能，对公众行使权利的规定比较缺失，并且在实际工作中公众的权利也没有得到充分的保护。此外，我国的城乡规划法在具体内容方面还存在一些问题，如：城乡规划制定主体与职能不对称；城乡规划制定过程欠民主；这些是城乡规划刑事法律责任的空白。城乡规划法律制度面对城市问题的加剧，应及时变革，尽可能地使城市发展与城市自然生态系统保持和谐，平衡城市环境使用者彼此间或其与公益间的矛盾与冲突。

鉴于此，笔者对于我国城乡规划的法律保护提出以下几点建议：

（1）积极借鉴国际公约及国外城市规划立法的启示，完善我国的《城乡规划法》，树立核心法的权威。引进民主参与，结合我国当前城市发展现状及过去的经验总结，树立全新的城市规划立法理念，统筹城乡发展与区域发展，实现由开发建设型向控制引导型规划思想的转变。

（2）修改并制定操作性更强的城市规划配套法规，促进城市规划相关法律与城市规划法的协调，构建和谐的城市规划法规体系。城市规划配套法规是城市规划法律体系中的重要组成部分，其主要作用是贯彻、执行城市规划主干法，如规划编制办法、土地使用规制、建设项目审批等，并为城乡规划主干法提供技术标准和技术规范。城乡规划配套法规与城市规划主干法相辅相成，只有二者合作严密，才能最大限度地促进城乡规划体系的完整和统一。

（3）普及公民的法律知识，增强其法律意识，加强我国公众参与城乡规划的责任感。具体而言，可以利用电视、报纸、网络等媒体向公众宣传公众参与权的重要意义，并为公众提供咨询、质询等表达机会，通过建立畅通的公众参与渠道，提高公众参与的积极性，通过各种参与公共事务的方式加强公众参与规划的责任感。

7.2.3 工业设计面临的主要法律问题及其对策建议

专业技术服务中以工业设计的法律保护最为典型。工业设计的核心是产品设计，广泛应用于轻工、纺织、机械、电子信息等行业。一般认为，工业设计属于工业知识产权的范畴，在工业设计里主要涉及版权保护、设计知识产权等法律问题。工业设计创新主要通过外观设计、版权、商标等知识产权相关法律获得保护。与技术相比，工业设计更容易被模仿抄袭，所以，工业设计对知识产权的依赖更加明显。工业设计的成果必须通过知识产权战略的实施，通过知识产权的创造、运用、保护和管理，才能完成权利化和市场化的转化，使工业设计本身形成真正的竞争优势。随着国家知识产权战略的出台和深入实施，我国越来越多的企业开始通过实施知识产权战略保护工业设计创新的成果，并在激烈的市场竞争中取得优势地位。

基于此，笔者对工业设计的法律保护提出以下几点建议：

（1）打破目前单一保护期限的规定，对不同的设计采取不同的保护期限。如我国专利法规定外观设计专利的保护期限为10年，自申请之日起计算。这种固定不变的保护期规定已越来越不适应现实生活的需要。另一方面，这种10年的保护期难以满足一些知名度较高、商誉较好的企业限制竞争对手、占领市场的需求。

（2）完善工业作品及其外观设计的初步审查制度。我国对外观设计专利申请实行初步审查制度，对申请经初步审查没有发现驳回理由的，由国务院专利行政部门做出授权决定并发放专利证书，同时予以登记公告。但这种初步审查制度因其制度本身的欠缺可能造成两方面的消极后果。第一，由于初步审查制度不对外观设计专利申请作新颖性、创造性的检索审查，可能导致一些本不应获得授权的外观设计专利的产品实际存在。第二，由于授权速度快，大量的外观设计专利被授予，造成了徒有数量没有质量的局面❶。

（3）积极扶持和引导工业设计领域的平衡发展。从区域上看，北京、广东、上海、江苏、浙江等高新科技企业和制造业较为发达的地区，知识

---

❶ 宋娟红．浅议我国外观设计法律制度的完善［J］．山西省政法管理干部学院学报，2007（4）．

产权创造能力已经相对成熟，而部分省份虽然有一定规模的制造业，但知识产权创造能力还相对落后。此外，从企业上看，同一产业内的不同企业知识产权创造能力参差不齐。可以说，一部分知名企业已经走上了自主创新之路，然而，相当部分的中小企业还有较长的路要走。

（4）建立专门的管理机构，加强企业知识产权管理，同时积极开展培训，增强企业知识产权运用能力。各级政府部门应当强化知识产权意识及其推广教育，重视企业知识产权创造和保护工作，对产业界工业设计领域的知识产权保护出台积极的扶持和引导政策。

（5）合理利用相关信息，为知识产权战略实施提供支撑。整理、分析工业设计相关的外观设计专利信息并进行科学加工，将这些成果积极转化为具有一定技术和商业价值的有效信息，为工业及其他专业设计服务的法律保护提供参考和依据。

第八章　旅游、休闲娱乐文化创意保护的法律问题

8.1　旅游服务类相关法律问题

旅游服务是指旅游经营者凭借一定的设施及使用一定的手段向旅游者提供各种劳务的总和。旅游服务由许多单项服务组合而成，具体包括饭店服务、交通服务、餐饮服务、导游服务等。旅游服务的广泛性决定了旅游服务活动具有综合性、旅游物质条件和旅游劳务的相互制约性，而旅游服务是一种面对面的服务，使其生产到消费具有明显的直接性，旅游服务对象广泛，内容繁杂，因此服务过程具有应变性和个体性特点。

旅游服务对景区和旅行社有着重要意义。旅游服务可以起到扩大客源，提高经济效益的作用，旅游服务项目、内容的丰富程度反映了旅游业供给水平的高低，旅游服务的高低关系到旅游经营的信誉，成为旅游业的生命线，而旅游服务的优劣体现了企业员工素质和管理水平的高低，成为评价旅游企业经营管理的重要标准❶。

2013 年 4 月，十二届全国人大常委会通过的于 2013 年 10 月 1 日施行的《中华人民共和国旅游法》是旅游服务业内最有权威的法律规范，与其他调整旅游活动中各种法律关系的有关法律法规和规章共同调整规范旅游服务产业，保障着庞大旅游队伍旅游的质量。

随着社会对旅游服务需求的增长，旅游业发展迅速，而旅游服务中所包含的文化创意保护问题却容易被人们忽略。旅游服务中所涉及的文化创意产业的法律保护主要包括旅行社、风景名胜区、公园和其他游览景区管

---

❶ MBA 智库百科：http：//wiki. mbalib. com/wiki/，旅游服务.

理、城市绿化管理及野生动植物保护几类，本章主要从旅行社相关的文化创意保护和风景名胜区、公园和其他游览景区管理等方面进行案例分析。

旅行社相关的文化产业和法律保护现状

为加强对旅行社的管理，保障旅游者和旅行社的合法权益，维护旅游市场秩序，促进旅游业健康发展，早在1985年5月11日，国务院就颁布了《旅行社管理暂行条例》。1996年10月15日，国务院又颁布了我国旅游业第一部行政法规《旅行社管理条例》（以下简称《条例》），并于2001年进行了修改。为更好地贯彻《条例》，国家旅游局又制定了《旅行社管理条例实施细则》，并先后出台了《旅行社质量保证金暂行规定》《旅行社质量保证金赔偿试行标准》等，2013年10月1日施行的《旅游法》形成了以旅行社为核心的比较完善的法律体系。

1. 旅行社及我国旅游业现状

（1）旅行社

依照《旅行社管理条例》规定："旅行社是指有营利目的，从事旅游业务的企业。"旅游业务，是指为旅游者代办出境、入境和签证手续，招徕、接待旅游者，为旅游者安排食宿等有偿服务的经营活动。

旅行社的法律特征主要表现为以下三个方面：

旅行社是许可经营行业。设立旅行社企业，必须具备《条例》所规定的条件，经旅游行政管理部门批准，取得《旅行社业务经营许可证》，然后到工商行政管理部门注册登记、领取营业执照，方取得独立的法人资格。

旅行社是从事旅游业务的企业。旅行社所从事的旅游业务主要是代办出入境和签证手续，招徕并接待旅游者。招徕，是指旅行社按照批准的业务范围，在国内外开展宣传促销活动，组织招徕旅游者的工作；接待，是指旅行社根据与旅游者达成的协议，为其安排行、游、购、食、宿、娱等，并提供导游服务。

旅行社是有营利目的的企业。旅行社作为独立的企业法人，应当自主经营、自负盈亏、自我约束和自我发展，独立地承担民事责任。因此，旅行社在经营旅游业务的过程中，应依法对自己经营状况的好坏承担经济责任，享受经济权利。

（2）旅游景区

近年来，伴随我国居民生活水平的不断提升，居民参与旅游活动的欲望及支付能力均不断增强。而“带薪休假”以及“黄金周”长假等政策又为居民提供了更多的闲暇时间，加上便利的交通设施，潜在的旅游需求正不断地转化为现实的、有效的旅游需求。同时，伴随我国驱动旅游有效市场需求各要素不断完善，其对旅游需求的有效释放产生了极大的促进作用。而旅游景区是旅游业发展的基础和核心要素，在我国旅游业的发展过程中，发挥着非常重要的作用，既是我国旅游业发展形象的重要体现，也为地方经济的发展做出了突出的贡献。

《中国旅游行业市场前瞻与投资战略规划分析报告前瞻》显示，我国旅游景区拥有充足的发展动力和广阔的发展空间。景区按照旅游资源的主体性质不同主要分为自然类旅游景区、人文类旅游景区、主题类旅游景区和社会类旅游景区四大类。

旅游景区是指具有吸引国内外游客前往游览的明确的区域场所，能够满足游客游览观光、消遣娱乐、康体健身、求知探索等旅游需求，应具备相应的旅游服务设施并提供相应旅游服务的独立管理区。旅游景区应有统一的经营管理机构和明确的地域范围，包括风景区、文博院馆、寺庙观堂、旅游度假区、自然保护区、主题公园、森林公园、地质公园、游乐园、动物园、植物园及工业、农业、经贸、科教、军事、体育、文化艺术、学习等各类旅游景区[1]。

旅游景区是旅游业的核心要素，是旅游产品的主体成分，是旅游产业链中的中心环节，是旅游消费的吸引中心，是旅游产业面的辐射中心。旅游业同时也是很多城市或地区的支柱性产业，所以在国计民生中起着不可忽视的作用。我国有很多典型的旅游城市，例如三亚、丽江、黄山、敦煌，等等，都是以旅游为核心，全面带动整体经济发展的城市。直接受益的行业有旅游业、餐饮娱乐、城市交通、生活服务行业、旅游纪念品，等等，全面带动整个地区的生产消费各行业的共同发展，形成以旅游为龙头的旅游经济产业链。

旅游景区产品是一种服务产品。因此，它具有服务性产品的一般特

---

[1] 杨桂华．旅游景区管理［M］．北京：科学出版社，2006．

性，即无形性、不可贮存性、不可转移性、生产与消费同时性。旅游景区产品的特殊性决定了游客购买旅游产品过程也不同于其他商品，这同时也使得旅游景区营销区别于其他产品营销而具有特殊性。据世界旅游组织预计，2015 年中国将成为全球第一大旅游目的国，但旅游业存在结构性不合理、旅游收入分配明显不均的弊端。在发达国家，旅游购物要占到旅游经济的 40% ~60%，而在我国却不足 20%。在旅游产业诸要素的经济形态当中，旅游购物仍然是制约中国旅游业发展的软肋。

2. 旅游业涉及的法律问题

（1）旅游业管理问题

旅游业是以营利为目的的行业，在运营中不免出现“宰客”的现象。2012 年 1 月，一起备受关注的海南旅游“宰客”事件被曝光。三亚海岛渔村海鲜城存在价格欺诈行为。一个名为“黑人光辉”的微博贴出“7 道海鲜价格却高达 9746 元”的菜单。经查，该海鲜城 1 月 27 日在销售海鲜品过程中存在超过规定的平均差价率的行为，利用虚构原价等虚假的或者使人误解的价格手段，诱骗消费者与其进行交易，属于价格欺诈行为，情节严重，社会影响较大。根据《价格违法行为行政处罚规定》，三亚市价格主管部门决定对该海鲜城处以 50 万元罚款[1]。“三亚宰客事件”暴露出国内旅游需求的急剧膨胀超过了其自身的承受力和旅游行政管理部门的宏观调控手段所能达到的管理能力不足。同时，各地旅游部门对国内旅游认识不足，很多人认为“旅游就是吃喝玩乐”，对旅游业改善国民经济结构、提升城市形象和改善城市人居住条件的战略性作用认识不足，导致很多地方缺乏对旅游产业发展的主要思考和系统规划，致使行业无章可循。除了对国际旅行社、国内旅行社及外商投资旅行社有较强的市场准入管理手段外，对其他从事国内旅游企业的经营行为还没有有效的管理措施，这就导致了国内旅游市场较为混乱。

同时，我国现有旅游景区分属不同部门管理，有的归林业部门管理，有的归宗教部门管理，例如，承德避暑山庄隶属承德市宗教局，西柏坡纪

---

[1] 三亚对宰客零容忍 万元账单海鲜店被罚 50 万_新闻_腾讯网：http：//news. qq. com/a/20120209/000099. htm.

念馆隶属于石家庄市委宣传部❶。这种多头管理的现象也在相当大程度上妨碍了旅游部门对旅游业的统一规划和管理，给旅游业健康有序和可持续发展带来诸多不利影响。

（2）旅游资源管理体系不完善

旅游景点“超负荷”工作屡见不鲜。现阶段我国旅游企业和景区管理部门之间，普遍存在管理人员交叉混编的情况，这使得上层管理者处境尴尬。一方面，作为公司领导，他们要对企业负责，争取尽可能营利；另一方面，作为政府专职机关的行政领导，他们又必须综合考虑环境、经济、社会、文化等各方面的因素，不愿做有损景区资源的事，严格地说，他们是在良心的制约下做工作，没有完善的法规制约下的企业化经营，很容易将风景名胜资源的保护推向难以承受的风险之中。

绝大多数的风景区在五一、国庆等旅游高峰期，均不同程度地“超负荷”工作。景区游人接肩比踵，空气污浊，旅游质量大受影响。我国古文化宝库敦煌莫高窟，因游客量过多，空气中钬（HO）和钴（CO）的含量居高不下，许多精美佛雕的颜色已发生变化，内在物理、化学结构也受到影响。还有许多奇山异洞、秀水珍木，也因过多地被人类光顾而面目“狰狞”。

（3）旅游业生态环境受到破坏

旅游业的兴旺，使旅游接待地的流动人口增加。旅游交通的频繁和飞机、汽车、游艇等交通工具废气排放量的增大，致使旅游接待地的空气污染、噪音污染和水质污染加剧。许多穿城而过的河流已遭严重污染，水色发黄甚至发黑。另外，旅游接待地人满为患的状况，也加重了当地基础设施的负担。水、电、交通等供应因需求量急增而显不足。

对旅游资源的掠夺性开发，造成了部分资源的破坏。我国云南西双版纳热带雨林已被砍伐 1/2，致使云南的大象、老虎不是向缅甸逃跑，就是窜出自然保护区，毁坏庄稼、伤害人畜。坐落在湖南、湖北交界处的著名四大湖泊，目前仅剩下长湖和洪湖。1951 年湖泊面积还有 217.44 万亩的洪湖市，到 1987 年只剩下 70.29 万亩；但是，目前仍有很多国内外房地

---

❶ 王素娟主编. 文化创意产业中法律问题研究［M］. 北京：中国人民公安大学出版社，2013.

产、旅游开发商加速挤占洪湖水面。还有一些地区，为了追求近期经济发展，在风景名胜区迅速扩建高档宾馆、饭店、疗养所、“培训中心”，以及索道、滑道、城市娱乐设施等，造成了一些高污染、高消耗、低效益的工商业破坏了旅游资源，这实质上危害了当地经济的可持续发展。

（4）旅游产品问题

我国国内旅游产品还处于初级开发水平，绝大部分属于观光旅游型、探亲访友和休闲度假，而突出旅客参与性、代表性、知识性和享受性的高质量的观光旅游产品在我国还没有得到充分发展。旅游产品聚集性和规模性较差，国内旅游产品的开发具有局限性❶。同时，旅游产品还涉及以下相关知识产权保护问题。

① 旅游线路名称的商标注册

例如“农家乐”是浙江省海外旅行社最先开发的旅游线路，由于未能及时注册商标，但现在类似“农家乐”“农家游”“渔家乐”之类的旅游项目遍地都是，而“农家乐”的创始者却由于低价竞争等多种原因，已经放弃了这条线路。

“孤岛生存”几乎是与“农家乐”同时问世的旅游线路。所不同的是开发这条线路的温州人人旅行有限公司当时就注册了“孤岛生存”的商标。现在，拥有这个商标的旅行社不仅避免了同行的“盗版”，而且还与对这个商标感兴趣的旅行社签订了许可使用协议，把无形资产转化成了现实价值❷。

对于旅游业迅猛发展的今天，旅游线路的模仿甚至复制时有发生，因此加强旅游线路的知识产权保护显得格外重要。

② 旅行社的商业秘密

旅行社是具有盈利目的企业的法律特征决定了其经营过程中所获得的客户档案、经营信息、旅游产品等具有商业价值，属于商业秘密的范畴，应受到法律保护。

商业秘密是指不为公众所知悉，能为权利人带来经济利益，具有实用性并经权利人采取保密措施的技术信息和经济信息。商业秘密具有秘密

❶ 胡君．对目前我国旅游业的形势分析［J］．河北职业技术学院学报，2008（1）．

❷ 中国互联网新闻中心：http：//www.china.com.cn/chinese/TR－c/49908.htm，旅游线路开发勿忘注册商标。

性、价值性和保密性。这三个特征是构成商业秘密的充要条件，只有同时具备这三个条件的信息才属于商业秘密[1]。1994 年中国青年旅行总社诉中国旅行社总社不正当竞争案就是关于旅行社商业秘密的经典案例，笔者将在后文详细分析。

③ 产品近似，不同旅行社报价相差巨大

除旅行社的商业秘密作为文化创意产权受到法律保护之外，每个旅行社“自家”的旅游产品即旅游线路也属于文化创意的范畴。例如马年春节期间，以春节游为主题的路线再次成为市场热点。不过在旅游市场上出现同一款产品在不同旅行社报价相差数千元的现象。为了争夺客源，各大旅行社之间在产品的设计、推广上都会不遗余力，在激烈竞争的过程中，因为行业规则的相对缺位，旅行社各种不同的内部架构，以及企业和企业之间的分销现状，使得消费者在价格上难以把握的同时，消费后的维权或许还会经历一番波折。

④ 旅游纪念品问题

a. 旅游纪念品同质化现象严重

中国社会科学院旅游研究中心副主任刘德谦、北京联合大学旅游学院副院长石美玉在《当代中国旅游购物研究》一书中表示，旅游购物不仅是旅游活动中与游、娱、食、住、行等平行的供求要素，同时也是旅游吸引力的重要组成。旅游购物是目的地特色引力的不可缺少的一部分，在一些地方，旅游购物对象的“旅游商品”甚至成为旅游的第一引力。地位如此重要的旅游纪念品，在我国却面临着同质化严重的问题。

很多游客表示，从前出门旅游总会在景区挑一些小物件作为纪念，后来发现很多景点卖的东西都是雷同的，而相关研究显示，国内旅游者普遍认为旅游商品的地方特色不强。很多游客在不同的景点总能看到似曾相识的纪念品，而且这些纪念品大多制作粗糙。比如在西藏挑的手链，到了丽江也可以看到一模一样的同款，全国东南西北走一圈，带回来的东西无甚差别，久而久之，游客就不再愿意在旅游景区购买纪念品了。去一个地方旅游，总想带些有特色的物品作为纪念。但现实的情况也许是，这些纪念品都是某些小商品基地批量发往全国各地的相同货品，带回家后常常被遗

[1] 萧石．经营信息受法律保护［J］．知识产权，1997（4）．

忘在角落；消费者也在这样一场场和同款纪念品的“重逢”后，逐渐丧失了对旅游纪念品的兴趣，对旅行地的印象也大打折扣。

相比之下，台湾地区的很多旅游纪念品制作更加精致，并且和特定的地域、特定景点的资源与风格结合紧密，具备特色但又不是随处可见，能吸引不少游客购买。

国际品牌授权业协会公布的《2011 年年度授权调查报告》显示，全球品牌授权市场的年销售额约 2000 亿美元，其中美国约 1100 亿美元，而中国 2010 年的授权市场规模仅为 15 亿美元。即便是目前国内衍生品产值较高的北京故宫博物院，其和创意产品年收入接近 9 亿元新台币的台北“故宫博物院”相比仍有很大差距。

北京故宫博物院院长单霁翔在去年 8 月“紫禁城杯”故宫文化产品创意设计大赛启动新闻发布会上曾介绍，台北“故宫”在创意产品开发方面的合作厂商数量达 92 家，每年开发近 600 项新产品，创造了非常可观的经济效益，最主要的是台北“故宫”通过大量纪念品吸引游客，打破了传统运营模式下博物馆仅有的参观功能。2013 年，一款印有康熙御批“朕知道了”的胶带走红，这款由台北“故宫”创意设计的简单明了又霸气十足的纪念品，以黄白红三色为一组，售价 200 元新台币，两次推出，均遭疯狂抢购。原本普通的胶带，因加入独特创意，成为一款不可复制的纪念品，引发收藏热潮和网络热议。据了解，围绕品牌授权，台北“故宫博物院”与厂商合作“让文物再生与重生”，近些年推出了 2400 多种文创产品，单是 2013 年，就收入 9 亿元新台币，成为台北“故宫”的主要收入来源，也让台北“故宫”饱受赞誉。在旅游纪念品的创意、研发、授权上，台北“故宫”不失为众多旅游景区学习的典范❶。

一直以来，包括旅游纪念品在内的文化产品常被诟病缺乏创意。在网页搜索栏输入“旅游纪念品创意设计大赛”，搜索结果中几乎能看到全国各大旅游城市都在举行此类大赛，其中不乏一些有创意的设计，但好创意为什么没有带来好产品？其中，轻授权、轻产权是导致多侵权、同质化现象严重的根本原因。

创意缺乏并不是缺少新鲜独特的点子，主要是创意工业本身有欠缺。

---

❶ 周莉莉．关于旅游纪念品创新设计热潮的思考［J］．美术教育研究，2013（7）．

一些关于旅游纪念品的创意不少，但能把这些好想法做成一门生意的体制机制比较欠缺，创意生产链是断开的。创意产业链意味着从创意到论证到变成具体的产品再到营销，所有的环节应是一个完整的链条，这些链条只有前后互补，才能产生有市场的好的旅游纪念品。

而创意产业链条不完善与我国一些机构缺乏授权意识有很大关系。如前面提到的台北“故宫博物院”，会与全球许多创意公司、营销公司、版权代理公司进行合作，或许只是一个图像的授权，就能很快生产出极富创意的独特纪念品。国外一些大型博物馆主要收入来源于艺术授权及衍生品，一般占到其总收入的20%至50%，而且销售产品的90%是代理产品。而国内许多博物馆、美术馆等旅游目的地在授权方面的意识还远远不足。大景区缺乏授权意识，而一些有创意才能的青年设计师们，在辛劳完成设计生产后还要担心作品被仿制。创意、设计、生产难不倒青年设计师，但盗版侵权却让众多设计师头疼。旅游景区和礼品公司能做出很好很有市场的创意旅游纪念品，但这些产品都面临侵权的问题。一旦它们有了市场，很快就被模仿，而且是恶性竞争性复制，产品越好卖，越容易被模仿。

b. 旅游纪念品问题举措

综上，目前我国旅游纪念品市场虽然缺乏高端设计人才，但好创意并不少见。旅游纪念品之所以同质化严重，一方面是由于有关部门缺乏把创意转为产品的产业链支持；另一方面是由于政府缺乏对旅游纪念品这一行业的指导保护政策。创意难、仿造易的现状使创意设计者的收益难以得到保证，这在一定程度上会打击他们的创作积极性。

针对上述旅游纪念品多侵权，同质化现象严重的现状，笔者认为，首先要从授权意识和中介机制入手，推动旅游纪念品创意产业中介服务机制机构的发展，强化景区的品牌授权意识和艺术授权意识。一些景点未必要自己生产旅游纪念品，一个好的建议是他们可以将自身独有的优秀文化资源元素、特色文化符号、标志景观建筑资源对接给中介服务机构，授权给相应的公司，形成完善的产业链。

其次，政府要对旅游景区纪念品授权事业给予支持，对景区开发出或者授权的一些商品，其授权规划应得到相应补贴。同时要发展相应的授权人才，建立有针对性的指导团队。

另外，在产权保护的角度上，更要大力推动旅游纪念品的知识产权市场发育。一方面有关部门要加大对旅游纪念品版权的保护力度和对盗版的打击力度；另一方面更要发挥市场调节机制，培育旅游纪念品市场的版权保护意识和属地保护意识，使旅游纪念品自身的产权价值得以实现，创造出无法复制的资源基因，打造出“离开这个景点就买不到的有特色的纪念品”。

《旅游法》于2013年10月1日施行，我们应当把以往累积的关于旅游产业中的问题放在法律的框架下，仔细审视每一个问题，用法律手段去约束和规制。政府在重视旅游产业发展的同时，必须十分注意推动本地旅游购物的发展。地方的旅游行业组织，也要给予企业积极的引导，不仅要鼓励它们发挥自己的主体作用，更要引导它们注重商品市场的开拓和旅游商品的研发生产。

⑤ 旅游合同问题

随着旅游业市场规模的扩大，有关旅游合同的纠纷也大幅增加，从整个订立旅游合同的过程看，旅游消费者根本不可能也难以与旅行社就每一条款进行磋商、交涉和讨论，强弱地位截然分明的状况很容易产生损害旅游者合法权益的问题。旅游合同是旅游消费者和旅行社之间签订的约束双方权利义务关系的协议，是在法律角度对消费者最直接的保障。

旅游消费合同，是指旅游经营者提供旅游服务给旅游者，旅游者按约定支付报酬，旅游经营者应对旅客的人身和财产损害承担严格责任的合同。《中华人民共和国旅游法》由第十二届全国人民代表大会常务委员会第二次会议2013年4月25日通过，现予公布，自2013年10月1日起施行。《旅游法》在第五章具体规定了关于旅游合同订立、包价合同、合同解除等相关问题。

a. 给付请求权和债权保护请求权

在旅游合同中，旅游者有权要求旅游经营者提供旅游服务，如要求旅行社提供导游服务、订票服务、交通服务、餐饮住宿服务等；而旅游经营者则有权要求游客在旅游活动开始前支付定金以及服务提供后支付旅游费用的权利。同时双方还可以根据自己的利益提出其他请求，与对方协商达成协议。

旅游合同订立后，如果旅游经营者不按照合同的规定履行其义务，旅游者就可依据该项债权权能请求国家机关给予保护，强制旅游经营者履行，例如，《中华人民共和国旅游法》第六十五条“旅游行程结束前，旅游者解除合同的，组团社应当在扣除必要的费用后，将余款退还旅游者”。

b. 包价合同

《旅游法》中明确规定了包价旅游合同，它是指旅行社预先安排行程，提供或者通过履行辅助人提供交通、住宿、餐饮、游览、导游或者领队等两项以上旅游服务，旅游者以总价支付旅游费用的合同。

第六十二条　订立包价旅游合同时，旅行社应当向旅游者告知下列事项：

（一）旅游者不适合参加旅游活动的情形；

（二）旅游活动中的安全注意事项；

（三）旅行社依法可以减免责任的信息；

（四）旅游者应当注意的旅游目的地相关法律、法规和风俗习惯、宗教禁忌、依照中国法律不宜参加的活动等；

（五）法律、法规规定的其他应当告知的事项。

在包价旅游合同履行中，遇有前款规定事项的，旅行社也应当告知旅游者。

c. 旅游者和旅行社的解除权

第六十三条　旅行社招徕旅游者组团旅游，因未达到约定人数不能出团的，组团社可以解除合同。但是，境内旅游应当至少提前七日通知旅游者，出境旅游应当至少提前三十日通知旅游者。

因未达到约定人数不能出团的，组团社经征得旅游者书面同意，可以委托其他旅行社履行合同。组团社对旅游者承担责任，受委托的旅行社对组团社承担责任。旅游者不同意的，可以解除合同。

第六十六条　旅游者有下列情形之一的，旅行社可以解除合同：

（一）患有传染病等疾病，可能危害其他旅游者健康和安全的；

（二）携带危害公共安全的物品且不同意交有关部门处理的；

（三）从事违法或者违反社会公德的活动的；

（四）从事严重影响其他旅游者权益的活动，且不听劝阻、不能制止的；

（五）法律规定的其他情形。

因前款规定情形解除合同的，组团社应当在扣除必要的费用后，将余款退还旅游者；给旅行社造成损失的，旅游者应当依法承担赔偿责任。

通过旅游合同的约定，允许双方通过合同将旅行社的责任限定在一定限额内，提高了当事人对风险的预见性，有助于保护消费者利益和净化旅游市场。

案例：中国青年旅行社总社诉中国旅行社总社不正当竞争案

1994 年 7 月到 8 月间，中国青年旅行社（以下简称“中青旅”）欧美部的十余名业务精英分别以出国留学、探亲、陪读等虚假事实为由先后向中青旅人力资源部提出辞职申请，在未经批准的情况下即到中国旅行社（以下简称“中旅”）工作并组建了中旅欧美二部。他们将在原工作部门中使用、保管的中青旅客户档案带至中旅，并以中旅名义向国外客户发函，继续从事原中青旅的业务，致使中青旅国外客户取消原定旅游团队 151 个。而至 1994 年 9 月，中旅已实际接待了原定由中青旅接待的 20 余个旅游团队，并因此获利 80 余万元。中青旅认为中旅的行为已构成不正当竞争，于 1994 年 9 月向北京市中级人民法院提起诉讼。中青旅在起诉时向法院递交了证据保全申请，请求法院扣押存于中旅的中青旅客户档案。

原告中青旅提出，被告的不正当竞争行为致使中青旅减少计划收入 2196.4 万元人民币，经营利润损失 353 万元人民币。

被告中旅则辩称在旅游业中，随时改变旅游团队的计划是常见的，而且客户档案是指国外旅游机构的地址、电话、传真资料等，国外报纸广告上都可以见到，并无商业秘密可言，因此不存在侵犯商业秘密的问题。

法院在受理此案后，就中青旅的申请对被告采取了证据保全措施，扣押了中旅使用的原中青旅的客户档案，并告知当事人双方要以国家利益为重，不要因此案诉讼影响国家旅游业的声誉和利益。双方当事人在国家旅游协会的主持下自愿达成协议：中旅向中青旅致歉并赔偿 100 万元人民币。中青旅随后向法院提交撤诉申请，法院最终裁定准许中青旅撤回起诉。

【案例分析】

本案争议焦点为旅行社的客户档案是否算作商业秘密，中国旅行社是否侵犯了中国青年旅行社的商业秘密。

根据上文对商业秘密的概念界定，中青旅的客户档案是其付出多年的劳动和代价取得的经营信息，不仅包括了国外旅游机构的地址和电话，更重要的是中青旅与国外旅行社的关于时间、住宿标准、价格等的询价和确认，这些信息直接关系到双方能否成交，具有商业价值。如果被第三方获得，就很可能致使已联系好的客户转而与他方合作，故这些信息具有不为公众所知的潜在利益。中青旅就其采取的保密措施充分举证，但由于这些档案分别由其主管业务人员掌握和管理，他人无法获得，可以由此推定这些人接受了中青旅的保密要求。因此，中青旅的客户档案符合商业秘密的构成条件，属于经营信息类的商业秘密，理应受到法律保护。

根据《民事诉讼法》的规定，当事人对自己提出的主张有责任提供充分且有效的证据。基于侵犯商业秘密案件的特点，原告一般应证明的事实主要包括对商业秘密的秘密性、价值性和保密性充分举证；对商业秘密的所有者负责证明，并证明被告使用了原告的商业秘密。被告应当证明没有以不正当手段获得原告的商业秘密或具有相同商业秘密的正当来源，而且自身并无过错，法院须依职权取证。在很多侵犯商业秘密案件中，因为证据往往掌握在被告手中，原告很难获取。根据当事人的申请，法院应依职权取证主动收集那些对案件事实有很大影响的证据，以保证案件审理的公正性和准确性。中青旅在起诉时向法院递交了证据保全申请，请求法院扣押存于中旅的中青旅客户档案。

【相关知识拓展】

除上述案例中旅行社的商业秘密作为文化创意产权受到法律保护之外，每个旅行社“自家”的旅游产品即旅游线路也属于文化创意的范畴。例如马年春节期间，以春节游为主题的路线再次成为市场热点。不过在旅游市场上经常出现同一款产品在不同旅行社报价相差数千元的现象。为了争夺客源，各大旅行社之间在产品的设计、推广上都会不遗余力，在激烈竞争的过程中，因为行业规则的相对缺位，旅行社各种不同的内部架构，以及企业和企业之间的分销现状，使得消费者在价格上难以把握的同时，消费后的维权或许还会经历一番波折。

据北京商报报道，几位春节计划出游的北京游客反映，同一款去往海南三亚的产品，在不同的旅行社报价有着明显的差距。记者随后通过对比几家旅行社推出的春节旅游产品后发现，同一款海南三亚的产品在不同旅行社的报价确实存在明显差距。每年临近节日，国内多数旅游线路价格都会较平时出现明显涨势，这早已是行业司空见惯的事情。海南等热门目的地的一些旅游产品价格甚至可以翻一番，但同样是上涨后的价格，同一款产品不同旅行社出现了高达2500元的差价，不禁更加让人疑惑。记者在采访神舟国旅、中国康辉旅行社（以下简称“康辉”）和北京中国国际旅行社有限公司总社综合业务部三家旅行社时发现，这三家在1月均推出一款名为“逍遥海南——尊贵VIP之旅”的三亚春节旅游产品。记者从三家旅行社提供的该产品2月9日出发的行程单中发现，三家旅行社出售的产品除了名称相同外，在酒店、目的地、景点等行程安排上完全一致，甚至产品行程单的表格制式都是一样的。不过，正是这三款相同的产品，三家旅行社给出的报价却明显不同。其中康辉报价为8980元/人，神舟国旅报价10280元/人，北京中国国际旅行社的报价最贵，达到11480元/人。这一报价比最低的康辉贵了2500元。除了报价有所差别之外，记者了解到，经中国国际旅行社总社（以下简称“国旅总社”）有关负责人证实，国旅总社下属企业“北京中国国际旅行社有限公司”（以下简称“北京国旅”）的分支机构冒用“总社综合业务部”名义私自开设网站售卖产品，而上述报价中，最贵的11480元/人的报价正是出自这家冒名网站。虽然记者获知目前国旅总社已对这家网站准备采取相关措施，但截至记者发稿时，这家名为“北京中国国际旅行社有限公司总社综合业务部”的网站仍在售卖产品，其网站显示点击量已经超过94万❶。

其一，旅游行业存在问题主要表现在：同一产品价格之间的过大差异让游客在选择旅游产品时出现了不少困惑，而不同旅行社行程单设计雷同、分销环节难以规范等产业现状都是影响旅游产品质量的重要因素。实际上，为游客上演障眼法也是行业存在的普遍问题。业内人士指出，热门线路行程单抄袭现象其实很普遍，对行业来讲，很不利于旅游产品线路的研发和市场产品的多样性培育。对旅行社来讲，行程单可以拷贝，优势资源及服务却难以“模仿”，抄袭其他企业的行程单，却在酒店、景区等环节难以拿到优势价格，也是出现“同一产品价格差距大”的重要原因之一。

---

❶ 《北京商报》2013年2月5日。

其二，旅游行业乱象不仅限于企业内部，更常见于行业之中：企业内部分支机构数量繁多、体系复杂，虽以同一品牌示人，实际上各自经营，让消费者难以分辨，出现问题后难以及时维权；企业之间分销体系复杂，分销过程缺乏市场规范；从加盟模式来看，一些知名品牌加盟店众多，销售平台、产品各不相同，缺乏集团管控；旅游产品研发方面，一家企业研发的产品创意难以得到专利保护，“拷贝行程单”的行为造成产品雷同，影响了市场上旅游产品的多样性。

8.2 休闲娱乐服务

休闲娱乐行业不仅是满足群众文化消费需求，促进身心健康的重要行业，也是增加社会就业、提高人民生活水平、推动整个城市经济快速发展的重要力量。根据国家统计局《文化及相关产业分类》显示，休闲娱乐文化产业是文化产业的重要组成部分，具体包括室内娱乐活动、游乐园、休闲健身娱乐活动和其他娱乐活动四大类。

其中，室内休闲娱乐活动是指室内各种娱乐活动和以娱乐为主的活动，主要包括绿色生态桑拿、歌舞厅、KTV 等活动，以休闲、娱乐为主的创造性活动，以及其他未列明的室内娱乐活动。游乐场是指配有娱乐设施的大型室外娱乐活动及以娱乐为主的活动，主要包括大型游乐园活动、水上乐园活动和其他未列明的游乐园活动。休闲健身娱乐活动指主要面向社会开放的休闲健身娱乐场所和综合体育娱乐场所的管理活动，主要包括综合体育娱乐场所，滑沙、滑雪及模拟滑雪场所的活动，娱乐性军事训练、体能训练场所的活动以及其他未列明的休闲健身娱乐活动。其他休闲娱乐活动涵盖范围较广且不太明确，主要是指各种形式的彩票活动，以及公园、海滩和旅游景点内小型设施的娱乐活动。

案例：《外婆的澎湖湾》不能随便点唱了

歌曲《外婆的澎湖湾》因其悠扬的旋律传唱海内外，可从 2013 年 1 月开始，该歌的词曲作者叶佳修却在东莞打起维权战。作为台湾知名词曲作家，他以著作权被侵权为由，频频将东莞各酒店、KTV 告上法庭，还先后将 40 家酒店及娱乐场所告上法庭，成了东莞市第三人民法院的

“常客”。

叶佳修的代理律师称，叶佳修于2011年6月28日签订《授权委托书》，委托律师就其音乐著作权遭受不法侵害事宜，在中国大陆执行维权行动。东莞许多歌舞娱乐场所在未缴纳版权使用费的情况下，将叶佳修享有著作权的30余首词曲音乐作品，以卡拉OK点歌的形式向公众进行商业使用。对此，其已对相关行为进行公证并作为证据提交法院，要求相关酒店、KTV停止侵权行为，并对每位被告开出5万到10万余元的赔偿要求。在叶佳修主张权利的曲目中，可以看到绝大多数是台湾的民谣，而在大陆传唱较广的歌曲有《外婆的澎湖湾》《乡间的小路》等。

对于叶佳修的起诉，许多成为被告的酒店、KTV感到愕然，并“喊冤”。塘厦镇某酒店就表示，其经营时间不长，当时是向有关公司购买的歌曲点播系统，对系统内有叶佳修的歌曲并不知情，其本身也是受害者，同时认为叶佳修提出10.8万元的赔偿金额过高。

在该宗案件中，东莞市第三法院经审理认为，该酒店侵犯了叶佳修的著作权，依法应当承担停止侵害、赔偿损失等责任。综合考虑涉案作品的流行时间及相关音乐作品使用的付酬标准，及酒店的侵权行为方式、持续时间、主观过错程度、经营规模等，法院最终酌定该酒店赔偿叶佳修包含合理维权费用在内的经济损失32000元[1]。

【案例分析】

作为室内休闲娱乐活动重头戏的KTV屡被控侵权，主要涉及曲库内歌曲MV作品的著作权问题。本案争议的焦点有两点，其一是叶佳修创作的曲目是否享有著作权，其二是酒店已经购买点歌系统，对点播系统内涉案曲目并不知情，是否侵犯了作家的著作权。

对于焦点问题一，根据《中华人民共和国著作权法》的规定，MV作品、电影作品和以类似摄制电影的方法创作的作品，汇集了包括导演、演员、摄影、服装、灯光、合成等一系列创造性劳动，体现了制作者的独特构思和设计编排，具有独创性，符合著作权法规定的作品构成要件，应认定为以类似摄制电影的方法创作的作品。根据《中华人民共和国著作权

[1] 中国法院网，侵犯《外婆的澎湖湾》词作者知识产权案和解执行，2012年10月8日。

法》第十五条第一款规定，电影作品和以类似摄制电影的方法创作的作品的著作权由制片者享有；第十一条第四款规定，如无相反证明，在作品上署名的公民、法人或者其他组织为作者。唱片公司和作品代理公司通常取得电视作品的合法授权，享有在中国大陆地区的独家许可放映、复制等专有权利，应受到《中华人民共和国著作权法》的保护。本案曲目作者并无争议，所以本案中作者叶佳修对涉案曲目享有著作权。

对于焦点问题二，酒店已经购买点歌系统，对点播系统内涉案曲目并不知情，但是作为酒店 KTV 的主办方应对点歌系统内的曲目尽到应有的注意义务，向中国音乐著作权协会缴纳相应的费用。该案就是因为经营者缺乏著作权保护的相关法律知识，侵害了原告的著作权，根据酒店侵权行为方式、持续时间、主观过错程度、经营规模等，法院最终酌定该酒店赔偿叶佳修包含合理维权费用在内的经济损失。

【相关知识拓展】

针对酒店、KTV 频频被告的现象，歌舞娱乐场所在经营过程中存在几方面问题：首先，部分涉诉歌舞娱乐场所《营业执照》登记的经营范围未包含卡拉 OK，或未按法律规定取得《娱乐经营许可证》等相关证照；其次，部分经营者缺乏著作权保护的相关法律知识，认为合法取得《营业执照》《娱乐经营许可证》等并经年审合格，就说明经营行为得到主管部门认可，不存在侵犯著作权的问题。同时，部分经营者在与歌曲点播系统供应商签订合同前，未尽审查义务，导致其安装使用的歌曲点播系统中存在侵犯相关权利人著作权的作品；再者，缺少相关行业协会的统一协调管理，部分经营者即使想完善相关著作权合法使用的手续，也因缺乏有效的沟通渠道，无法与著作权人或者著作权集体管理协会进行沟通处理[1]。

中国著作权协会（简称中著会）是目前中国大陆地区唯一有权行使音乐版权集体管理权利的组织，它是否能有效运转，直接关系到对音乐版权保护的具体落实情况。我们在普及著作权保护观念的同时也要加强中著会的管理，第一，中著会应加强基层组织建设，扩大其监管范围、提高办事

---

[1] http：//www. zgpaw. com. cn/2013 －12/11/c_125839858. htm，《外婆的澎湖湾》作家状告 50 家酒店 KTV 侵权。

效率；第二，要完善管理体制，中著会可以将现有的部门进行优化组合，按纸质音乐、表演音乐、数字音乐、无线音乐的分类方式来设置相应的管理部门，这样不仅能快捷、方便地为公众寻求音乐版权咨询、为音乐版权保护指明方向，也能更加细化中著会自身的管理体系，让各部门的工作更加明确；第三，在还没有条件成立基地分会组织的地方设立志愿者服务组织；第四，设立一个全国统一的咨询、举报热线电话等。

8.2.1 游乐园的文化创意保护

有学者将文化创意产业定义为版权产业，即以版权保护为主的产业。文化创意产业虽然大量涉及版权的登记、版权许可和流转，但是作为一个新兴产业，文化创意产业的做大做强是知识产权战略综合运用的结果，其中包括以创意作品为依托，从商标策略、专利策略的运用到以知识产权许可为主要标志的产业链条的形成。从这一点意义来分析，游乐园相关产业便是综合链条的典型代表，所涉及的文化创意产业知识产权保护集中体现为综合性特征。

1. 游乐园与文化创意保护

以美国迪士尼为例，最具价值的创新就是迪士尼主题公园。自1928年迪士尼第一部卡通片问世以来，迪士尼靠品牌战略拓展了其卡通形象在全球的影响力，借助知识产权的许可在全球范围扩张，并联合围绕其品牌形象展开的主题文化游乐、餐饮等下游产业构建全套的产业链条并最终形成了一个跨国文化帝国。在这一巨大的价值链条的背后，是迪士尼公司对知识产权保护的巨大付出和其成功的知识产权战略。

第一，从知识产权的设立角度看。以“米老鼠”卡通形象为例，就有米老鼠原创形象的版权、米老鼠演绎作品（包括漫画、音乐剧等）的版权、米老鼠的商标等各种形式，有效的米老鼠商标有约1700个。这些不同形式的知识产权，有效期长短不一、保护范围和方式也不尽相同。迪士尼每生产一部影片，不仅马上将影片中的全部形象和场景申请版权，而且同步为市场看好的动画形象等申请音像制品、DVD、图书、主题公园造型、特许经营等一系列领域的版权。

第二，从知识产权的运用角度看。自从1929年“米老鼠”卡通形象诞生以来，迪士尼已经开创了动画形象的特许经营模式。经过几十年的发展，其经典卡通形象例如“白雪公主”“狮子王”等，特许经营的范围更是从家具到玩具、手表、服装等，几乎应有尽有，这给迪士尼创造了巨大的经济利润。迪士尼最具价值的创新就是主题公园。1955 年，迪士尼以经典的动画形象和影片情景为主题，把动画世界与游乐园巧妙结合，推出了划时代的洛杉矶迪士尼乐园，并大获成功。主题公园每年为迪士尼增加营收过百亿美元。

第三，知识产权的维护。迪士尼公司对于全球市场的盗版侵权现象打击力度极大，美国迪斯尼动画公司三维动画总监凯文·盖格在首届中国（郑州）国际动漫论坛上如是说：“加工生产为世界服务，但动画原创知识产权可统治世界。”

2. *游乐园涉及的文化创意保护法律问题*

2012 年 5 月，浙江温州工商局鹿城分局经检大队执法人员根据线索对温州一儿童游乐场所进行检查，发现该游乐场以“迪思尼”为名，室内广告标注涉嫌商标侵权。米老鼠形象可谓家喻户晓，深受儿童的喜爱；著名的“迪士尼乐园”也因米老鼠可爱的形象而吸引了许多游客慕名前往。然而，可不是什么游乐场都可以有“米老鼠”的。温州工商局鹿城分局的相关工作人员表示，当事人在该游乐场所店招及室内广告上标注“迪思尼”、米老鼠形象，在同一种服务项目（游乐活动）中使用与迪士尼企业公司相近似的商标，涉嫌侵犯迪士尼公司“迪士尼乐园”“米老鼠卡通形象”的商标专用权。经该局经检大队执法人员调查取证，当事人开办室内游乐场所，对外从事儿童游乐经营活动，场所内设置有玩具区、攀爬架、气球屋、充气滑梯等活动区域。同时，该场所以会员制开展经营，消费者通过预付现金取得会员资格，凭会员卡进场游玩。据当事人交代，至案发时止，他已收取消费者预付款 47 万余元。

而此前的 2007 年夏天，北京石景山游乐园被指涉嫌抄袭迪士尼乐园的事件闹得沸沸扬扬，有游客认为是中国企业涉嫌盗版，有游客则认为是迪士尼文化入侵成功。

“五一”黄金周期间，北京石景山游乐园设有花车巡游表演，出现不少卡通人物形象，米老鼠、唐老鸭等迪士尼卡通形象也围绕在花车边，再加上打出“迪士尼太远，到石景山游乐园”的广告语，很容易让人错以为北京也盖起了迪士尼乐园。日本的富士电视台对此进行了报道，新闻中一名女工作人员坦言，石景山游乐园主要是模仿香港的迪士尼乐园，“差别不了多少”。美国、英国等国际媒体也先后跟进报道，一时间成为国际关注的话题。北京市版权局接到美国迪士尼公司代表的举报后，立即前往现场进行调查了解情况。北京市版权局副局长王野霏表示，北京市一向重视知识产权保护工作，采取多种形式大力宣传普及著作权法律知识，版权局正在组织专业人员进行论证，研究有效规范作品使用行为的具体措施。同时，石景山游乐园方面已进行自查，并按照相关部门的要求采取了紧急处理措施，有争议的卡通宣传画、带卡通人物的表演以及卡通玩具等已暂停展示、表演和销售，并积极配合执法机关的调查工作。

3. 游乐园屡被侵权的警示

温州“迪思尼”游乐场和石景山公园的案例警示我们绝不能走完全模仿的路线，可以借鉴其先进的经验，立足于中国市场的需求，打造中国人喜欢的各种娱乐方式，创造出自己的文化品牌，并通过以下思路对游乐园的文化创意产权加以保护。

首先，要成立游乐园文化创意产权托管机构。该机构由政府创意产权主管部门、人民调解委员会、律师、创意产权专业人士组成，为企业提供知识产权法律政策咨询，对企业内部知识产权的设立（申请），创意产权管理以及侵权预警提供服务。

其次，要建立游乐园文化创意产权交易融资机构。建立类似于中关村股权代办系统的交易平台，提供区域内创意产权交易信息、促成创意产权供需方之间的沟通合作并提供高效的创意产权交易服务。

另外，组织区域游乐园创意产权论坛，关注国内国外知名主题公园、游乐园产权保护的新趋势、政策法规新动态，并分享区域内部游乐园文化创意产权工作的经验与思路。

8.2.2 休闲健身娱乐活动文化创意保护

休闲健身娱乐活动指主要面向社会开放的休闲健身娱乐场所和综合体育娱乐场所的管理活动，主要包括综合体育娱乐场所，滑沙、滑雪及模拟滑雪场所的活动，娱乐性军事训练、体能训练场所的活动以及其他未列明的休闲健身娱乐活动。

休闲健身娱乐场所貌似与文化创意联系并不紧密，但是正如其他分支一样，创意经济的主旨思想无处不在，行业优势与文化创意发展规律彰显无疑。以北京市朝阳区为例，该区把建成奥运文化体育中介服务区列为文化创意产业的重点发展项目：立足奥运功能区整体功能定位以及发展目标，发展体育休闲、文化旅游、商务展会、中介服务等产业。重点建设体育赛事中心、文化演出中心、高端会议中心、文化体育中介服务园等，利用奥运品牌及场馆优势，集聚一批国际级的文化体育中介组织设立总部、信息发布中心和科技研发中心等。进一步推动奥运后有关场馆的充分利用和功能区文化创意产业的快速发展。

下面以实例探析休闲娱乐活动中的法律保护问题。

案例：鸟巢告“鸟巢烟花”案

2008 年 12 月以来，市场上开始出现一种名为“盛放鸟巢”的烟花产品，其外形酷似“鸟巢”。这种烟花是由熊猫烟花集团股份有限公司监制，浏阳市熊猫烟花有限公司生产，北京市熊猫烟花有限公司和北京市城关迅达摩托车配件商店销售的。国家体育场有限责任公司认为“盛放鸟巢”产品已构成对“鸟巢”著作权的严重侵害，将 4 家单位告上法庭，请求法院判令被告立即停止侵权、公开道歉、消除影响，并支付侵权赔偿款 400 万元。

2009 年 10 月 29 日，国家体育场有限责任公司起诉“盛放鸟巢”烟花侵权一案在北京市第一中级人民法院开庭审理。原被告双方在以下几个问题上进行辩论：

（1）“鸟巢”是“又称”还是“俗称”

原告称国家体育场，又称“鸟巢”，原告认为，“花二百元把‘鸟巢’搬回家，盛放鸟巢”烟花曾一度以此为噱头进行市场宣传，这充分说明，被告存在误导消费者以使其认为“侵权产品”与原告之间存在特定联系的故意，从而达到借助国家体育场的巨大公众影响力，引起关注、促进销售、提高产量的目的。而被告认为，“鸟巢”不是国家体育场的专有名称，只是因其外形特征，人们俗称为“鸟巢”，因此“盛放鸟巢”不会误导消费者。

（2）两个鸟巢是否高度相似

在质证阶段，原告向法庭提交了一个经过公证的大纸箱，里面装的就是“盛放鸟巢”烟花。

“‘盛放鸟巢’所表现出来的线条交织围绕的外观形象，俯视可见田径足球场的内部设计，高度模仿了国家体育场的独特艺术特征，剽窃了原告的创作智慧，已构成对原告著作权的严重侵害。”原告指出。

“大家应该注意到，国家体育场的外观是银灰色的，而‘盛放鸟巢’烟花则是五颜六色的，而且不是桁架结构，是外包的平面设计图纸。”第二被告指出，两个“鸟巢”之间表现手法完全不同，存在实质的差别。

对此，原告反驳说，“盛放鸟巢”的所有产品特征均指向国家体育场。其外包装虽然是平面的，但其包装后的效果却是立体的，实质上产生了高度模仿的后果。

（3）“盛放鸟巢”是不是作品

被告方指出，“谁会把一个烟花放在家里，当成艺术品来欣赏呢?”烟花是一次性的，一旦点燃，就变成一堆灰烬。“著作权法意义上的建筑作品与美术作品，均属于艺术作品的范畴。”被告方指出，被控侵权的“盛放鸟巢”烟花，属于工业产品，而非著作权法意义上的作品，因此，不存在对国家体育场建筑作品、图形作品和模型作品的剽窃或复制。其次，“盛放鸟巢”烟花即便模仿了国家体育场，也是对该建筑作品的合理使用，没有超出著作权法规定的对艺术作品可以合理使用的范围。

（4）烟花销售商是否应担责

原告诉称，第三被告北京市熊猫烟花有限公司作为“盛放鸟巢”烟花的销售商在销售过程没有尽到注意义务，销售了“侵权”产品，理应承担连带责任。

对此，第三被告指出，他们在购入“盛放鸟巢”烟花爆竹时，对商品是否侵犯他人知识产权在企业自身能力范围内进行了合理审查。作为一个从事烟花爆竹销售业务的企业，被告已经履行了符合法律法规要求的合理审查注意义务。因此不应该承担责任。

2011 年 6 月 21 日，北京市一中院做出判决。法院认为，“盛放鸟巢”烟花产品外形呈椭圆形，中部镂空，且在整体造型、长宽比例、钢架结构、色调线条搭配等方面采用了与国家体育场外观相同或者近似的设计，较为全面地体现出国家体育场建筑作品所采用的钢桁架交织围绕碗状结构的独创性特征，构成了对国家体育场建筑作品的高度模仿，是对国家体育场建筑作品独创性智力成果的再现，与国家体育场构成实质性相似，构成侵权❶。

此外，法官还指出，熊猫集团既然能对烟花的生产进行质量监控并提供技术支持，就说明其对烟花的相关情况有所了解，能够对“盛放鸟巢”烟花产品的设计、生产加以控制，在此情况下，其仍放任该产品的生产制造，具有过错。

法院根据“鸟巢”的独创性和知名度，判决熊猫烟花集团股份有限公司和浏阳市熊猫烟花有限公司停止生产该产品并共同赔偿10万元。

【案例分析】

（1）本案争议焦点聚焦在原被告在诉讼中争议的三个方面

其一是“鸟巢”能否算作是著作权法意义上的建筑作品；其二是烟花“盛放鸟巢”是否侵犯了鸟巢的著作权，被告委托第三方设计烟花作品是否属于合理使用；其三是如果烟花涉及侵权，烟花销售商是否应当担责。

对于焦点问题一，确定建筑作品的保护范围，首先应当明确著作权法意义上的建筑作品与建筑学上的建筑作品并非等同。建筑学上的建筑作品强调的是建筑的技术性和功能性，建筑材料、技术方案均包含于其中，而著作权法意义上的建筑作品则不同。按照我国现行著作权法实施条例的规定和世界知识产权组织与联合国教科文组织的文件，建筑作品的保护范围只能及于建筑物本身，不包括建筑材料、技术方案，且只涉及外观，包括线条、装饰、色彩等，不涉及建筑物的内部特征和装潢❷。从外观上看，“鸟巢”以其特有的钢桁架交织围绕而成的碗状建筑外观形象，空间结构科学简洁，建筑与结构完整统一，设计新颖，结构独特，被公认为国内外特有建筑。综合法律及事实依据分析得出结论，鸟巢的设计属于建筑作品，应受著作权法保护。

对于焦点问题二，法院认为，“盛放鸟巢”烟花产品外形呈椭圆形，

---

❶ 国家体育场诉“盛放鸟巢”烟花侵犯著作权案开审－案件实录——中国普法网：http：//www. legalinfo. gov. cn/index/content/2009－10/29/content_1173598. htm？ node＝7880.

❷ 刘瑛．再论建筑作品的著作权保护［J］．知识产权，2012（2）．

中部镂空，且在整体造型、长宽比例、钢架结构、色调线条搭配等方面采用了与国家体育场外观相同或者近似的设计，较为全面地体现出国家体育场建筑作品所采用的钢桁架交织围绕碗状结构的独创性特征，构成了对国家体育场建筑作品的高度模仿，是对国家体育场建筑作品独创性智力成果的再现，与国家体育场构成实质性相似，构成侵权。

建筑作品的复制权是多重角度的，可能存在四种方式，从平面到平面、从平面到立体、从立体到立体和从立体到平面。本案中“盛放鸟巢”烟花是将一幅临摹“鸟巢”的作品围卷在烟花外表，就是从立体到平面的复制。而被告则认为即使委托第三方完成的包装图案模仿了“鸟巢”，也是对设置在室外公共场所的艺术作品进行临摹，属于合理使用。

建筑作品的合理使用，是指为平衡著作权人的个人利益与社会公共利益、鼓励科学文化的传播而设立的著作权合理使用制度，在保护著作权人权利的同时又对其权利进行了恰当的限制。对著作权做出限制性规定，可以是出于为教育、文化和宣传方面的需要服务这一考虑，例如允许私人复制、引用和为说明有关问题而使用，允许新闻转播、允许在司法程序范围内使用等就属于这种情况；也可以是出于对广大公众整体利益的考虑，以促进文化为目的，为保证作品的传播向某些使用者提供方便，规定非自愿许可的就是这种情况[1]。

《中华人民共和国著作权法》第二十二条第一款明确规定了属于合理使用范畴的 12 种情况，其中第十项规定“对设置或陈列在室外公共场所的艺术作品进行临摹、绘画、摄影、录像”就属于与本案有关的合理使用情形。

在我国最高人民法院《关于审理著作权民事纠纷案件适用法律若干问题的解释》第十八条（以下简称“《司法解释》第十八条”）规定“艺术作品的临摹、绘画、摄影、录像人，可以对其成果以合理的方式和范围再行使用不构成侵权”。该规定与建筑作品的合理使用有关，但是仅仅从该司法解释中，也无法判断“合理的方式”是否包括以商业为目的的情况。

本案中法院的意见或许就是因为烟花生产商和销售商把“鸟巢”作品临摹复制用于商业用途，故得以“鸟巢烟花”侵权的结论。不过对此案

[1] 李明德，许超．著作权法［M］．北京：法律出版社，2003．

件，另有学者也有不同意见。中国政法大学副教授刘瑛老师曾在某杂志发表文章就本案谈自己的学术观点，认为“该案被告委托第三方以临摹的方式复制设置在室外公共场所的‘鸟巢’建筑作品符合上述规定，应属于合理使用，不构成侵权。”

对于焦点问题三，烟花销售商是否应当担责。本案审理中法院对第二点争议的观点认为是“鸟巢烟花”侵犯了鸟巢的著作权，认为“熊猫集团既然能对烟花的生产进行质量监控并提供技术支持，就说明其对烟花的相关情况有所了解，能够对‘盛放鸟巢’烟花产品的设计、生产加以控制，在此情况下，其仍放任该产品的生产制造具有过错”。“当烟花销售商无法举证证明自己销售的商品有合法来源时，法院判决其侵权。”

（2）北京市休闲娱乐健身场所相关文化产业发展方向

为推动休闲娱乐健身场所文化创意保护的发展，就要充分发挥区文化创意产业发展中心、研究中心和促进中心作用，合力推动产业发展，提高服务效率和水平。探索建立区统计局、工商局、税务局、文化创意产业领导小组办公室等部门的文化创意产业数据共享机制。建立健全文化创意产业统计制度及统计指标体系，及时准确地跟踪监测和分析研究文化创意产业发展状况。从保护知识产权和规范企业发展的角度来讲，重点应采取以下几个措施：

首先，要开展文化地理商标注册工作。制定区域文化创意产业著名商标管理办法，定期编制和发布全区文化创意产业著名商标名录，保护和推广区域文化创意产业著名商标。

其次，要加强文化创意产业版权保护。充分发挥北京 CBD 保护知识产权举报投诉中心的作用，推进创建反盗版侵权示范区相关工作，支持现代著作权保护技术的开发和应用，严厉打击侵权、盗版行为，扩大对检举侵权行为的奖励范围和力度，维护著作权人的合法权利。

另外，规范 798、北京酒厂等集聚区艺术家个人工作室的工商、税务管理工作，引入专业中介机构，完善交易功能。加强注册登记服务，解决中小文化创意企业注册问题。

最后，要加大税源建设。吸引、培育骨干文化创意企业在我区落户发展，涵养税源；加强跟踪服务，吸引异地纳税的文化创意企业将工商税务登记迁至我区；以集聚区为依托，规范对中小文化创意企业的税收管理工作。

（3）其他辅助服务的文化创意产业

根据《北京市文化创意产业分类标准》，文化创意产业中其他辅助服务主要有文化用品、设备及相关文化产品的生产，文化用品、设备及相关文化产品的销售，文化商务服务等三大类。第一类中，文化用品生产包括文化用品制造、乐器制造、玩具制造、游艺器材及娱乐用品制造、机制纸及纸板制造、手工纸制造、信息化学品制造和照相机及器材制造等活动；文化设备生产包括印刷专用设备制造、广播电视设备制造、电影机械制造、家用视听设备制造、复印和胶印设备制造、其他文化、办公用机械制造；相关文化产品生产主要是工艺美术品制造。第二类中，文化用品销售包括文具用品批发、文具用品零售、其他文化用品批发和其他文化用品零售；文化设备销售包括通信及广播电视设备批发、照相器材零售、家用电器批发、家用电器零售。第三类中，文化商务服务包括知识产权服务和其他未列明的商务服务，如模特服务、演员艺术家经纪代理服务和文化活动组织策划服务。

8.3 文化用品、设备及相关文化产品的生产

8.3.1 玩具制造中的文化创意保护

近年来我国玩具制造业发展迅速，出口量逐年增加，中国玩具短期内无可替代。从毛绒玩具、塑料玩具到高档电子玩具，从贴牌生产到自主品牌，中国玩具一路走来，一路成长。据中国玩具工业协会统计资料显示，我国是世界上最大的玩具出口国，约占全球玩具贸易额的70%，欧美进口玩具中80%左右来源于我国。我国是世界上最大的玩具制造生产基地，拥有生产企业两万多家，近八成为中小企业。

1. 玩具制造与文化创意

一部动画片或是动漫作品的走红无疑会带动动漫人物系列玩具的走俏，但这些玩具若是被申请了外观设计专利，擅自生产、销售则将构成侵权。而现实情况是，权利人对拥有著作权的玩具创意不重视，侵权人对自身侵权行为没有足够的法律常识，双方的权利盲点使得不法分子有利可

图，有空可钻，导致侵权行为泛滥。动漫衍生产品侵权的事情其实很多，而且很多都是跨地域的，通常中小企业有知识产权的保护意识，但对于他人的侵权该如何维护这方面确实还比较薄弱。

2. 玩具制造中涉及创意保护的法律问题

随着国内外动画片的风靡，一大批脍炙人口的卡通形象在青少年中流行起来，与之有关的卡通玩具也开始在国内市场热销。但令这些厂商头疼的是，只要正版玩具在市场上一出现，就会有大批的仿冒玩具紧跟其后，有的甚至先于正版产品在国内出现。这不仅使权利人的合法利益受到极大伤害，也扰乱了市场的正常经营秩序。但当权利人寻求法律途径时，却常常会面临法律适用上的一个难题——仿冒玩具创意是否侵犯了著作权。

案例

2010 年 4 月 20 日，广东奥飞动漫文化股份有限公司向汕头市公安局澄海分局投诉李映锋侵犯该公司自主研发的“铠甲勇士”系列玩具著作权。李映锋，1974 年生，广东汕头市澄海区人。2009 年 7 月，李映锋在网上购买奥飞公司的产品，并将该产品的模具交给一个赖姓人士开办的模具店来制作产品，并吩咐他稍改动比例。看到成品之后，李映锋非常满意，甚至期待这能给他带来巨额利润。于是他开始自己租场地、买原材料、聘用十多名员工，开起了小工厂，自己也当起了小老板。但这个小工厂的产品都是拿奥飞公司的产品进行改动的，有的加灯，有的缩小，有的改造型，包装设计也进行一些改动。但是单只产品的名称就只按广东奥飞公司的产品名称复制。据广东奥飞动漫文化股份有限公司王经理说，奥飞公司拥有广东省版权保护联合会对其铠甲勇士系列产品予以登记的外观设计专利证书。“我们是铠甲勇士系列作品的著作权人。”8 款没有品名的“铠甲勇士”系列销售的一百多件产品售往武汉、北京、重庆、南宁、义乌各地。3 个月来李映锋获利七八万元。

2010 年 4 月 20 日，汕头市公安局澄海分局在该工场查扣涉案玩具产品 526 件。经估价，查获的侵犯著作权玩具产品价值人民币 140 多万元，涉案金额 200 万元。2010 年 4 月 21 日汕头市公安局澄海分局以涉嫌侵犯著作权罪刑事拘留李映锋。2011 年 1 月 13 日，汕头市澄海区法院认定李映锋无视国家法律，以营利为目的，未经著作权人的授权或许可，擅自修改、复制权利人的作品并予以生产销售，且情节特别严重，其行为已构成侵犯著作权罪。法院做出判决：被告李映锋犯侵犯著作权罪，判处有期徒刑3年，缓刑5年，并处罚金人民币8万元。

【案例分析】

把玩具仿冒认定为侵犯著作权行为，当时在汕头乃至广东省还是首例，且在全国范围来说也相当少见。办案人员在怀疑仿冒玩具创意是否违法的情况下，侦查监督科6个人均参与研究法律依据，最后，他们协商一致，最终认为本案侵权作品应为美术作品，属于侵犯著作权的性质。根据我国的立法体例，在司法实践中，由于玩具难以归入著作权法所列明的“作品”种类，很多法院认为在认定其为侵犯著作权时有困难。形态各异的玩具，体现了设计者独具匠心的智慧心血，其艺术性不言而喻。在工业上的制作生产，又反映了实用性的显著特征。专家表示，将玩具归入“实用艺术作品”进行保护是较为合理和科学的，也包含了对作者智力劳动的尊重。

【相关知识拓展】

我国玩具产业缺乏自主创新能力，却没有形成与文化创意产业的有效合作，由于我国玩具产业长期以来依靠贴牌代工，使得自主创意设计能力缺乏。这样很难深入开发中高端玩具市场，造成国产玩具产品结构与国际市场需求脱节。因此，跨行业整合资源应成为我国玩具产业一个新的着力点。玩具产品的创意需要文化内涵，这一点正是大多数国内玩具企业所缺乏的，但确实是文化产业的强项，而目前我国缺乏玩具产业与文化产业的有效对接。

我国玩具制造企业应加强与文化产业的合作，通过产品制造能力与文化创意能力的互补推动双赢发展，尤其应加强与动漫产业的合作。玩具制造业既能通过授权经营的形式，利用动漫产业所提供的上游创意资源开发动漫衍生类玩具，借助动漫的品牌效应提升产业附加值；还可以把自主研发的玩具产品植入动画中，通过动画为玩具产品植入动画中，通过动画为玩具产品注入文化内涵以提高产品附加值，并能利用动画的宣传效应促进玩具产品的销售。

8.3.2 工艺美术品制造中的文化创意保护

《2013—2018年中国工艺美术品行业市场前景分析与投资战略研究报告》提到，中国的工艺品行业经过近20年的发展，已成为世界上最大的生产国和出口国。作为与文化、旅游、家居装饰产业紧密相连的工艺美术产业，迎来了难得的发展机遇。2011年末，我国工艺美术品制造工业企业达3067家，行业总资产达2264亿元，同比增长32.18%。2011年，我国规模以上工艺美术品制造工业企业实现主营业务收入达5027.4亿元，同比增长36.17%；实现利润总额达269.86亿元，同比增长39.52%。2012年上半年，我国工艺美术品制造工业企业达3373家，行业总资产达2445亿元，同比增长18.29%。2012年上半年，我国规模以上工艺美术品制造工业企业实现主营业务收入达2912.07亿元，同比增长18.37%；实现利润总额达131.94亿元，同比增长19.74%。

1. 工艺美术品与文化创意

工艺美术品也称工艺品，是以美术技巧制成的各种与实用相结合并有欣赏价值的物品。中国工艺美术品类繁多，分十几大类，数百小类，品种数以万计，花色不胜枚举。大类包括陶瓷工艺品、雕塑工艺品、玉器、织锦、刺绣、印染手工艺品、花边、编织工艺品、地毯和壁毯、漆器、金属工艺品、工艺画、首饰、皮雕画等。

随着中国经济的迅速崛起以及对外交流的进一步深入。随着“收藏是继金融证券、房地产之后的又一大投资领域”的观念逐渐被接受，这些都会给我国的工艺美术品行业带来更大的机遇。作为与文化、旅游、家居装饰产业紧密相连的工艺美术产业，迎来了难得的发展机遇。但在发展过程中，不得不面对的一个问题就是企业通常缺乏对工艺美术品文化创意的保护，对文化创意作为无形资产的价值缺乏认识，导致侵权行为的发生。

2. 工艺美术品制造中涉及创意保护的法律问题

案例

2005年4月25日，陈恩田执笔创作了《新重庆赋》。同年10月，亚太城市市长峰会在渝召开，陈恩田将《新重庆赋》刻成10米长、3米宽的红木牌匾赠予峰会，并且在重庆市版权局进行了版权登记。2004年12月底，陈恩田发现大礼堂附近“金木工艺品经营部”竟在销售刻有《新重庆赋》的工艺品（笔筒、镇纸和便签盒三件套）。遂将制作、销售工艺品的金乌工艺品公司以及金木工艺品经营部负责人马某告上法院，要求其立即停止生产、销售、销毁刻有《新重庆赋》的工艺品，并赔偿自己损失 30 万元。8 月 2 日，该案开庭审理，律师算了一笔账：以平均每天卖出一套礼品，每套 1000 元计算，4 年半共卖 1.6 万多套，厂家至少获利 500 多万元，“事实上每天不止卖一套，据我调查，有一笔订单就达 600 多套。要求赔偿 30 万元合情合理”。被告方金乌公司及金木工艺品经理马某却表示，工艺品是根据客户需要定制的，并非公开销售，“实际上，东西卖得很少，利润并没有对方说的 500 多万元那么多。”此外，他们还表示工艺品的“卖点”并不在于刻有《新重庆赋》，而是因为工艺品采用贵重材料阴沉木。

对此，重庆市五中法院认定，两名被告在没有经过著作权人陈恩田许可下，生产销售了印刻有《新重庆赋》的工艺品，属于侵犯著作权的侵权行为。根据《中华人民共和国著作权法》规定，侵犯著作权或与著作权相关权利的，侵权人应按照权利人实际损失来赔偿，实际损失难以计算的，按照侵权人的违法所得来赔。办案的黄法官称，陈恩田无法以充分的证据证明自己的损失或对方的违法所得，按照作品类型、侵权性质、侵权范围等，综合认定，经济损失和打官司的合理费用共 3 万元。

【案例分析】

本案中原被告双方的争论的焦点在于辞赋是否属公开发表作品，原告是否拥有完全著作权，辞赋的盈利作用占比多大，涉案工艺品具体盈利多少。在市版权局进行了版权登记，如果没有相反证据，我们应肯定辞赋著作权归属于原告。

著作权侵权赔偿的标准首先是“损失”标准，若无明显证据证明确切损失，则以“获利”来判定。同时，法官还将按作品具体侵权性质、侵权范围等情况，裁判具体数额。

在辞赋是否属于公开发表作品的争论中，原告认为自己从 2004 年下半年到 2005 年 4 月花费半年时间创作的文化作品赠送给市政府，当地几家报纸原文刊载该作品，已公之于众，等于行使发表权，属于发表作品。被告方则坚称对方列举的材料全是来自峰会宣传手册，上面写着陈恩田是作者，但宣传册没刊号，不能当证据。在原告是否拥有完全著作权的争论中，原告提出前辈对辞赋提出修改意见但不愿署名，因此原告拥有独立署名权，并指出2005年10月20日，这篇作品在市版权局进行版权登记，领有版权证书，证明原告拥有著作权。被告方则认为版权证上没有作品原文，且版权证只是形式上审查，只要没有他人申请同样的作品即可获得，另外，既然有报纸都刊登有前辈做了指导，那说明版权证明就有瑕疵，所以作品的作者不一定有完全著作权。在辞赋的盈利作用占比多大的争论中，原告认为，《新重庆赋》短短400多字，将重庆的前古后今、天文地理、风土人情、城貌市容尽显其中。买家将刻有《新重庆赋》的工艺品作为礼品无疑可以起到宣传重庆的作用，让受赠者认识重庆、了解重庆、怀念重庆，甚至投资重庆。再者，强调了礼品的文化色彩，对于消费者的选择起到明显的提示和诱导作用。被告方则认为涉案工艺品是用高档阴沉木（即乌木）制成，上面刻的内容不是主要卖点，因此辞赋的盈利作用收效甚微。最后，在涉案工艺品的盈利争论中，原告提交了自己的调查数据，数据显示2006到2008年，原告与另一家工艺品礼品公司签订授权书，两年里，按销量提成，原告获得数十万元授权费。据原告调查，重庆市内一家知名礼品公司一次性从被告处订购了600多套，可见其获利颇丰。走访中发现每天要卖20多套，就按每天10套计，被告方在4年的销售时间里，至少卖了1.6万套，销售额至少500万。被告方对此争论无法透露具体数字。

【相关知识拓展】

在文化创意产业中，工艺美术品的经济价值很大。艺术品与工艺品的界限模糊，因此相关的争论也很大。但是，工艺品的数量要大大超过艺术品，因此其创造的经济价值也就很大。中国人更讲究传统与技艺，更欣赏工艺品，工艺美术品有良好的市场前景。但现在中国创意产品在海外市场有一个很大的缺陷，就是很难见到能够代表中国现代与当代艺术水平的工艺品。古代的有，但是数量也不多，现代的则基本没有。例如，同在亚洲的日本，他们的当代工艺品、设计品、服装等在欧洲都有市场，而中国在欧洲市场则是空白的。我们都知道中国的艺术例如绘画卖得很好，但是却很难找到能代表中国当代设计水平的时装或工艺品。这种不足就意味着工艺品创意产业的市场空间。

针对目前工艺美术品制造侵权严重的现状，首先应加强区域工艺美术品协会对工艺礼品原创作品的认定，对原创作品的创意进行备案管理，以加强工艺美术品文化创意产权的保护。行业协会要通过完善、强化企业自律、行业自律机制来协调关系，用法律、法规规范引导竞争，使深圳的工艺礼品行业健康、有序发展。行业协会也要针对侵权现象对行业行规进行修改，可以组建由国内工艺礼品界知名人士组成的知识产权专家委员会，以专家的权威性认定企业的原创作品，并予以保护，为最终司法认定提供依据和各项前期准备，缩短司法认定时间，为企业赢得商机。相关协会可以向国家公安部和最高人民检察院递交报告，申请工艺礼品知识产权的认定资格。一旦申请成功，企业的原创作品经知识产权专家委员会认定后，协会将对原创作品的创意进行备案管理。创意一经协会备案，其产品无论是否获得国家专利，一旦被侵权，协会将协调有关部门，对侵权行为进行追究。

目前国际上的版权保护体系有较大的改革，引起这个大幅度变化有两个因素：一是互联网发展，人们获得音频、影像更加便利快捷；二是在艺术领域，包括科技领域，很多工作是通过合作来体现，甚至包括艺术与科技间的合作，因此，在版权上也应该跟上新的发展，需要新的版权保护体系。至于对那些从事创意产业的艺术家而言，政府需要做的是一要鼓励更多的年轻人加入到这个行业中来，使自己更有创新；二要懂得如何保护自己的知识产权。

8.3.3 文化用品销售与创意保护

文化用品销售中，侵权行为发生频率最高的就是对商标权的侵犯。商标，按其一般的描述性定义，就是指生产经营者在其商品和服务项目上使用的，由文字、图形或者其组合构成的具有显著特征、便于识别商品或服务来源的专用标记。商标既是一种商业化用途标志，表明其所附载的商品的某种信赖品质，对该商品或服务的提供者而言，又是一种无形资产，能给企业带来特定的社会评价和一定的社会收益和经济收益。而市场中的不法经营者则企图通过贴牌等搭便车的方式来牟取不法之利。

我国商标法规定，侵犯商标专用权的赔偿数额，为侵权人在侵权期间因侵权所获得的利益，或者被侵权人在被侵权期间因被侵权所受到的损失，包括被侵权人为制止侵权行为所支付的合理开支。侵权人因侵权所得利益，或者被侵权人因被侵权所受损失难以确定的，人民法院可以根据侵权行为的情节酌情确定赔偿数额。

8.3.4　文化用品销售中涉及的创意保护法律问题

文化用品的销售中常见侵犯商标权行为有以下几种情形：将他人业已在先注册的商标贴附于自己所生产的相同和类似商品上，以达到混淆视听，误导一般消费者，非法牟利的目的；未经商标注册人许可，将其生产和提供的商品上的标志予以撕下，另贴侵权人自己的商标，并重新投放市场的；自己生产的商品上，利用他人注册商标做宣传标志或外包装；将与他人注册商标相同或者相近似的文字作为企业的字号在相同或者相似的商品上突出使用，容易使公众产生误认的行为；复制、模仿、翻译他人注册的驰名商标或其主要部分在不相同或不相似的商品上作为商标使用，误导公众，致使该驰名商标的注册人的利益可能受到损害的；用他人注册商标注册相关网络域名等❶。

案例：上海派克公司诉北京三超市商标侵权纠纷案

2005 年初，上海派克笔有限公司（以下简称上海派克公司）发现北京世纪联华双井超市有限公司、华普超市有限公司、统杰法宝（北京）超市有限公司等三超市销售了侵犯“派克”商标专用权的商品。其后，分别向三家超市发出律师函要求协商解决此事，但未收到任何答复，故向北京市朝阳区法院提起诉讼，请求判令被告停止侵权，并赔偿经济损失。

上海派克公司诉称，其经英国派克笔有限公司授权，是“派克”商标在中国大陆的合法使用人，派克公司是“PARKER”文字商标和“箭头图”图形商标专用权人，有权向侵犯“派克及图”商标的侵权人提起诉讼。其后，分别向三家超市发出律师函要求协商解决此事，但未收到任何答复。

---

❶ 刘春田．知识产权法［M］．北京：高等教育出版社，北京大学出版社，2000：115.

北京世纪联华双井超市有限公司、华普超市有限公司、统杰法宝（北京）超市有限公司均进行了答辩，认为上海派克公司未获得英国派克笔公司的特别授权，对涉案商标不具备作为诉讼主体的资格；三家超市未实际销售涉案商品或是所售商品有合法来源，因此不应当承担侵权责任。

法院经审理查明，三超市销售的涉案派克笔经鉴定均为假冒“派克”商标的商品，且三超市均无法证明该商品来源于上海派克公司或有其他合法来源，也未能证明其在进货时曾审查过供货商的相关证明文件、尽到了合理注意义务。因此，法院认定三超市销售假冒“派克”商标商品的行为侵犯了上海派克公司涉案商标的专用权，应当承担停止侵权和赔偿损失的法律责任。

【案例分析】

本案争议的焦点问题为，一是上海派克公司是否得到英国派克笔有限公司的授权；二是三家涉案超市公司在售卖侵权商品，是否应当承担侵权责任。

对于焦点问题一，我们依据查证的事实得知，上海派克公司经过英国派克笔有限公司的授权，那就有权在中国因为涉及侵权商品的生产、销售提起侵权诉讼。

对于焦点问题二，根据我国商标法的规定，销售侵犯注册商标专用权的商品属于侵犯注册商标专用权的行为，但销售不知道是侵犯注册商标专用权的商品，并能够证明该商品是自己合法取得并说明提供者的，不承担赔偿责任。

三超市销售的涉案派克笔经派克公司鉴定均为假冒派克商标的商品，但三超市均无法证明该商品来源于派克公司或有其他合法来源，也未能证明其在进货时曾审查过供货商的相关证明文件，尽到了合理注意义务❶。

上海派克笔公司的一位知识产权专员介绍，一支市场上售价 80 多元的假派克笔，其实际成本只有 1 元钱，而购买真货可能要上千元。因为利益空间巨大，一些不法商家纷纷低价购进，牟取暴利。据了解，在北京，市

---

❶ 原告上海派克笔有限公司与被告北京万文同辉商贸有限公司侵害商标权纠纷一审民事判决书：http：//ipr. court. gov. cn/bj/sbq/201402/t20140220_368369. html.

一中院、市二中院、海淀法院、朝阳法院等多家法院已受理多起“假派克笔”案，涉及西单购物中心、金五星商业大厦、利华诚信商业大厦、华普超市、法宝超市、万客隆超市等10余家单位。

【相关知识拓展】

上述如此制假、售假，侵犯商标权的案例近年来数不胜数，涉案范围广且规模大。2011年，义乌海关共查获涉嫌侵权的文化用品50余个批次，总计250余万件货物，涉及了多个国际知名品牌的多种产品。如“Disney”的文具套装，“PILOT”的圆珠笔，“PELIKAN”的橡皮、修正液，“SONY”的游戏手柄，等等。同年8月，浦江县局在实施“查处网络领域商标侵权及制售假冒伪劣商品案件”专项行动中，通过前期摸底调查，掌握了一企业通过网络宣传并销售侵犯国际知名品牌水晶工艺品商标专用权（施华洛世奇SWAROVSKI）的线索，即予以立案调查。在及时固定该企业在其网店上宣传、销售侵权水晶工艺品的相关证据后，对该公司的生产场地及仓库检查中还发现了用于水晶工艺品包装的拎袋、饰品盒及说明书，在上述包装盒上均使用了与国际著名品牌水晶工艺品商标相近似的商标图案。经初步调查，当事人在其网店对其产品的宣传及网络销售中均侵犯了该著名品牌的注册商标专用权。截至案发时止，累计已销售了侵权产品1000余件，案值达10万余元。

自打商标投入商业化使用以来，商标侵权行为就一直没有停止过。我国自推行市场经济以来，包括商标侵权在内的市场违规和违法行为，就是一直与市场经济的发展相伴随的。商标法自颁布以来，在制止商标侵权行为，维护公平竞争秩序方面发挥了重要作用。相信随着有关制度和规范的完善和落实，加上行政执法、司法保护的得当，必定能有效地维护正当经营者的合法权益，构建良好的市场经营秩序。

8.3.5 文化用品销售中对文化创意保护的对策

作为文体用品的经营者，应保证所进货品来自有营业执照、有商誉的批发商。如果经营者对明知是假冒注册商标的商品予以销售，且销售及未销售货值金额数额较大，其行为可能会触犯《中华人民共和国刑法》，有可能会因销售假冒注册商标的商品罪被追究刑事责任。

在规范方面，网络域名、企业名称、装潢标志等与商标存在一定交叉的领域，在以后的商标立法中应予以进一步的补充和完善。目前，我国对商标权的保护性规范主要集中在《中华人民共和国商标法》《中华人民共和国商标法实施条例》、最高人民法院出台的几部相关司法解释和有关的部委规章上。这些规范基本上穷尽了目前在现实操作中客观存在的商标侵权行为。但有关的边缘性的规范，比如，网络域名、企业名称、装潢标志等与商标存在一定交叉的领域，还是有必要在以后的商标立法中予以进一步补充和完善。有必要规定工商部门、网监部门与相关单位加强协作。毕竟完全将域名、企业名称等形式侵犯商标权的制止责任全部赋予商标权人，既是不必要地增加了商标权人维权成本，也是不负责任的表现。而对于行政执法和司法实践中积累的许多经验，在适当的时候应以立法的形式加以确立。

行政执法方面，工商执法部门应当依法查处商标侵权行为，采取必要的保全措施。现行的商标法赋予了行政执法机关在执法过程中，在取证、制止侵权行为和惩治商标侵权等方面均有规范，工商执法部门应当依法查处商标侵权行为，采取必要的保全措施。对于严重的商标侵权行为，一要及时制止，二要保全证据作好移送司法机关处理的工作，不能以罚了事。对于累犯的情形，应当考虑加重处罚。加强与食品卫生、质监、海关等部门的协作，努力将商标侵权消灭在小范围内。

在司法措施的层面上，商标权人起诉到人民法院要求对其商标进行保护和对他人实施的侵权行为予以追究法律责任的，要依法处理。对于其申请证据促全和诉前禁令的，只要条件符合，就应当协调有关部门做好工作。对于其赔偿数额的要求，应当根据其实际损失或侵权人侵权所得，并结合产品的知名度、受众范围等多项因素综合判断。

8.3.6 文化商务服务与创意保护

《北京市文化创意产业分类标准》中指出文化创意产业中的文化商务服务包括知识产权服务和其他未列明的商务服务。其他未列明的商务服务包括：（1）模特服务：各种服装模特公司的活动，各种影视广告模特活动，各种艺术模特活动，其他模特活动；（2）演员、艺术家经纪代理：演员挑选活动，推荐经纪人活动，艺术家、作家经纪人活动，演员、模特经纪人活动；（3）大型活动文化商务服务：文艺晚会策划、组织活动，运动会策划、组织活动，大型庆典策划、组织活动，艺术、模特大赛策划、组织活动，艺术节、电影节等策划、组织活动，展览、博览会策划、组织活动，民族、民俗活动策划、组织服务，其他大型活动文化商务服务；（4）票务服务：文艺演出票务服务，展览、博览会票务服务、其他票务服务。不包括企业中介代理服务，企业活动礼仪服务，企业形象宣传代理服务，代收代缴欠款服务，其他企业商务服务。

模特服务作为文化商务服务的一种，其合法权利受到法律保护。以平面模特为例，人像摄影不仅包含摄影者的著作权，还包含被摄者的肖像权，这是两个单独的权利，分别由著作权人和被摄者个人享有。著作权人（摄影者）在行使自己的权利时，应当尊重被摄者的肖像权，故摄影者不得随意行使其著作权，尤其是在出版、展示这些照片时，最易引发肖像权纠纷。人像摄影作品只有被使用时才能发挥作品的真正价值，所以在出版、展示人像摄影作品前，应当取得被摄影者（肖像权人）的同意，否则摄影者在行使自己权利的同时也将构成对他人肖像权的侵犯。

肖像权是自然人的人格标识，反映的是其外貌属性，其基本内容包括三项：一是制作专有权，表现为自己可以随时通过任何形式制作肖像，他人不得干涉，还表现为有权禁止他人非法制作自己的肖像；二是使用专有权，有权禁止他人非法使用自己的肖像，这里还附属包含了肖像权的使用权的转让权；三是利益维护权，除权利人之外，任何人都有不得侵害的义务。作为摄影作品的被摄之人，有权禁止展出其肖像或以其他商业性方式展示其肖像。而一旦形成了著作权，肖像权的商业性使用也要经过著作权人的同意。所以对于人物摄影作品这样一个双重权利附载项的使用，必须得到每一个相关权利人的许可，否则就有侵权之虞。

案例

晓颖是南通市的一名专业模特。2011 年 9 月的一天，晓颖的一个朋友告诉她，在浏览网页时看到她的一张照片，说明是“新中国最美十大被处决女死囚犯”之一。晓颖立即上网搜索，看到自己 6 年前接拍某个广告时的照片被称作是“赖祥健”，身份是 20 世纪 90 年代初因与人通奸杀父被枪决的一名死刑犯，同时被冠以“通奸”“枪决”“死刑犯”等字眼，被二十多家网站转载。目睹这一切，晓颖十分震惊，感到自己的名誉受到了损害，已经影响到了自己的工作和生活，遂以侵犯肖像权为由，首先对北京华网汇通公司经营的“中华网”进行起诉，要求判令被告立即停止侵害，在其网页上发表致歉声明，赔偿经济损失 10 万元，赔偿精神损害抚慰金 5 万元，赔偿本案的调查取证费用及律师费 6000 元。

法院经审理认为，被告华网汇通公司经营的中华网在未征得原告晓颖同意的情况下，擅自转载包含原告照片的网页，且对其内容在未经过审查的情况下进行了发布，严重侵犯了原告的肖像权以及名誉权，被告华网汇通公司作为提供互联网服务的服务者，对互联网有一定的管理、审查义务，由于其消极不作为的行为，导致包含原告照片的文章“新中国最美十大被处决女死囚犯”在其管理的中华网上登载，造成原告的名誉权受损，应承担相应的责任。被告华网汇通公司所经营的中华网是一家营利性网站，其转载“美女死囚犯”的文章以及照片是为了增加其点击率，从而从其中获得收益。原告作为具有一定知名度的模特，被告上述侵权行为，对原告造成一定的损失，且对原告的精神造成一定的损害，被告应当对原告给予经济损失补偿以及精神损害赔偿。因原告没有提供损失的具体数额，法院酌定判决被告赔偿原告经济损失 1 万元、精神抚慰金 2 万元，并赔偿原告因本案产生的调查取证费用及律师费 6000 元，合计 3.6 万元。

【案例分析】

本案争议焦点是肖像权。在本书第二章相关案例已作分析，在此不做赘述。本案中，由于原告未能提供证据证明被告因使用其肖像获得的收益数额，但被告擅自使用包含其照片的文章，没有进行严格审查，对原告造成一定的影响，同时由于互联网的开放性，肖像、名誉损害的波及范围很难精确计算，如不对被告的侵权行为做出一定的惩戒，则会使网络环境缺少应有的规则，对侵害言论无法起到警示作用，故法院酌定被告赔偿原告的损失为 1 万元。同时原告是具有一定知名度的模特，结合被告网络侵害的手段特殊性、侵权行为所造成的后果比较严重、被告从中获利、被告承担责任的经济能力以及南通当地平均生活水平，故酌定被告赔偿原告精神抚慰金为 2 万元。

互联网信息传播速度快，作用范围广，社会影响大，相较于传统的侵权方式，网络侵权的手段更隐蔽、方式更多样、侵权认定更复杂、维权和治理更具难度，同时在传播方式上具有不可逆转性，即任何人在浏览网页时，都可以将网上资料复制、保存，并可以无限制地随意转载、粘贴，侵权情况一旦发生，就很难彻底消除影响，给被侵权人带来的不良社会评价和精神伤害也会更大、更深。虽然互联网具有虚拟性，但法律不仅适用于物质世界，也适用于虚拟世界，不管什么形式的侵权，只要是侵犯他人的合法权益，就应承担相应的法律责任。

8.3.7　模特服务中涉及文化创意保护的对策

《中华人民共和国著作权法》第十七条规定："受委托创作的作品，著作权的归属由委托人和受托人通过合同约定。合同未做明确约定或者没有订立合同的，著作权属于受托人。"我国《民法通则》第一百条规定："公民享有肖像权，未经本人同意，不得以营利为目的使用公民的肖像。"由此可见，构成侵犯公民肖像权的行为，通常应具备两个要件：一是未经本人同意；二是以营利为目的。常见的侵犯公民肖像权的行为，主要是未经本人同意以营利为目的使用他人肖像做商业广告、商品装潢、书刊封面及印刷挂历等。对于侵犯肖像权行为，受害人可自力制止，例如，请求交出所拍胶卷，除去公开陈列肖像等，也可以依法请求加害人停止侵害、排除妨碍、消除影响或赔偿损失等。赔偿损失请求权，不以财产损害为要件。

如果通过合同确定著作权归委托人（被摄者）所有，摄影师便不能享有出版、发表等权利，否则就是侵权行为。相反，如果著作权归受托人（摄影师）所有，虽然作品的所有权归委托人（被摄者），未经摄影师授权，被摄者也不能将作品用于出版或发表，否则也是侵权行为，同样需要承担民事责任。这种作品的著作权归属可以由双方先行约定归属哪方，如果没有约定，那么著作权就归属受委托人，也就是拍摄者。对于摄影师和出版社来说，既要保护摄影师的著作权，又要保护模特的权益，如何保证自己不会侵权，又如何行使人像摄影上的权利呢？最保险的方法就是各方达成协议，对权利的行使进行约定，才能避免纠纷的发生。人像摄影作品的使用因为涉及几种权利，当然比一般的著作权使用协议要复杂一些，这需要专业的人士来制作或者把关审查。这就涉及如何跟模特签订拍摄合同的问题。

首先，要强调的是签订拍摄合同非常有必要，若约定得不明确与没有约定没有太大的区别。要避免口头协议，注意合同规范。其次，拍摄合同内容格式要标准、合法，总的来说要写明拍摄时间、拍摄地点、作品用途、使用范围、著作权归属、模特报酬、违约责任等内容，并需要摄影师和模特的亲笔签名。如果模特未满 18 周岁，则需要其监护人签名，否则合同是无效的。